Abre tu mente

LA BIBLIA DEL DINERO

Dedicado a las personas que ven más allá de sus propios intereses, más allá de su propia familia, más allá de su propia cultura, más allá de su propia conciencia.

Alan Quijano

LA BIBLIA DEL DINERO

EDICIONES
ALTAZOR

LA BIBLIA DEL DINERO
Alan Quijano

Colección América
7

© Alan Quijano, 2016
© Ediciones Altazor, 2016

1ª edición: octubre, 2016

Diseño de colección: Gustavo R. Q.
Portada: Alan Quijano
Diagramación: Liliana Bray

EDICIONES ALTAZOR
Jirón Tasso N° 297 - San Borja (Lima, Perú)
Tlf: (00 511) 593 8001
www.edicionesaltazor.com
www.edicionesaltazor.blogspot.com
edicionesaltazor@yahoo.es

ISBN: 978-849-2114-35-1
Hecho el Depósito Legal
en la Biblioteca Nacional del Perú:
N° 2016-14933

IMPRESO EN LIMA, PERÚ
OCTUBRE DE 2016

ÍNDICE

- PRÓLOGO 15
- EL DINERO 25
- DESMINTIENDO ALGUNAS FALSAS CREENCIAS 33
- RED GLOBAL BANACARIA 35
- DINASTIAS FAMILIARES DUEÑAS DE LA BANCA 39
- LA ETERNA DEUDA 49
- DEUDA TOTAL 55
- EL PRIMER MAGNICIDIO:
  LOS FINANCISTAS CONTRA JULIO CESAR 59
- EL ORIGEN DE LA USURA Y LA BANCA 65
- NACIMIENTO DE LA BOLSA DE VALORES 73
- LA TULIPOMANIA:
  LA PRIMERA BURBUJA ECONÓMICA-FINANCIERA 75
- SURGIMIENTO DE LOS BANCOS CENTRALES 77
- LUCHA POR LA INDEPENDENCIA:
  LA BANCA CONTRA EL DINERO LIBRE DE DEUDA 79
- LA LUCHA DE JACKSON 85
- ¿QUIÉN MATO A LINCOLN? 91
- ¿A QUIÉN LE DEBEMOS LA REVOLUCIÓN INDUSTRIAL? 97
- LA INFLUENCIA DE LA BANCA SIONISTA... 101
- CREACIÓN DE LA RESERVA FEDERAL (FED) 109
- LOS BANQUEROS ASEGURAN SU VICTORIA EN LA GUERRA 113
- LOS BANQUEROS SIONISTAS TOMAN EL CONTROL... 117
- EL SIONISMO TERRORISTA 121
- ORIGEN DEL COMUNISMO 129
- OTRA EXTRAÑA MUERTE Y EL CRACK DEL 29 137
- EL WARA 141
- EL NEW DEAL Y LA SUSPENSIÓN DEL PATRÓN ORO 145
- EL ASCENSO DE HITLER Y EL MILAGRO ECONÓMICO... 151
- ACUERDOS DE BRETTON WOODS 165
- CREACIÓN DEL BIS Y LA ONU 167
- LOS VETOS DE EE.UU A FAVOR DE ISRAEL... 169
- JFK 173
- FIN DEL PATRON ORO Y COMIENZO DEL FIAT MONEY 181
- LA ESCUELA DE LAS AMÉRICAS Y SU ESCUADRÓN... 185
- EL LIBRE MERCADO Y SU DOCTRINA DEL SHOCK 191
- CRISIS DE DEUDA DE LOS OCHENTA 203

- INTENTO DE ASESINATO DE REAGAN　209
- LUNES NEGRO O CRASH DE 1987　211
- BURBUJA FINANCIERA E INMOBILIARIA DE JAPÓN　213
- CRISIS FINANCIERA ASIÁTICA DE 1997:
   LOS TERRORISTAS DE LA ESPECULACIÓN　215
- CRISIS ARGENTINA DE 1999-2002　221
- TASAS O TIPOS DE INTERÉS REFERENCIAL:
   PRINCIPAL INSTRUMENTO DE USURA...　223
- CRISIS DE LAS PUNTO COM...　227
- 11 DE SETIEMBRE:
   LA NUEVA GUERRA DEL OPIO Y EL PETROLEO　229
- CRISIS FINANCIERA MUNDIAL DE LAS HIPOTECAS SUD-PRIME　241
- DERIVADOS FINANCIEROS　251
- CRISIS DE DEUDA EUROPEA　255
- CONTRATOS DE CRÉDITO FRAUDULENTOS　263
- ESCLAVOS DEL TRABAJO　269
- LA ESCLAVITUD Y LA USURA EN LA BIBLIA　275
- PROPUESTAS DE REFORMA MONETARIA　283
- EL DINERO COMO CAUSA DE LOS CRIMENES DEL MUNDO　285
- SOLUCIONES TÉCNICAS HACIA UN MUNDO LIBRE DE DEUDA　289
- FIN DE LA ERA BANCARIA:
   DESMANTELAMIENTO DEL SISTEMA FINANCIERO PRIVADO　297
- LA CIENCIA Y TECNOLOGÍA POR SOBRE LA IGNORANCIA...　305
- HACIA UN NUEVO MUNDO SIN VENTAS　317
- HACIA UNA SOCIEDAD SIN TRABAJO ESCLAVIZANTE　323
- HACIA UN PLANETA SOSTENIBLE　327
- HACIA UN NIVEL DE AUTOSUFICIENCIA ALIMENTICIA　333
- HACIA UNA SOCIEDAD CON ENERGIA LIBRE ILIMITADA　337
- FIN DE LA OBSOLESCENCIA PROGRAMADA　345
- EL IMPERIO INCA COMO EJEMPLO DE SOCIEDAD FUTURISTA　351
- FUNCIONAMIENTO DEL ACTUAL SISTEMA MONETARIO　359
- FUNCIONAMIENTO DEL NUEVO SISTEMA MONETARIO　365
- CONCLUSIÓN　369
- BIBLIOGRAFÍA　373

"La bolsa es un juego que consiste en ir pasando de unos a otros una cerilla encendida, hasta que llega a uno que se quema los dedos".
John F. Kennedy

"Hay dos formas de conquistar y esclavizar a una nación. Una es por la espada, la otra es por la deuda".
John Adams.

"Nadie es más esclavo que aquel que falsamente se cree libre".
Goethe

"Una vez que una nación abandone su control sobre el crédito, ya no importa quien hace sus leyes. La usura una vez en control arruinara a cualquier nación".
William Lyon Mackenzie King.

"La guerra es el arte de destruir hombres, la política el arte de engañarlos".
D´Alembert.

Este libro se basa en hechos históricos reales, no en teorías, suposiciones, ni conspiraciones. Para lograr una total veracidad se enfoca técnicamente en hechos económicos y monetarios, dejando de lado cualquier otra información que pueda empañar la verdad. La única y verdadera forma de entender lo que pasa en el presente es estudiar y analizar el pasado, pero no solo aquel que nos cuentan algunos libros, sino todas las fuentes, oficiales y no oficiales, ya que debemos conseguir un conocimiento panorámico de la historia y no uno sesgado ni predeterminado, debido a que esto nublaría nuestro juicio de razón. Hay que tener en cuenta que muchos capítulos de la historia han sido manipulados y presentados conforme a intereses políticos y económicos privados. Lamentablemente esto sigue ocurriendo en la actualidad con los medios de comunicación intervenidos en su gran mayoría, de los cuales nos fiamos a ciegas. Por lo tanto, cuando obtengamos información por cualquier medio, antes de creer analicemos, razonemos, investiguemos; miremos el trasfondo, las causas, las consecuencias; reflexionemos, seamos críticos; busquemos cuál es el interés económico. Solo de esta forma entenderemos qué es real y qué no, y nunca más nadie podrá imponernos a creer en algo falso, sino que en adelante creeremos en algo basado en nuestras propias conclusiones. Ese es el principal objetivo de este libro: que encuentres la verdad.

Prólogo

Hasta hace solo algunos años mi vida transcurría "normalmente" como la de miles de millones en este mundo. Los días pasaban rápidos con una dosis de rutina diaria de casi siempre lo mismo: trabajo, aficiones, distracciones, vicios y adicciones. Podía pasarme el resto del día, después del trabajo, pegado a la televisión como un zombi viendo programas improductivos y alienantes que solo distorsionan la realidad y sumergen a miles de millones en un sentimiento de complacencia por un mundo ficticio. Era un adicto más de esta "cultura pop" en la que uno tiene que ver, comer, vestir, escuchar y obtener lo que está de moda; por lo que ya no solo ocupaba mi vida trabajando y trabajando, sino también era bombardeado constantemente por esta "industria de la distracción" que llenaba mi vida con banalidades y absurdeces que no me dejaban pensar. Para mi propio consuelo, yo no era el único, sino era parte de la gran mayoría de gente en el mundo con este estilo de vida en el que preferimos estar ocupados viendo películas de vidas ajenas en vez de vivir nuestra propia película o vida. Esta cultura pop de trabajo y distracción que mantiene cansados nuestros cuerpos y ocupadas nuestras mentes, sin ninguna capacidad de reacción, no es nueva, viene de varias generaciones anteriores en las que nuestros padres y abuelos fueron igualmente influenciados.

Debo confesar que, en su momento, yo también creía disfrutar de esta ignorancia complaciente y masiva de la realidad, en la que el pueblo espera con ansias el final del día para llegar a casa con su familia y distraerse con la televisión para olvidar los problemas cotidianos; espera el fin de semana para dejar el estrés del trabajo y distraer la mente con cervezas, algún partido de futbol, ir de compras, o alguna fiesta, y repetir el ciclo la semana siguiente. Sin embargo, me di cuenta que todo es solo parte de un sinsentido; una dosis de complacencia como droga para adormecer nuestros sentidos. Un día es un poco de sexo; otro día, algo de alcohol, y otro día, algo de religión. No importa, ya que son el opio del pueblo, pues todo esto se vende al final como una mercancía en la que alguien espera siempre sacar un provecho y beneficio monetario.

De modo que, este estilo de vida de trabajo y distracción nos mantiene adictos, dependientes, sumisos, y no permite que razonemos sobre la vida. En pocas palabras, se le da al pueblo la dosis que quiere, mas no la cura que necesita. Pasando por oficios como vendedor, mensajero, mozo, taxista, recepcionista hotelero, guía turístico, profesor de inglés, electricista, emprendedor empresario, y por último como especulador bursátil, siempre me esforcé por ser bueno en lo que hacía; aun así, mi esfuerzo parecía nunca ser suficiente y no sabía por qué.

Cuando finalmente me di cuenta de cuál era el problema, supe que no solo era mío sino del 99% de la gente en este mundo. ¿Qué significaba esto, cuál era el gran problema que no deja que el pueblo progrese con facilidad? La respuesta era: nuestro "patrón de vida". Es decir, el 99% tiene que trabajar duro para conseguir dinero, pues sin este no comen ni viven. Entonces a esto se resume nuestra existencia, a este patrón de vida de trabajar duro para conseguir dinero. Si no lo cree así, solo reflexione. Nuestra vida es una lucha constante y diaria por la búsqueda de dinero: todo se resume a una competencia por ganar más dinero que otros para así tener una mejor vida. No obstante, el pueblo no entiende que esta competencia es infructuosa, pues competimos como animales irracionales por obtener un dinero que, en principio, ni siquiera nos pertenece; como cuando un pedazo de carne es tirado entre las bestias enjauladas que compiten por ella para su sustento. Seguro parecemos lo mismo, porque la misma sociedad nos enseña que debemos trabajar duro y ser competitivos para obtener un mejor puesto con el supremo objetivo de conseguir más dinero. Nada en este sistema se mueve sin dinero, y sin embargo, no nos dicen que deprecian el dinero y necesitaremos más de este; no nos dicen que ese dinero viene con deuda, con lo cual necesitaremos aún más. En consecuencia, han creado una gran dependencia por un dinero que le pertenece a una élite financiera privada, lo que representa el verdadero triunfo de los financistas sobre los pueblos del mundo. Con propaganda y marketing han conseguido fomentar la competencia y dependencia por una mercancía (dinero) que ellos nos venden.

También debo admitir que no siempre he trabajado por obligación, pues en varias ocasiones lo hacía por vocación, aunque de todas formas siempre esperaba que me pagaran, lo cual evidenciaba que en esta sociedad monetaria, el que te den dinero, lo necesites o no, es algo normal, algo ya establecido, y esto se da porque estamos acostumbrados a acaparar, atesorar, guardar para tiempos de crisis. No lo necesito hoy, pero seguro lo necesitaré mañana. Entonces lo "anormal" sería que no aceptáramos que nos paguen con dinero por nuestro trabajo y lo hiciéramos de pura voluntad y caridad. El dinero no tendría ningún sentido ni significado, y en verdad no lo tiene, pues lo que en realidad mueve al mundo es la pura confianza de la gente. Esto quiere decir que podríamos llegar a vivir sin dinero, pero antes tendríamos que controlar las crisis, y antes de esto, al propio dinero.

Sin darme cuenta aún de esta realidad, muchas veces anhelaba los días de mi niñez cuando no tenía preocupaciones y disfrutaba más de la vida sin tener que trabajar para conseguir dinero. Por eso se dice que la niñez es la etapa más feliz de la vida, pues se tiene mayor creatividad y tiempo para pensar, estudiar y jugar. Pero, sobre todo, en esta etapa se sufre menos porque los niños no tienen rencor y olvidan rápido el dolor y las penas. Además, ellos no necesitan tener dinero para ser felices y carecen de maldad asociada a este, pues en un 99% la maldad del hombre tiene que ver con el dinero.

Si no existiera este, seríamos todos como niños con sus extraordinarias cualidades que los hacen ser felices; pero aún mejor, con la capacidad de reflexión y conocimiento del adulto. Es justamente debido a la exposición al dinero a la que los niños son sometidos en su desarrollo, lo que hace que pierdan sus cualidades y su humanidad, pues el dinero convierte a los niños con el más alto grado de humanidad en hombres con el más alto grado de inhumanidad. El dinero corrompe a los niños y los vuelve hombres malvados e infelices; lo que me hizo pensar que, en realidad, la fuente de esta maldad e infelicidad es la división que causa el dinero, pues este crea conflictos, desigualdad, élites, privilegios y pobreza. Por eso un gran sabio llamado Jesús dijo alguna vez: "Dejad que los niños vengan a mí porque de ellos es el reino de los cielos". Mucha gente cree que esta frase tiene que ver con lo espiritual; sin embargo, no se dan cuenta que esto tiene que ver con algo muy terrenal, y se refiere a que no habrá un mundo mejor hasta que el hombre no vuelva a ser como un niño, sin préstamo a interés (usura), sin codicia, división ni rencor; es decir, sin dinero, y en consecuencia, sin el 99% de la maldad asociada. Esta acción muy terrenal sería totalmente posible de conseguir ahora y en este mundo, solo necesitaríamos desterrar el uso del dinero como medio de vida para compartir las cosas con el prójimo. Sin duda, el mundo seguirá funcionando, pero mucho mejor.

Si uno revisa la historia se dará cuenta que el mundo se corrompió cuando el intercambio, que en un principio era simplemente compartir con el prójimo, se convirtió en comercio y negocio cuando nació el dinero. Fue entonces aquí que se inició la maldad del hombre, y no tiene que ver con demonios ni cosas absurdas, sino con la muy real división que causó el dinero, la cual hizo que el hombre esclavizara a otro hombre. En este mundo hay maldad porque la gente está desunida en vez de estar unida, porque se vende todo en lugar de compartirlo.

Por estas razones anhelaba volver a ser como un niño para recuperar la verdadera esencia del ser humano, sin ninguna maldad en el corazón; un niño siempre hace mal o se equivoca y así aprende sin malicia. Hay que entender que adultos y niños, hacemos el mal siempre, o mejor dicho, nos equivocamos o cometemos errores, en fin, es parte del aprendizaje; sin embargo, solo el adulto comete maldad cuando se equivoca en lo mismo y no utiliza su capacidad de reflexión y raciocinio para no errar el tiro nuevamente; por lo tanto, lo hace adrede. Las guerras son un ejemplo de ello, pues sabiendo que esta es una acción que está mal, y en la que el hombre ya se equivocó varias veces, la continúa haciendo convirtiéndola en maldad, y esto no tiene que ver con ningún demonio, ya que es la propia necedad del hombre la culpable. De modo que, no hay que andar echándole la culpa de nuestras maldades a ningún ser extraño o abstracto, que es muy fácil de hacer. Los propios hombres somos responsables de nuestros actos. Hacer el mal es parte del aprendizaje, hacer la maldad es la aberración producto de la división del hombre por el dinero.

Fue solo entonces que recordé cuando muy pequeño, a los 9 años de edad, gané el tercer puesto en un concurso de dibujo y pintura a nivel nacional, lo cual me convenció de la capacidad creativa que tenía en ese entonces y que pensaba ya había perdido, pero que en realidad solo estaba dormida, o mejor dicho, adormecida con tanto trabajo y distracción. Por consiguiente, decidí dejar las distracciones de lado que me quitaban tiempo y comencé a reexplorar mi capacidad creativa. Sin embargo, todavía había algo que me mantenía ocupado y cansado para poder pensar libremente: "El trabajo". Decidí entonces dejar el trabajo duro y rutinario para trabajar solo los días que yo quisiera. De esta forma obtuve más tiempo para explotar mi máxima capacidad creativa e intelectual; porque, no lo duden, todos tenemos esta capacidad sin explorar ni explotar al máximo, y no por culpa nuestra, sino por nuestra propia forma de vida que esta sociedad o sistema nos ha impuesto desde pequeños.

Ya hace algunos años me había adentrado en el mundo de la economía y las finanzas, e invertía, o mejor dicho, "especulaba" con la compra y venta de acciones y derivados financieros de las bolsas de valores, mercados de commodities y divisas. Siempre creí que la gente que se dedica a las finanzas como banqueros y agentes de bolsa, de cuello y corbata, eran mi ideal a seguir, pues son personajes muy respetados por la sociedad por su alto estatus social y académico; tal así que muchos forman parte de los más altos cargos públicos de los gobiernos como ministerios, bancos centrales, etc. Sin embargo, estaba equivocado, porque en realidad estos personajes financieros de la bolsa y banca no son más que simples usureros y especuladores que juegan con el futuro de los pueblos.

Me di cuenta de que yo mismo era un especulador a pequeña escala, pues no creaba nada productivo para la sociedad, solo buscaba ganar dinero sin hacer absolutamente nada sentado frente a mi laptop apostando al precio de las acciones, metales e hidrocarburos; informándome para esto con las últimas noticias económicas, financieras y políticas, nacionales e internacionales, en español e inglés, y escuchando hasta el cansancio a los "especialistas o gurús económicos" tratando de descifrar tendencias de corto, medio y largo plazo. No obstante, a pesar de tener todo este entendimiento, aún estaba lejos de tener una crisis de conciencia.

Aunque mi fascinación siempre fueron las ciencias, la codicia por obtener dinero relativamente fácil en bolsa hizo que me alejara de mi verdadera vocación, debido a que pensaba que las finanzas me harían alcanzar mi independencia económica sin estar atado a ningún trabajo. Y aunque esto es cierto solo en parte si se conoce bien el sistema, la verdad es que solo alimentaba una forma corrupta de hacer dinero que hace legítimo el robo al pueblo por parte de una élite financiera.

Con todo el tiempo disponible que tenía para pensar y estudiar fui adquiriendo un mayor conocimiento del sistema económico-financiero y monetario que me hizo dar cuenta que los pueblos del mundo (la clase trabajadora) son víctimas de una gran estafa. A pesar de saber esto, no me importaba lo que pudiera suceder con la gente, solo pensaba en mí y en hacer dinero. Decía: "¿Qué se va hacer?, así es la vida, estamos en un mundo competitivo y por ende egoísta; preocúpate solo por ti". Era un acérrimo capitalista, un fan de Wall Street (el mayor mercado de deuda esclavizante del mundo).

Finalmente comprendí que yo también prestaba dinero a interés a mis amigos y conocidos; es decir, yo también me había convertido en un usurero sin darme cuenta. Sin embargo, un día algo cambió totalmente mi forma de pensar. Un día de diciembre del 2012, antes de Navidad, mi auto se había averiado y lo había dejado en un taller. Por ese entonces la gente y las noticias andaban hablando del supuesto fin del mundo de la profecía Maya. Fue entonces que entablé conversación con un anciano en una parada de autobús para regresar a casa, después de haber dejado mi auto en el taller. Conversamos acerca de dicha profecía y otras cosas más durante todo el viaje. Me quedé sorprendido de lo casi idéntica que había sido su juventud a la mía, así como de su pensamiento tan parecido. Me preguntaba en las probabilidades de encontrar a alguien tan parecido a mí en este mundo. Le pregunté de dónde venía, me respondió: "A mis 75 años todavía tengo que trabajar para sobrevivir". Comprendí que era un anciano pobre como muchos en este país. El anciano prosiguió: "Sin embargo, no siempre fui pobre; hace unos 25 años tuve una empresa y varias propiedades, pero llegó la crisis de los 80 al Perú y el banco me quitó todo". Me entristeció profundamente cómo el anciano me contaba con nostalgia y resentimiento sus buenas épocas y la forma cómo le arrebataron todos sus bienes de una vida marcándolo con una deuda impagable; peor aún, le habían robado sus sueños dejándole solo una gran resignación de injusticia, pues después de años de juicios contra el banco terminó comprendiendo que nunca les podría ganar. Me dijo que desde entonces vivía confinado en la casa de su hermano. Solo en ese momento, cuando vi en el anciano el reflejo de mí mismo, de la tristeza e indignación, recién pude comprender que tenía que hacer algo para tratar de cambiar este mundo corrupto. Ya no me importaba si me catalogaban de tonto o loco, pues entendí que no es algo imposible de lograr. Fue a partir de entonces que nació en mí la humilde convicción de querer hacer algo realmente significativo.

Al día siguiente, después de reflexionar que esto que le había pasado al anciano le ha pasado a millones en este mundo y sigue pasando, fue entonces que decidí escribir este libro, *La Biblia del dinero*, como primer paso para derribar paradigmas, desechar sistemas y crear conciencia. Con toda la información ganada a lo largo de varios años en mi estudio de las finanzas y mercados, empecé a diseñarlo, para así develar que nuestro sistema bancario y financiero es el fraude más grande de la historia.

Me pregunté: ¿Qué pasaría con todo mi conocimiento de economía y finanzas, por qué ir en contra de algo a lo que me dedico? Lamentablemente, este conocimiento no sirve. Para muchos puede ser difícil reconocer que su profesión u oficio es inservible, porque de eso viven y tratan de protegerlo a toda costa; sin embargo, esto es solo producto de una ignorancia colectiva y miedo al cambio. Por lo tanto, el estudio de la economía y finanzas como tal es totalmente inservible para un nuevo y mejor sistema, porque solo pretenden perpetuar el poder del dinero en las manos de una élite financiera. Y es triste reconocer que la gente (en la cual me incluyo) a la que se le enseña estas materias en las escuelas y universidades, en realidad está siendo estafada, debido a que las finanzas son la pura usura para la creación de deuda eterna, y la economía actual es en realidad una antieconomía porque al hombre moderno se le enseña a consumir, depredar y despilfarrar, no a economizar ni renovar, ya que asocian el consumismo destructivo de nuestro planeta al progreso humano, y a esto le llaman "crecimiento económico".

A continuación, este libro provocará dos reacciones y elecciones en usted: le cambiara toda su perspectiva de la vida para entonces promover un cambio, o simplemente lo volverá más incrédulo como pretexto para resignarse a no cambiar nada. El futuro suyo y del mundo estará representado en una simple palabra: "elección". De usted depende cuál de estas dos opciones elija.

El dinero

La gran mayoría de la gente en el mundo (el 99,9%) ignora cómo funciona en realidad el dinero. Lamentablemente a la gente solo le interesa saber que tienen que tener dinero para comprar y vender sus productos y mercancías, nada más les importa. Y esta ignorancia colectiva es bien aprovechada por la elite financiera privada que crea y controla el dinero, para hacer artilugios monetarios que la gente común no entiende. ¿Acaso se enseña el proceso de creación del dinero o se sabe que es un *warrant*, un futuro, una opción, un MBS, un CDS, un *swap*, una prima de riesgo, una venta en corto? Por supuesto que no, mucho menos se enseña cómo funcionan. Por el contrario, lo único que nos enseñan en las escuelas, universidades y medios de comunicación es a ser consumidores y vendedores; nos inculcan a ser obreros y empleados; a sacar un crédito para obtener bienes y fomentar el crecimiento económico, financiar o pedir un préstamo al banco si uno quiere ser empresario. "Porque si no te endeudas, jamás crecerás tú ni tu empresa", nos dicen. Nos bombardean con estas enseñanzas día tras día y no prestan el dinero, sino en realidad lo venden. El dinero se ha convertido igualmente en una mercancía, y los financistas usureros lo ofrecen desesperadamente por todos los medios: por TV, la radio, en la calle, en Internet, en la puerta de su casa; es decir, usted ya ni siquiera tiene que acercarse al banco. Si no tiene dinero para comprar comida y bienes, no importa, ellos venden el dinero que necesita a cambio de su futuro; a cambio de su trabajo, de su pensamiento y de su libertad, pues empeña su mano de obra futura para pagarle el interés a los usureros, y en el colmo de su desconocimiento cree que le hacen un gran favor y servicio. "¡Qué sería de nosotros sin la banca!", exclaman muchos.

No se dan cuenta que son víctimas de una estafa de más de seis siglos de antigüedad.

¿Por qué no se enseña nada acerca del proceso de creación y funcionamiento del dinero en las escuelas y demás instituciones? Porque si el pueblo supiera cómo funciona realmente este sistema, habría una verdadera revolución y así los banqueros perderían su poder y privilegios. Es debido a esto que no se menciona ni una sola palabra de este tema en las clases, ni los propios profesores lo saben, ni las currículas lo demandan. Hoy en día la gente continúa creyendo que el dinero lo crean (imprimen y emiten) los propios Estados a través de los bancos centrales completamente públicos; sin embargo, están equivocados, porque la realidad es que la gran mayoría de estos bancos actuan como privados o al menos ninguno es totalmente público; por lo tanto, sirven principalmente a los intereses de los banqueros privados. Basta con revisar la historia de cada uno de los bancos centrales para comprobar que fueron creados por los banqueros privados en asociación con los políticos. De esta forma empezaron a colocar em-pleados de la banca privada en los directorios de los bancos centrales para que sirvan a sus intereses.

Hay que tener algo muy claro, la banca nació privada y continúa siendo privada en todo el mundo. Los bancos centrales como la FED, el BCE, el BOJ, el BCR, y otros, sirven principalmente para el inicio de creación del dinero. También es cierto que muchos de estos bancos utilizan nombres como: Reserva Federal, Banco Central Europeo, Banco Central del Japón, Banco Central de Reserva del Perú, etc., solo con el propósito de aparentar que son públicos cuando en realidad la mayoría funciona de manera autonoma como un banco privado, y muchos con accionariado privado. Entonces, este hecho crea una grave distorsión en el sistema, pues siempre habrán intereses privados por sobre los del pueblo.

Entonces son los bancos centrales de cada país los que inician la creación del dinero; imprimiendo y emitiendo billetes (dólares, euros, yenes, libras, soles); sin embargo, estos solo crean menos del 10% del dinero, el otro 90% o más lo crean los bancos comerciales privados. ¿Cómo es posible esto, no son acaso los bancos centrales los únicos encargados por ley de crear el dinero? Así debería ser, pero esto no se cumple. El truco está en que los bancos comerciales (Goldman Sach, BBVA, UBS, HSBC, Santander, BCP, etc.) solo tienen que crear dinero electrónico, no billetes. Y este dinero electrónico representa más del 90% del total mundialmente. Es decir, este es el dinero electrónico que está en su tarjeta de crédito y débito, el que está en su cuenta bancaria, en sus créditos de consumo, en sus préstamos vehiculares e hipotecarios, etc. Para crear este dinero utilizan un mecanismo "legal" llamado "Reserva Fraccionaria" o coeficiente de caja, el cual consiste en captar depósitos de los ahorristas, para prestar este dinero dejando menos del 10% como reserva líquida en caso los depositantes requieran la devolución de su dinero.

Para hacerlo más didáctico; cuando usted va al banco a depositar $1.000, el banco solo está obligado a guardar como reserva menos del 10%, digamos $100, los otros $900 los puede prestar a otra persona, y como la banca es una sola red interconectada, esos $900 volverán al sistema bancario y el banco guardará solo $90 (10%) como reserva, y prestará los otros $810 a alguien más. Así sucesivamente el banco puede crear de la nada $10.000 con solo $1.000 en depósitos iniciales; es decir, cada vez que una persona va al banco a requerir un préstamo, se crea dinero de la nada o mejor dicho de la deuda. De esta forma cada nuevo préstamo o deuda crea una larga cadena de más deuda y dinero ficticio. Seguramente con este ejemplo me quedé corto porque con toda la inyección de dinero que hoy en día realizan los bancos centrales, muchos especialistas calculan que se estaría creando solo el 2% o menos de todo el dinero, con lo cual los bancos comerciales estarían creando un 98%; es decir, de cada $1.000 reales la banca privada está creando $49.000 adicionales que representan pura deuda electrónica. Es decir, apuntes contables en una computadora. No es dinero en metálico ni de papel.

Además, tampoco tienen la obligación de captar depositos de los ahorristas, pues no he oido ningún caso en el cual el banco le diga a alguien que no hay suficiente dinero para prestar en sus bóvedas. Es decir, el banco en última instancia solo hace un apunte contable en sus ordenadores señalando que usted ha requerido un préstamo por tal suma y...¡Magia!, se creó nuevo dinero. El banco utilizará este apunte a modo de activo en su balance financiero y hasta podrá empaquetarlo y ponerle un nombre (derivado AAA) y vendérselo a alguien más (Fondos de Pensión, Bancos Centrales, etc) para obtener aún más dinero por arte de magia.

Entonces ¿quién está creando más dinero, más deuda e inflación, quién controla el dinero y quién se beneficia de la usura al pueblo? No pueden esconder más la descomunal verdad que la banca privada crea casi el 100% del dinero y la deuda. Además, son ellos con esta emisión masiva de dinero con deuda, los que crean el 98% de la inflación, la cual deprecia nuestro dinero y eleva los precios de todas las cosas. Entonces queda claro que cada vez que vas al banco a depositar tu dinero o a pedir un préstamo, ya estarás contribuyendo a que este cree más deuda e inflación.

En sus orígenes, esta práctica de reserva fraccionaria era ilegitima; llevada a cabo por los orfebres o primeros banqueros de la edad media. Sin embargo, posteriormente acabó siendo legalizada. Es aquí donde uno se da cuenta que lo que nació como un fraude al pueblo, continúa hasta nuestros días como un fraude al pueblo ahora legalizado por los políticos. Debido a esta estafa, cuando mucha gente va al banco a retirar sus ahorros, el banco no se los puede devolver a todos, pues ya lo ha re-prestado sin su consentimiento y sin generarte ningún beneficio. Es así como se originan las famosas corridas bancarias o pánicos bancarios que provocan que los bancos supuestamente "quiebren" con el único propósito de no devolverte tu dinero; porque podrán quebrar los bancos pero nunca las familias que lo controlan. Así perpetran el fraude con impunidad pues tienen comprados a los políticos, de modo que no les importará que quiebre uno de sus miles de bancos porque ya amasaron una gran fortuna y volverán a poner otro banco con un nombre diferente. Para esto utilizan las crisis, que cuando menos se las espera la gente aparecen de nuevo, porque siempre volverán y harán creer que son algo normal que tiene que ocurrir cuando en realidad no lo son, pues son provocadas adrede.

Hay gente que dirá: "Bueno, yo no tengo ningún crédito o deuda, así que todo esto a mí no me afecta".Lamentablemente se equivocan, pues así no se haya endeudado usted directamente, sí lo ha hecho el gobierno, y cuando el gobierno y el Estado se endeuda también se endeuda usted, porque será al final quien pague esa deuda, le guste o no, con los impuestos. Cada bien que usted compra desde los alimentos hasta una casa, todo está cargado con impuestos que pagan la deuda pública o soberana de los gobiernos.

Pero ¿cómo es que el Estado se endeuda? Fácil, aquí es donde empieza la creación de deuda. Todos los países del mundo se endeudan cuando los gobiernos crean (emiten) bonos, conocidos también como bonos soberanos o simplemente deuda pública. A continuación estos bonos pasan a venderse en los mercados secundarios de las bolsas de valores. Aquí es donde los bancos (bancos centrales y comerciales) y financistas especuladores como los fondos de inversión los compran y así el gobierno obtiene dinero; sin embargo, estos bonos tienen una fecha de vencimiento cuando pagan un interés, el cual tiene que pagar el Estado, o mejor dicho el pueblo a los banqueros. Entonces los bonos son contratos o títulos de deuda para esclavizar naciones. Pero aquí no queda el fraude, porque los banqueros no esperan el vencimiento del bono, sino que desesperados por conseguir más dinero lo apuestan, especulan, lo revenden a otros bancos, a fondos de pensiones, etc., como si estuvieran en un casino. Para esto utilizan la prima de riesgo que compara los bonos o deudas de cada país con otro. Solo entonces le ponen precio a cada bono dependiendo de quién es mejor pagador de deuda, quién entrará en quiebra, o quién se retrasará en sus pagos. Así fue como especularon con la deuda sudamericana en la década de los ochenta, y lo hacen ahora con la de los países europeos en crisis como Grecia, Irlanda, España, etc. En pocas palabras, esta gente son aves de rapiña que hacen dinero del despojo y sufrimiento de naciones en ruinas.

Cuando finalmente los bancos han prestado todo el dinero disponible a través del efecto multiplicador de la reserva fraccionaria y necesitan más dinero para prestar, entonces aquí entran a tallar los bancos centrales, los cuales emiten más dinero que inyectan al sistema bancario cuando compran los bonos soberanos de los gobiernos que los bancos privados tienen en su poder. Seguidamente estos últimos utilizan el nuevo dinero y lo multiplican por 50 veces con la ya conocida reserva fraccionaria empezando el ciclo otra vez. En resumen, el Estado crea bonos de deuda, luego los bancos privados compran estos bonos, a continuación el banco central los compra y le entrega más dinero a los bancos, después el ciclo comienza con el Estado emitiendo más bonos. Por lo tanto, ¿quién es el único que se endeuda? La respuesta es: el Estado y por consiguiente el pueblo. ¿Quiénes son los únicos que se quedan con las ganancias e intereses? Los banqueros.

Hay que entender esto hasta el cansancio, los Estados solo crean bonos de deuda, no crean billetes sin deuda. La única forma como los Estados se pueden financiar es creando deuda a través de los bonos o a través de préstamos directos de los banqueros como pueden ser el Fondo Monetario (FMI), el Banco Mundial (BM), el BID, el BIS, etc. Es así como ningún país del mundo puede financiarse con dinero libre de interés o deuda. Entonces surge una pregunta importante: ¿Por qué los Estados no crean directamente billetes libre de deuda en vez de crear bonos de deuda? Una pregunta muy lógica, pues si el Estado puede crear bonos que representan finalmente dinero, entonces podría crear de igual modo billetes que representan dinero, y no habría ningún problema; mejor aún estarían libres de deuda.

Los políticos y economistas que defienden el sistema alegan siempre que si los Estados tuvieran ese poder crearían muchos billetes y por ende inflación; sin embargo, le mienten al pueblo, pues los Estados actualmente ya crean una inmensa inflación cuando emiten muchos bonos. Basta ver cómo los gobiernos más grandes del mundo: EE. UU., Japón, Inglaterra, etc., han estado emitiendo desde el 2014 miles de millones de bonos cada semana, acumulando una inflación que empezará a subir en cualquier momento apenas los bancos centrales comiencen a subir sus tasas de interés referencial. Por tanto, emitir bonos crea más inflación porque es dinero cargado con interés o deuda futura, en cambio emitir dinero directamente no crea ningún interés futuro.

Además, hay que tener en cuenta que son los bancos privados los que crean el 98% de la inflación, de modo que no hay que dejarse engañar con el argumento de la inflación para no emitir dinero libre de deuda. Con un poco de lógica y matemática mental básica se desmiente este mito.

Volviendo a la pregunta: ¿Por qué los Estados no crean directamente el dinero? La respuesta es porque están coaccionados desde hace más de seis siglos. La banca controla a los gobiernos y políticos de varias formas con el dinero que crean, por ejemplo: pagan sus campañas políticas, les otorgan los más altos puestos en sus bancos y empresas, financian sus estudios en universidades prestigiosas, etc. Los políticos son simples lobbistas bancarios; así es como pagan el favor a los banqueros, manteniendo para ellos el control del dinero y el actual statu quo. Es cierto también que hubo algunos políticos honestos (casos excepcionales) que denunciaron alguna vez estos hechos, pero que lo pagaron trágicamente con su vida.

Si los Estados crearan alguna vez directamente dinero libre de deuda y controlasen el crédito, entonces los banqueros perderían su monopolio, poder y privilegio. Ya no tendrían razón de existir, pues la usura ya no sería nunca más un negocio. De modo que, es por esta simple razón, no hay otra, por la que no permiten que siquiera un solo gobierno cree su propio dinero, porque si tan solo uno diera el ejemplo, se gestaría una revolución en el mundo.

Surge entonces otra pregunta: ¿Por qué el pueblo ha permitido que los banqueros tengan el control del dinero? Lamentablemente, la ignorancia del pueblo es la culpable. El pueblo se la pasa distraído todo el día con el sexo, el alcohol, las drogas, el fútbol, la televisión, la radio, la religión, el trabajo, haciendo hijos, criando hijos, etc., y se olvidó de algo muy importante: el dinero. Esta ignorancia del funcionamiento del dinero la aprovecharon bien los banqueros, quienes por más de seis siglos solo se han dedicado a pensar astutamente en cómo hacer funcionar el dinero a su favor, sin nunca tener que trabajar, pues con la usura como oficio jamás tendrían que hacerlo; y mientras el pueblo trabajaba, ellos se dedicaban a pensar cómo sofisticar aún más sus mecanismos financieros.

Hay que saber que hubo gente que se dio cuenta del fraude y lo denunció, entre ellos varios presidentes de Estado. Grandes gobiernos de potencias alguna vez emitieron su propio dinero libre de deuda y progresaron exitosamente, pero fueron aniquilados por el cártel bancario. Así una vez una potencia europea se erigió de las ruinas, pero la devastaron con una tremenda guerra. Sabrán más adelante a quién me refiero.

Hasta este punto, quizá muchos de ustedes se mostrarán incrédulos con toda esta información, lo cual es lógico porque nunca nos enseñaron acerca de todo esto. Por eso ante la duda, basta con que ustedes mismos realicen su propia investigación del tema, pues yo no pretendo que crea ni tenga fe en mi palabra, lo que sí pretendo es que se informe y razone sobre la realidad de las cosas para que de esa manera encuentre la verdad. No hay que dejarse engañar más por nadie con el argumento de la fe, pues así es como los banqueros nos han timado por siglos, por no hablar de los religiosos que inventaron este término producto de su ignorancia. Por lo tanto, no permitas más que la fe sea un argumento de la ignorancia; porque algo sea tradición o ley no significa que sea lo correcto ni verdadero; como ejemplo claro está la tradición bancaria que nos ha conducido como borregos ciegos hasta este punto en la historia.

Desmintiendo algunas falsas creencias

Aún hoy mucha gente cree que la impresión de billetes se basa en las reservas de oro que una nación pueda poseer en el banco central; es decir, que se tiene que obtener más oro para emitir más dinero. Sin embargo, esto ya no es así para ningún país, desde los acuerdos de Bretton Woods, en 1944 y el fin del patrón oro en 1971. Ahora la emisión de dinero solo se basa en la adquisición de deuda (bonos soberanos, hipotecarios, etc.). Por esta razón se ve a países tremendamente endeudados como Japón, EE. UU., e Inglaterra, quienes han estado creando miles de millones en dinero con deuda desde la crisis del 2008 para rescatar bancos. En resumen, ya no se tiene que comprar oro para imprimir más billetes, solo se tiene que comprar bonos, o mejor dicho, más deuda.

Otra creencia de la gente es que las reservas en dólares o moneda internacional son el ahorro de un país; sin embargo, esto es falso. Los políticos le mienten al pueblo cuando dicen que el país tiene, por ejemplo, $67 mil millones en reservas que les permitiría afrontar cualquier crisis. Además, no le dicen al pueblo en qué se pueden gastar esas reservas. Y la verdad es que solo son utilizadas para las "crisis" de los banqueros, o sea crisis financieras (provocadas adrede por los banqueros); no son utilizadas para crisis reales del pueblo como la falta de comida, vivienda, agua, energía, etc. No construyen hospitales, colegios ni carreteras con estas reservas. Podrían pagar toda la deuda externa con estas reservas, pero no lo hacen porque a los banqueros no les convendría que un país cancele toda su deuda, ya que no ganarían más de los intereses.

Los bancos centrales que pueden ser privados o público-privados, son los encargados de regular, si es que lo hacen, a los bancos comerciales, sirviendo así para su mayor beneficio. Las reservas sirven para ayudar al sector bancario de dos formas: en primer lugar, para inyectar más dólares a los bancos privados comprando moneda local cuando se produce una salida o fuga de capitales (de dólares, por ejemplo); es decir, el banco central trata de compensar esa salida al extranjero con los dólares que tiene en reserva y así evitar que suba el tipo de cambio (que se deprecie la moneda local), que subirá de todas formas, pues cuando el banco central de EE. UU. (la FED) comienza a subir su tasa de interés, es cuando se aprecia el dólar con respecto a otras monedas. Y, en segundo lugar, los bancos centrales usan las reservas para rescatar a los bancos en crisis; o sea, en caso de que pasen por una escasez temporal de liquidez, una corrida de depósitos o pánico bancario, o una quiebra. Jamás utilizan las reservas para rescatar su empresa si entra en quiebra, mucho menos para ayudarle a usted cuando no puede pagar su hipoteca o cualquier deuda. El banco central funciona como prestamista de última instancia de los bancos privados, pues casi les regala el dinero prestándoselos a tasas de interés del 0,25% (en EE. UU. y la zona Euro) o del 0% como sucede en el caso de Japón. ¿Acaso a usted le prestan dinero al 0%? Eso sí es un verdadero préstamo, pero jamás ocurrirá con usted. Si los bancos centrales en realidad quisieran servir a la gente y favorecerla por encima de todos, prestaría el dinero directamente al pueblo al 0% de interés y no a la banca privada para que se lo represten al 15, 30 o 50%. ¿A quién se quiere favorecer entonces? Ya lo sabe. Esa es la democracia que se defiende a ciegas; una mal llamada "democracia" que solo resulta ser una palabra totalmente engañosa, ya que el supuesto gobierno del pueblo nunca es del pueblo; por el contrario, la democracia es una "oligarquía financiera" (gobierno de una élite) que funciona en favor del mercado de deuda. Es decir, estamos ante un modelo político como mecanismo para legitimar una oligarquía mediante supuestas elecciones libres, que solo nos permite escoger entre dos o tres líneas políticas (derecha, izquierda y centro), no dejando ningún margen para que nos libremos del mismo sistema opresor usurario, y denunciando siempre a los que se salen del sistema democrático.

Red Global Bancaria

Hoy en día es muy fácil encontrar bancos, cajas, casas de préstamo y financieras en cada ciudad, cada pueblo, a la vuelta de la esquina, por así decirlo. Es increíble la rapidez con la cual estas entidades proliferan en todo el mundo. Y esto se debe a que todas forman parte de un solo sistema bancario interconectado. Además, hay que tomar en cuenta que el negocio bancario no solo se limita a la acción de prestar dinero a interés, sino también a la adquisición y compra de empresas de todos los rubros de la economía como pueden ser empresas mineras, petroleras, eléctricas, automotrices, siderúrgicas, agroindustriales, de comunicaciones, de entretenimiento, etc.

En el transcurso de varios siglos desde la creación de la banca, esta ha ido apoderándose de las ideas y creaciones de los emprendedores a través del poder financiero que tienen bajo el control del dinero; y muy a pesar de la gente, aun lo continúan haciendo. ¿Para qué cree que sirven las bolsas de valores y las crisis? Pues para endeudarse y comprar las acciones de su empresa, y así poco a poco se van adueñando del accionariado mayoritario aprovechándose de su necesidad por dinero. Para cuando se da cuenta, usted ya no es dueño de su empresa. Esa ha sido la táctica de los financistas por siglos. Si cree que estoy exagerando podrá comprobar usted mismo que la banca es dueña de las empresas más grandes del mundo, esas multinacionales que controlan el abastecimiento de energías, alimentos, comunicaciones, materias primas y tecnologías. Si examina la lista Fortune 500, Forbes, o cualquier otra de las empresas más grandes del mundo, se dará cuenta que la banca aparece siempre entre las principales accionistas de cada una de ellas. Por ejemplo, si se busca quiénes son los dueños de las petroleras más grandes del mundo como Royal Dutch Shell, BP, Exxon Mobil, Chevron, Total, entre otras, se encontrará que bancos como JP Morgan, Goldman Sachs, Citigroup, Wells Fargo, Bank of América, entre otros, figuran como sus principales accionistas y dueños. Lo mismo ocurre con otras empresas muy conocidas como Coca Cola, Apple, Facebook, Twitter, General Motors, General Electric, Ford Motors, Honda Motors, Nissan, Toyota, AT&T, Volkswagen, Glencore Xtrata, Samsung, Phillips, Allienz, ING group, AIG, Reuters, FOX, Bloomberg, HP, Nestlé, Panasonic, P&G, Boeing, Telefónica, Microsoft, Repsol, Caterpillar, Novartis, Intel, Google, Wall Mart, FedEx, CNN, Walt Disney, Direct TV, L'Oreal, McDonald's, etc. En fin, se podría seguir con una lista de miles de empresas bajo control de las entidades financieras y bancarias, que como se ve, ya no solo sacan provecho de la usura como negocio sino también de casi absolutamente todo lo que se compra.

Hay que tener en cuenta que allá, por octubre del 2011, los ojos del mundo no se percataron de una noticia muy importante, la cual daba indicios claros del verdadero poder financiero, poquísimos medios en el mundo se atrevieron a publicarla, siquiera insinuarla. La universidad de Zúrich había encargado un estudio a sus investigadores matemáticos Stefania Vitali, James B. Glattfilder y Stefano Battiston, quienes revelaron que un ínfimo grupo de 147 corporaciones transnacionales, sobre todo financieras, controlaban la totalidad de la economía global. Hay que tener en cuenta que el estudio echa cuenta de un análisis de 43.060 corporaciones, de las que solo 737 controlan el 80% de la riqueza de todas. Se señala además que el 40% de la riqueza de esas transnacionales solo está controlado por 147, de las cuales solo las ¾ partes (poco menos de unas 110 transnacionales) son entidades dedicadas al rubro de las finanzas.

Recordemos que este pequeño grupo está interconectado por medio de juntas directivas que conforman una red global con enorme poder. Así cuando se busca a los accionistas de cada una de estas, siempre aparecen los mismos bancos. Es decir, cada una de las 110 entidades es dueña de las otras; o sea, podemos decir entonces con las pruebas en mano que los banqueros son quienes controlan la economía mundial, los verdaderos dueños del mundo. Y han logrado este poder gracias a los sistemas capitalistas, comunistas y socialistas que ellos mismos impulsaron y que finalmente forman parte de un solo sistema: el sistema "financista" o "usurario". Su principal plataforma para adquirir estas 43.060 transnacionales y otras miles de empresas son las Bolsas de Valores.

Podemos concluir que este gran monopolio financiero representa un verdadero riesgo para la estabilidad económica, pues ejercen una influencia masiva a través de sus conexiones, debido a que actúan en bloque para sus propios intereses. De esta forma se entiende cómo desestabilizan países enteros con la especulación mobiliaria e inmobiliaria, burbujas y crisis, ya que manejan información privilegiada que la comparten solo entre ellos; sin mencionar que controlan las grandes agencias y cadenas de noticias que brindan información sesgada y parcializada a favor de sus intereses. Y hasta se pueden dar el lujo de dejar caer una de sus propias transnacionales como lo fue la quiebra del banco Lehman Brothers en el 2008 con el objetivo de provocar el pánico mundial y la crisis. En consecuencia, se llenaron más los bolsillos con dinero y bienes de los más desfavorecidos (la clase trabajadora).

Las pruebas son contundentes al develar que no son los políticos ni gobiernos quienes manejan la economía mundial, pero también hay que reconocer algo importante: fue la propia dinámica o mecanismo del sistema monetario lo que finalmente concedió el poder a los financistas usureros, y este fue un proceso de varios siglos. Por lo tanto, no hay que hacer caso de algunos teóricos conspiracionistas que deforman y distorsionan el tema, el cual es un problema muy real y serio; sin embargo, esta gente lo presenta como algo abstracto y del demonio. Presentan profecías absurdas y demonizan el dinero porque no entienden cómo funciona, y lo único que generan es miedo y burla pues nunca ofrecen una real solución al problema. Solo dicen: "no idolatres el dinero", y así fomentan la ignorancia e inacción del pueblo. Hay que saber que muchos de ellos también viven de los privilegios que les concede la banca, ya que viven en fastuosos palacios y no pagan impuestos. Entonces debemos enfocarnos en identificar la verdadera problemática de la vida y no dividirnos en discusiones filosóficas, religiosas ni políticas. Las creencias personales sean cuales sean (en Cristo, Buda, Alá, Jehová, Brahma, los extraterrestres, etc.) son insignificantes con respecto a las necesidades de la vida como son el alimento, el refugio, el abrigo; todo lo demás es secundario e irrelevante. Solo cuando entendamos esto seremos una sociedad unida sin conflictos ni guerras.

Dinastías familiares dueñas de la banca

Anteriormente hemos visto cómo unas 110 entidades financieras controlan la economía mundial a través de toda una red de miles de empresas multinacionales bajo su poder. Entonces cabe hacerse una pregunta: ¿Quiénes son dueños de estas entidades financieras? Algunos creen que los dueños son multimillonarios como Carlos Slim, Bill Gates, Warren Buffet, etc. Y aunque estos personajes tienen una gran participación en algunas de estas empresas, su fortuna es insignificante para controlar toda la red bancaria. Otros desinformadores hacen creer a la gente que son ellos mismos los dueños de estas empresas a través de los títulos y acciones, cuando en realidad estas no representan ni el 1% del total. Hay que tener claro que estos billonarios tienen nombre y apellido, y su fortuna no es de unos miles de millones sino de billones. Son un reducido grupo o élite de dinastías familiares bancarias con varios siglos de antigüedad. Entre las más poderosas están los Rothschild, los Rockefeller, los Morgan, los Goldman, los Sachs, los Lehman, los Kuhn, los Loeb, los Warburg, los Lazard, los Schiff, entre otros. Hay algo que es importante destacar en varias de estas familias; algo que tienen en común es que la mayoría son judías. Se puede entender entonces cómo varias de estas permanecieron unidas por varios siglos, pues muchos de sus miembros se relacionaron siempre entre ellos por sangre y/o matrimonio. Mucha gente llama a esta costumbre "incesto", pues se arregla matrimonios entre los propios miembros de las familias (tíos con sobrinas y entre primos hermanos) con el fin supremo de conservar siempre su patrimonio. Esto no significa que sea algo malo, simplemente es una costumbre ancestral.

Los miembros de estas familias prefieren mantenerse en el anonimato para no causar una conmoción social evitando que la gente se entere de sus verdaderas fortunas. Debido a esto, existe un encubrimiento general por parte de los medios de comunicación que son lamentablemente en su gran mayoría propiedad de familias financieras. Para tener un mejor entendimiento de cómo estas dinastías obtuvieron el control del dinero y el poder, es necesario revisar la historia de cada una de ellas.

Los Rothschild

La historia de esta dinastía bancaria empieza alrededor del siglo XVIII, cuando Amschel Moses Bauer, un judío, orfebre de profesión, dedicado a ser cambista, abrió una tienda de monedas en un gueto judío de Frankfurt, Alemania. No obstante, el fundador de esta dinastía fue su hijo Mayer Amschel Rothschild, quien en 1769 fue financista y representante de la corte del Príncipe Guillermo I en Hanau, Alemania. Sus cinco hijos varones fueron los encargados de expandir la red bancaria por toda Europa convirtiéndose en los banqueros de poderosos monarcas y gobiernos.

En el año de 1798 Nathan Mayer Rothschild se instituyó en Inglaterra dedicado al rubro del comercio textil, y después, al tiempo, como banquero en la negociación de letras de cambio y la organización de empréstitos extranjeros. Sus hermanos abrieron varios bancos en toda Europa. En 1812 Jacob R. fundó una casa bancaria en París; en 1820 Salomon R. hizo lo mismo en Viena, Austria; Carl R. en Nápoles, Italia, y Amschel R. en Frankfurt, Alemania. En el siglo XIX ya eran los banqueros internacionales de mayor éxito del mundo. Para lograr esto utilizaron como negocio principal la recaudación de fondos para los gobiernos de todo el mundo a través de la emisión de bonos (principal instrumento para crear deuda), mecanismo que sigue funcionando hasta nuestros días. De esta forma, y con préstamos directos, financiaron, por ejemplo, con 5 mil libras al gobierno de Prusia en 1818, al gobierno de Francia tras la derrota en la guerra Franco-Prusiana de 1870-1871, financiaron a varios países en la I y II Guerra Mundial, etc. No hay que olvidar que las guerras son el mejor mecanismo para crear deuda que beneficia a los financistas y banqueros.

El mayor reconocimiento y fortuna que alcanzó la familia lo consiguió cuando los cinco hermanos desde sus respectivas casas bancarias financiaron al gobierno británico y sus aliados para derrotar a Napoleón Bonaparte, quien sabía acerca del poder bancario usurero y lo denunciaba como tal. Por esta razón toda la banca internacional se unió en contra de Napoleón, quien representaba una seria amenaza para los intereses bancarios. Fue justamente durante las guerras napoleónicas cuando el Príncipe William usó a los Rothschild para esconder su fortuna de Napoleón. Este dinero fue transferido a Nathan Rothschild en Londres, donde sería de gran utilidad para financiar las campañas británicas en Portugal y España contra Napoleón, generando así enormes intereses y ganancias producto de la guerra para estos banqueros. En 1806, Jerome Bonaparte (hermano de Napoleón) pasó a gobernar Hessse, con lo cual, William escapó a Dinamarca, solo para retornar después en 1813 cuando los franceses fueron expulsados. Ante el regreso de Napoleón del exilio, y en la decisiva batalla de Waterloo de 1815 donde los franceses se enfrentaban a los ingleses, holandeses y prusianos, Nathan Rothschild se entera primero que nadie de la derrota de Napoleón debido a que sus agentes llegaron rápidamente con la noticia a Londres, con lo cual los Rothschild mandaron a vender sus acciones y bonos soberanos ingleses como señal (obviamente falsa) que los ingleses habían perdido la guerra. Luego, la bolsa se desplomó, y sigilosamente vuelven a comprar todos los títulos a precios sumamente bajos e irrisorios. Entonces cuando comienzan a llegar las noticias oficiales del triunfo inglés, la bolsa despega al alza haciendo que los Rothschild multipliquen por más de 20 su fortuna; sin duda una sucia forma de hacer dinero que continúa hasta la actualidad en todas las bolsas del mundo (especulación). Esta jugada especulativa originó que la familia obtenga un enorme poder sobre la economía británica, convirtiendo a Londres en el centro financiero del mundo. Los cinco hermanos y sus descendientes se involucraron también en adquirir otros negocios como la minería, la industria ferroviaria, la industria petrolera, las comunicaciones, las fundiciones, etc., empezando así a monopolizar todos los ámbitos de la economía con el dinero. A partir de 1821, Carl Mayer Rothschild, establecido en la ciudad de Nápoles (Italia), emprendería a hacer negocios con el Vaticano y el mismísimo papa Gregorio XVI (este le confirió la orden de San Jorge). De esta manera los Rothschild otorgaron grandes préstamos al Vaticano e incluso a varios reyes de Nápoles. Desde entonces construyeron una estrecha relación con el banco del Vaticano que seguramente continúa hasta hoy. Por eso se dice que los Rothschild son los guardianes del tesoro papal. Se puede entender ahora como esta institución eclesiástica ha sido varias veces acusada de corrupta por sus turbias operaciones.

En España, en el siglo XIX, los Rothschild consiguieron varias minas de mercurio monopolizando el mercado para depurar metales preciosos. Así también, en 1873 compraron las minas Rio tinto de España que representaban la mayor fuente de cobre en Europa. Esta empresa es actualmente una de las mayores multinacionales mineras. Algunos años después, a finales del siglo XIX, financiaron las minas de diamantes DeBeers en Sudáfrica, que controla un 50% del mercado mundial de diamantes actualmente.

A finales del siglo XIX, Edmond de Rothschild visitó Palestina y posteriormente apoyó la fundación, o mejor dicho, invasión de varias colonias judías en territorio palestino, lo que serviría como precedente para después crear el Estado judío de Israel, en 1948, con la ayuda de toda la banca judía.

En 1919 el banco N.M. Rothschild & Sons se adjudicó el rol de banca permanente para la medida del precio mundial del oro; sin duda toda una prerrogativa. Con razón se puede entender ahora la gran especulación que siempre ha habido con este metal a lo largo de este tiempo. Hoy en día, el precio del oro es fijado aún en las instalaciones de N.M. Rothschild por miembros de las casas bancarias Deutsche Bank, HSBC, Societe Generale y Scotiamocatta.

Con la llegada del fenómeno internacional de las privatizaciones en los años ochenta, los Rothschild aprovecharon para adquirir muchas propiedades y empresas estatales en decenas de países de todo el mundo. Hoy las oficinas de la banca Rothschild se encuentran en más de 40 países, por lo que se podría decir que es la familia más rica y poderosa del mundo.

La dinastía Schiff

Esta es una prominente familia banquera judía de los Estados Unidos, que llegó a ser muy conocida por su más famoso miembro, Jacob Schiff. La tradición banquera de esta familia data del siglo xiv en Frankfurt, Alemania. Formaron estrechos vínculos con otros banqueros de renombre; así por ejemplo, Moses Schiff era bróker (agente) de los Rothschild, y su hijo Jacob Schiff se casó en 1875 con Therese Loeb, hija de Salomon Loeb, co-fundador de la banca Kuhn, Loeb & Co. (uno de los más grandes bancos de la época). Es justamente en este año que Jacob pasa a ser socio de esta banca. A su vez, la hermana de Jacob, Frieda Schiff, se casó con Felix Warburg (otra familia de banqueros influyentes), cuyo hermano, Paul Warburg, se casó también con una de las hijas de Salomon Loeb; es decir, cinco dinastías bancarias unidas por matrimonio y negocios.

Jacob Schiff era un sionista encaprichado con formar un Estado judío y destruir la Rusia Zarista, pues tenían un mayor control sobre la banca y la impresión de dinero en Rusia. Fue así como financió al Imperio Japonés contra Rusia en la guerra de 1904-1905, con $200 millones, lo cual ayudó en gran medida para que Japón gane la guerra. Al mismo tiempo Schiff financiaba con $20 millones a los bolcheviques judíos, entre ellos Leon Trotski y Vladimir Lenin, para dar un golpe de Estado contra los zares en 1905. Y aunque estos judíos bolcheviques no lograron su objetivo este año, sí consiguieron hacerse del poder unos años más tarde en la llamada "Revolución Bolchevique" de 1917, dando origen al Comunismo, y todo gracias al financiamiento de Jacob Schiff, los Warburg, y demás banqueros judíos. Suena paradójico que los banqueros capitalistas sean los responsables del nacimiento del Comunismo.

Jacob S. pasó a ser director de Wells Fargo & Company (uno de los 4 bancos más grandes de USA en la actualidad), y director de la Union Pacific Railroad (compañía ferroviaria más grande de USA en la actualidad), llegando a ser socio con E. H. Harriman, otro poderoso banquero judío y magnate ferroviario de la época. También jugó un papel importante en la Primera Guerra Mundial, financiando a las potencias centrales compuestas por el Imperio Alemán, el Austro-Húngaro, el Otomano, y el Reino de Bulgaria. Así también usaría su gran influencia para exhortar al Presidente de EE. UU., Woodrow Wilson, para que el país entre a la guerra.

La dinastía Warburg

La familia Warburg es una de las dinastías financieras judías más influyentes desde hace más de cinco siglos; sus orígenes datan de principios de 1500s, provenientes de Venecia como una de las más ricas familias banqueras. Los hermanos Moses Marcus y Gerson Warburg llegaron a fundar la banca M.M.Warburg & Co. en 1798, la cual funciona actualmente.

Asimismo se creó en 1946 el banco S.G.Warburg & Co. en Londres y Warburg pincus en New York, esta invierte hoy más de 45 mil millones en más de 670 compañías en más de 35 países. En 1902 Paul Warburg se convirtió en socio de la familia bancaria Kuhn, Loeb & Co. Paul Warburg se volvió el más famoso de la familia por ser considerado el arquitecto y creador del banco central de EE. UU., la Reserva Federal (FED); debido a esto es llamado "el padre de la FED", ya que realizó toda una campaña con una serie de conferencias para crear este banco en 1913, obteniendo el apoyo del senador Nelson Aldrich y otros políticos y banqueros influyentes. Los Warburg no tenían problema en trabajar para diferentes bancos centrales de cualquier país, ya que el dinero finalmente no tiene patria; así por ejemplo, Max Warburg trabajó como miembro del directorio del banco central de Alemania (Reichsbank) en la década del 30, mientras que su hermano Paul lo hacía para el gobierno de EE. UU. como asesor del directorio de la Reserva Federal y como Director del Consejo de Relaciones Exteriores. Como es lógico, los descendientes de esta familia continúan en los más altos puestos de los bancos y gobiernos.

Las familias Kunh & Loeb

Cuando Abraham Kuhn y Solomon Loeb fundan en sociedad la banca Kuhn, Loeb & Co. en 1867 estas dos familias comerciantes y prestamistas judías alemanas se unirían para formar una poderosa alianza. Algunos años después entraría también a esta sociedad el banquero Jacob Schiff, casado con la hija de Solomon Loeb. Juntos crearon uno de los bancos de inversión más poderosos de finales del siglo xix y comienzos del siglo xx. Con el surgimiento de la revolución industrial, el banco aprovechó el momento para financiar a varios gobiernos y magnates industriales, formando sociedades en muchos casos con estos personajes como E. H. Harriman en los ferrocarriles, Andrew Carnegie en el acero y John D. Rockefeller en el petróleo; también financiaron a varias empresas como Western Union y Westinghouse. Se asociaron con la multimillonaria familia Rockefeller (magnates del petróleo hasta la actualidad) para otorgar préstamos al gobierno de China y al Imperio japonés; igualmente para adquirir la empresa Equitable trust Company que tras una fusión derivaría en el Chase Bank; este a continuación se fusionó después con el banco JP Morgan & Co., propiedad de la familia bancaria Morgan (otro poderoso monopolio bancario), para finalmente ser la multinacional JP Morgan Chase (el banco más grande de EE. UU. y seguramente del mundo en la actualidad).

Mientras que por esta rama los Kuhn, los Loeb, los Schiff, los Rockefeller y los Morgan se asociaban para crear este monstruo bancario, por otro lado la firma bancaria Kuhn, Loeb & Co. se fusionaba en 1977 con la banca Lehman Brothers, propiedad de otra poderosa familia de banqueros judíos, fundada en 1850 por los hermanos Henry, Emanuel y Mayer Lehman. Esta nueva entidad se convertiría después en el famoso banco multinacional Lehman Brothers Holdings, que quebró en la crisis del 2008 para ser adquirida después por Barclays y Nomura Holdings (dos multinacionales bancarias), que son finalmente parte del entramado de las mismas familias bancarias.

Otras poderosas familias de banqueros judíos que también eran socias de los Kuhn y Loeb eran Benjamin Buttenwieser, Otto Kahn, Lewis Strauss, los Seligman (financistas del Canal de Panamá, Standard Oil y General Motors), los Speyer, los Warburg, los Goldman Sachs (dueños del banco Golman Sachs, uno de los bancos más grandes del mundo actualmente), los Lazard (con agencias bancarias en más de 40 ciudades en todo el mundo actualmente), entre otros.

Por lo tanto, no es nada exagerado decir que estas dinastías bancarias judías controlan el dinero del mundo pues ya lo controlaban, como han podido ver, desde hace 200, 300, y más de 500 años. Podría seguir rastreando la historia de cada una de estas, pero sería demasiado extenso y monótono, ya que se resume a más de lo mismo; gente que se aprovechó del préstamo a interés (usura) para hacerse rica en detrimento de los pueblos del mundo. Esta gente logró imponerse utilizando sus conexiones por lazos de sangre y matrimonio entre ellas. De modo que, es inimaginable calcular la riqueza que han podido acumular durante tantos siglos. Las fortunas de Bill Gates, Carlos Slim, George Soros, Warren Buffet, etc, con unos cuantos años en el negocio, son insignificantes a comparación con las fortunas de las dinastías bancarias.

La mitad de la renta mundial está en manos del 1% más rico de la población, cuya riqueza asciende a 110 billones de dólares, según el último estudio de la Oxfam, divulgado ampliamente en el Foro Económico Mundial de Davos, en enero del 2014. A saber, esta cifra es 65 veces mayor que el total de la riqueza que posee la mitad más pobre de la población del mundo. Además señala que las 85 personas más ricas del planeta poseen la misma riqueza que el 50% de la población más pobre del mismo: esta es la democracia que defienden los políticos y financistas a toda costa. El estudio también señala que solo en los Estados Unidos la brecha entre las personas ricas y pobres creció a una tasa más alta que en cualquier otro país desarrollado. Se demuestra que el 1% de los más ricos ha acaparado el 95% del crecimiento después de la crisis (desde el 2009), mientras que el 90% se hicieron más pobres. Este informe demuestra la perpetua desigualdad que existe y que continúa en aumento, haciendo más ricos a los ricos y más pobres a los pobres.

Podemos concluir entonces que estas dinastías financieras se hicieron y hacen cada vez más ricas gracias a un mecanismo muy simple e ingenioso llamado préstamo a interés o usura. Es decir, el propio sistema financiero hizo posible que estas familias se hagan ricas y poderosas, pues esta élite solo se aprovechó astutamente de un sistema que pasó de generación en generación. Yo no creo que esta gente sea malvada o estén poseídos por algún espíritu maligno (como hacen creer muchos teóricos conspiracionistas que solo fomentan el odio racial), lo que sí creo es que esta gente solo trata de proteger algo que les fue dado por herencia con uñas y dientes, como alguna vez lo hicieron los sacerdotes, emperadores, reyes y señores feudales que antiguamente protegían su forma de vida acaudalada. Lamentablemente (para esta gente) la opresión siempre tiene un punto de quiebre que alimenta una nueva revolución. Y es que ya mucha gente se está dando cuenta que no tiene que vivir esclavizada a un régimen financiero impuesto por una élite banquera. Solo pregúntese: ¿tenemos que seguir alimentando parásitos eclesiásticos, monárquicos, políticos o financieros? Seguro que no, no tiene lógica, razón ni sentido.

La eterna deuda

La deuda es el gran problema que ha aquejado al mundo desde tiempos ancestrales. Muchos creen que el hambre y las guerras son las principales causas de penurias del hombre; sin embargo, no es así. Desde que el hombre cargó una deuda sobre otro hombre a raíz de vencerlo en batalla, fue ese el origen de la deuda, pues peor que haberlo vencido, fue esclavizarlo para que pague con su trabajo hasta la muerte la deuda por concepto de gastos de guerra. Por consiguiente, la deuda nació como mecanismo para esclavizar naciones, y hasta era preferible morir en batalla, a ser esclavo por toda una vida. Por lo tanto, podríamos decir que la deuda es el principal problema de la humanidad.

Con el transcurrir del tiempo apareció el financista banquero, que se dio cuenta que financiando ambos bandos en guerra tendría solo él asegurada la victoria, ya que el vencedor obligaba siempre al perdedor a pagar sus deudas. Este mismo mecanismo de financiar ambos bandos en guerra continúa hasta nuestros días. Cuando dos naciones en guerra, por ejemplo del Medio Oriente, están en conflicto, uno ve en las noticias que grandes potencias, como EE. UU., Rusia, Inglaterra o China siempre apoyan a sus preferidos, permitiendo así a los financistas, que no tienen patria, endeudar a ambas naciones con la venta de armas, pues la guerra es un gran mecanismo para endeudar naciones. ¿Para qué cree que sirvieron las dos guerras mundiales? Por supuesto que para el principal objetivo de endeudar a las naciones, presionando a los políticos a entrar en guerra. Y efectivamente así lo hicieron, pues la deuda externa se multiplicó en todos los países vencedores y perdedores, lo que significó grandes ganancias para los banqueros que fueron los verdaderos vencedores. Alguna vez Napoleón Bonaparte dijo: "Cuando un gobierno depende de los banqueros para el dinero, ellos y no los líderes del gobierno controlan la situación, ya que la mano que da está por encima de la mano que toma… El dinero no tiene patria, los financistas son sin patriotismo y sin decencia; su solo objetivo es la ganancia". Napoleón ya sabía esto hace más de 200 años; por eso la banca internacional unió todo su poder e influencia para derrotarlo.

En la actualidad los banqueros han creado mecanismos más sofisticados y efectivos que la guerra para crear deuda, verdaderas armas financieras de destrucción masiva que ya no devastan ciudades enteras con bombas nucleares, sino con periodos de expansión crediticia (*booms*) y crisis financieras.

¿Acaso no siente que trabaja y trabaja sin alcanzar el éxito deseado, que a pesar de lo mucho que se esfuerza parece todo en vano, que su trabajo no es bien recompensado? Hay una explicación muy sencilla para esto. Una gran parte de su trabajo lleva una enorme carga, que es el pago de los intereses y la deuda. Es decir, no solo trabaja para usted sino también para los banqueros, a quienes les paga los intereses de su deuda personal, los intereses de la deuda de su empresa y los intereses de la deuda pública o del gobierno. Y aún no es todo, pues para colmo de males el gobierno también le encauza la deuda de otros cuando realiza los famosos "rescates" a empresas transnacionales y sobre todo a bancos en quiebra por sus malas prácticas financieras. En pocas palabras, el ciudadano común es víctima de una gran estafa al tener que pagar no solo los intereses de su propia deuda a los usureros, sino también las propias deudas de estos banqueros. ¿Tiene esto lógica, o se puede llamar a esto justicia? Esto ha sucedido siempre con este sistema y continuará pasando si no lo detienes. Entonces esta es la razón por la que trabaja tanto día tras día sin ver que progrese o que lo haga muy poco, pues lleva una gran deuda usurera en su espalda. ¿Y usted acaso cree que los banqueros comparten las ganancias de los intereses con el pueblo? Claro que no; si así fuera tendríamos mejores salarios y menos horas de trabajo; si así fuera no habría las descomunales y eternas deudas en todos los países del mundo, y sobre todo tendría más tiempo para usted y su familia; para pensar y crear, lo cual no quieren que haga porque ese día la gente se daría cuenta de la estafa. Mientras tanto ellos siguen viviendo como reyes a expensas del pueblo.

La deuda con los financistas banqueros siempre ha sido un lastre para las economías de las naciones desde que se les concedió el derecho a imprimir dinero. Hoy en día son los países europeos los más afectados por el gran volumen de deuda, pero también están en una situación similar países como EE. UU., Japón, e Inglaterra, con deudas que igualan y hasta duplican su PBI. La última vez que la deuda afectó a tantos países fue en los ochenta, destrozando las economías de los países tercermundistas africanos, asiáticos, pero sobre todo latinoamericanos.

Lamentablemente la gente ignora que estas crisis de deuda son recurrentes, no son un tema solo del pasado, sino que volverán siempre bajo este sistema. Y esto es muy fácil de deducir, pues la gente y los gobiernos no pueden endeudarse infinitamente, ya que una burbuja no puede inflarse infinitamente porque terminará por estallar algún día.

Hay que entender algo muy importante: este sistema económico y monetario de deuda es cíclico. En primer lugar, se efectúa un proceso de expansión monetaria; es decir, expansión del crédito barato a nivel mundial; aquí todo el mundo se endeuda adquiriendo hipotecas, comprando autos, tomando créditos para estudios, comprando artefactos, financiando viajes, etc.; es decir, se origina un "boom". El segundo paso, es un proceso de contracción monetaria; los banqueros hacen más caro el crédito elevando las tasas de interés, y provocando así una escasez generalizada de dinero. A continuación se ejecutan los desahucios y embargos, la inflación es alta, la deuda se hace impagable, y el desempleo es el pan de cada día. Es entonces que ha explotado la burbuja. Seguidamente, vuelve a recomenzar el ciclo, no sin antes refinanciar las deudas y aplicar medidas económicas en agravio del pueblo (shock económico).

Si bien la deuda actual de los países tercermundistas y emergentes es relativamente estable, situándose entre el 20 y 40% del PBI, no hay que olvidar que hemos estado viviendo el ciclo de expansión monetaria, con tasas de interés en casi 0% en los bancos centrales más grandes del mundo. Una vez que empiece el ciclo contraccionista, los créditos empezarán a ser más caros y el nivel de deuda que hoy es del 40% pasará a duplicarse, triplicarse, cuadruplicarse, etc., y devendrá la crisis; esto pasará de todas formas pues así ha sucedido siempre, ya que así es cómo funciona el sistema. Todo termina y desfoga en una crisis financiera provocada por los mismos financistas banqueros.

En EE. UU. la FED empezó a reducir la inyección de dólares al sistema, que significó hasta finales del 2013 que este banco comprara $85.000 millones mensualmente en bonos del gobierno y bonos hipotecarios; es decir, la FED inundó todo el sistema mundial con dólares y deuda a una escala nunca antes vista en la historia y que endeudó a muchos países a niveles récord, como es el caso del propio EE. UU. con la mayor deuda registrada que se conozca y sin precedentes en la historia: "17 billones de dólares", y que sigue aumentando. Esta representa más del 100% de su PBI. Para que lo tenga claro, es como si empezara el año debiendo de antemano más de lo que producirá ese año. Por ejemplo, si gana $50 mil anualmente, quiere decir que sin aun haber cobrado un solo centavo ya estará usted empezando el año con una deuda de más de $50 mil de lo que produce, de los cuales tendrá que ir pagando cada vez más intereses; por ende, siempre se necesitará una nueva deuda. Todo esto no se limita solo a EE. UU., pues los dólares han estado llegando a todos los países como alguna vez llegaron los petrodólares en los setenta; incrementando así no solo la deuda pública, a la cual nos hemos estado refiriendo, sino también la deuda privada y familiar. Hay que entender que la economía mundial está dolarizada; por lo tanto, lo que pase en EE. UU. afectará siempre a todos los países.

Ya sabemos que los bancos centrales con su máquina de imprimir dinero solo crean menos del 10% del dinero pues el resto lo crean los bancos comerciales y de inversión en forma de dinero electrónico, lo que quiere decir que en realidad esos $85 mil millones solo han representado menos del 10% del total del dinero; por lo tanto, nos muestra la real magnitud del problema. Además, si se suma los casi 4 billones de dólares que ha inyectado la FED desde el 2008, los más de 1 billón de euros por el BCE, los billones de yenes por el Banco Central de Japón, las 700 mil millones de libras del Banco Central de Inglaterra, más todo lo que han inyectado otros bancos centrales, podríamos estar hablando de la formación de una mega deuda mundial que terminará por desencadenar una gran crisis muy pronto. Y habrá que sumar todo el dinero con deuda que aún falta por inyectar, pues la mayoría de bancos centrales aún continúan creando más dinero. Solo el Banco Central de Japón se ha comprometido a inyectar adicionalmente $1.4 billones (en yenes) mediante la compra de bonos al gobierno, lo que elevaría la deuda japonesa a más de $10 billones. Por supuesto que lo que haga la tercera economía más grande del mundo también afectará la economía mundial.

Los 10 países con mayor deuda pública sobre su PBI:

Países	Deuda estimada sobre PIB 2013 (%)
Japón	245,4
Grecia	179,5
Italia	130,6
Portugal	122,3
Irlanda	122,1
Singapur	108,2
EE. UU.	108,1
Sudan	102,9
Bélgica	100,3
España	91,8

Fuente: Bloomberg, FMI

Deuda total

Si bien la deuda pública a nivel mundial es un gran problema, esta solo representa la deuda de los gobiernos, mas no la deuda de las empresas y hogares. Toda esta deuda en conjunto se denomina deuda total. Es esta deuda la que en realidad representa el mayor peligro para los pueblos, pues es la suma de todas las deudas. Aunque los gobiernos y banqueros saben de esta realidad, obviamente no difunden estos datos en los medios de comunicación porque saben que la deuda es abrumadoramente inmensa, y en muchos países representa hasta seis o más veces su PBI. Por mencionar solo algunos casos, Japón, Irlanda, e Inglaterra registraron deudas totales de más del 600% su PBI hasta el año 2013. Pero uno de los países que más resalta por su deuda es Luxemburgo, con una deuda total de más de 5000% su PBI; es decir, cada habitante debe a los banqueros aproximadamente más de $4 millones. Hay que tener en cuenta que este país es uno de los más bancarizados del mundo, ya que un 40% de su PBI proviene del sistema financiero (la banca controla casi todo). Este es un país prácticamente sin identidad y considerado por diversos estudios como uno de los países más infelices del mundo. ¿A este punto quisiéramos llegar? No lo creo. También otros países como Italia, Grecia, España y Portugal registran deudas totales aproximadas al 400% de su PBI; además de Canadá, Francia, Australia, Corea del sur, y los EE. UU. que tienen deudas totales de más del 350% de su PBI. En promedio esta deuda representa entre el triple y el cuádruple de la deuda pública, salvo en algunos casos ya mencionados donde representan mucho más.

En conclusión, esta es la verdadera deuda de la que no se informa y que la mayoría ignora. Por tal motivo, es necesario que se dé cuenta que esta deuda que pasa desapercibida es la que siempre ha llevado a la pobreza a las naciones desde la creación de la banca hace más de seis siglos. De modo que no se puede permitir el lujo de seguir ciego y desinformado. Ya hay algunos que se han dado cuenta del fraude y lo están denunciando, pero se necesita que mucha más gente se entere de la realidad y la denuncien igualmente. Solo así podremos difundir esta información para el cambio.

"EE. UU. puede pagar toda su deuda porque siempre podemos imprimir dinero, por lo que hay cero posibilidades de quiebra", dijo Alan Greenspan, expresidente de la FED 1987-2006, para NBC en agosto del 2011. Lo que no dijo Greenspan es que ese dinero que imprimen nace con una nueva deuda que efectivamente repaga la antigua, convirtiéndola entonces en un ciclo constante de deuda eterna con los banqueros.

Hay una vieja y conocida frase de investigación que se hizo muy conocida por provocar la caída del gobierno del presidente Nixon en los EE. UU.: "Sigan el dinero y vean a dónde conduce". Una frase muy cierta y eficaz que simplifica todo lo que debe hacer para descubrir la verdad de las cosas y develar cualquier encubrimiento por parte de las autoridades. Solo siguiendo la pista del dinero, o mejor dicho, de los intereses de quienes lo controlan, sabremos entonces la verdadera historia de la humanidad y de nuestro sistema económico actual, para nunca más ser víctimas de un engaño.

Hoy en día el ser humano se ha convertido en un mercenario que deja las escuelas y universidades tremendamente endeudado para depredar recursos naturales y generar desperdicios y contaminación alentado por la competitividad del llamado "Crecimiento Económico", y esta irracionalidad es producida debido a que estamos en un callejón sin salida donde tenemos que salir a producir, cueste lo que cueste, las mercancías que nos permitan finalmente ganar dinero para pagar nuestras deudas. Es decir, el 99,9 % estamos programados desde pequeños a salir a las calles con un solo propósito en nuestros cerebros: pagar nuestras deudas. Ese es el fin supremo de nuestra sociedad actual. Si alguna civilización de otro mundo nos está observando en este momento, no tengo ninguna duda que no nos llama planeta Tierra, sino planeta Deuda o planeta Usura. Seguramente deben estar riéndose de nosotros, viéndonos como seres insignificantes y ridículos, pues hemos dejado que las finanzas (usura) estén por encima del propio ser humano y de la vida misma en nuestro mundo.

A continuación escudriñaremos la historia desde la antigüedad para descubrir los orígenes financieros usurarios. Para lograrlo será necesario indagar sobre los intereses económicos que motivaron a que se produjeran los principales sucesos que cambiaron la historia mundial. Desde la antigua Roma a la actualidad, pasando por diversas crisis y magnicidios. Mucha de esta historia se concentra en la primera potencia mundial, los EE. UU., que es el fiel reflejo de la constante lucha del pueblo contra los financistas usureros.

El primer magnicidio. Los financistas contra Julio César

Julio César fue el último Dictador de la República Romana hasta el año 44 a.c. Después de su muerte, los siguientes gobernantes obtuvieron un título aún más elevado y represor: el de "Emperador". Con Julio César moría el ser humano gobernante para dar paso a los autoproclamados Dioses Emperadores Romanos, como fue el caso de los tiranos Calígula, Nerón, entre otros. ¿Por qué estos gobernantes obtuvieron un estatus divino? La respuesta radica en el gobierno de Julio César, quien fue considerado por su pueblo como el mejor de todos sus gobernantes; el más sabio, y el que hizo mucho más por el pueblo (la clase trabajadora). Tanta fue su popularidad y prestigio que los títulos de Káiser y Zar (para los máximos gobernantes alemanes y rusos) se originaron del título de "César". Cuando los financistas asesinaron a Julio César, tal era su popularidad, que el pueblo romano lo lloraba y veneraba considerándolo un Dios que había pasado a la inmortalidad junto al Dios Júpiter. Fue a partir de estos hechos que los gobernantes posteriores se autoproclamaron dioses y emperadores, pues se aprovecharon de la extraordinaria popularidad que tenía César con el pueblo para llamarse ellos mismos divinos Dioses (divinidad que solo César pudo obtener del propio pueblo). Es a partir de ese entonces que todos los emperadores adoptaron el titulo máximo de "César" en honor a su grandeza.

¿Qué fue lo que hizo Julio César para que lo asesinaran? La respuesta es muy simple. Su política económica creó la mayor prosperidad en el pueblo romano. Entre estas podríamos señalar las siguientes:

- Instauró impuestos sobre los productos extranjeros (importaciones).
- Mejoró el abastecimiento de alimentos.
- Entregó tierras a los ciudadanos en colonias de ultramar.
- Otorgó la ciudadanía a los cultores de la medicina y las artes literarias.
- Aumentó la penalidad en cuanto a crímenes que eran cometidos impunemente por gente rica, decretando además que se les expropiaría sus bienes.
- Adoptó una política de filantropía perdonando la vida de los que habían luchado contra él en la guerra civil a favor de Pompeyo.
- Desapareció una cuarta parte de la deuda del pueblo, prohibiendo el cobro de estas que eran fruto de la usura.

Para lograr esto, decretó que los deudores pagarían según la estimación del precio de sus propiedades antes de la guerra civil (supongamos una crisis actual), y que se deduciría (se descontaría) del capital todo lo que se hubiese pagado en dinero e interés; es decir, antes de la guerra civil las propiedades valían mucho más. Después de esta los financistas reclamaban el pago de sus préstamos e intereses exigiendo las propiedades del pueblo tasadas a un precio mucho menor; sin embargo, ellos mismos habían tasado las propiedades a los precios antes de la guerra para así otorgar los préstamos. César entonces prohibió esta estafa al pueblo que significaba la pura usura. Hoy en día podemos ver un claro ejemplo de esto cuando los bancos tasan tus propiedades a un precio elevado antes de una crisis; sin embargo, una vez que llega la crisis y deciden cobrarse sus préstamos mediante el embargo, proceden a descontar su deuda tasando su propiedad a un precio mucho menor. Sin duda, un verdadero fraude. Este fue uno de los principales motivos por los que los financistas conspiraron para asesinar a César.

- Pero, sin duda, la principal razón por la que asesinaron a César fue porque quitó a los financistas el monopolio de la acuñación de monedas. Para esto incrementó a cuatro el número de centros de fundición y acuñación de monedas de oro, plata y bronce, y se confió la administración de estas y de las rentas públicas a sus propios esclavos; es decir, César emitía su propia moneda libre de deuda que trajo la prosperidad al pueblo, lo cual lo hizo tan popular.
- Por último, César hizo algo que jamás algún gobernante haya hecho en la historia. Decretó una ley que prohibía determinantemente que nadie acumulara más de 15.000 denarios, con el objetivo de poner en circulación constante las monedas producto de la acumulación y avaricia de los financistas y usureros ricos.

Recién entonces se puede comprender cómo es que el pueblo consideró a Julio César como un Dios. Pues no solo les quitó el poder a los financistas de endeudar al pueblo sino que también restringió su poder e influencia poniendo un límite al enriquecimiento producto del acaparamiento del dinero (dinero que le pertenece al pueblo y no a una élite minoritaria).

Todos estos hechos enfurecieron a los políticos financistas miembros del Senado Romano, entre ellos Cayo Casio y Marco Junio Bruto, quienes, en su gran mayoría, conspiraron para asesinar a César y defender sus intereses personales. Ellos procedieron a convocar a César a una reunión en el Senado y lo acribillaron a puñaladas, dando el último golpe Marco Junio Bruto. Este último personaje era un financista muy adinerado que se enriqueció prestando dinero a altos intereses.

Cuando Marco Antonio, mano derecha de Julio César, lo encontró muerto, procedió a mostrarle el cadáver al pueblo que exigió muerte a los conspiradores usureros que habían asesinado a su amado libertador. Después de perseguirlos y tenerlos acorralados, Cayo Casio y Marco Bruto se suicidaron. Sin embargo, estos dos personajes solo fueron chivos expiatorios, pues la mayoría de financistas conspiradores se salieron con la suya obteniendo nuevamente el control sobre el dinero. Así es como empezó la larga historia de fanáticos radicales usureros que hacen de esta práctica un negocio legítimo para esclavizar naciones. Es preciso recalcar algo referente a los dictadores y emperadores romanos; a estos personajes se les daba el título de "Sumo Pontífice", personaje que era el sacerdote principal de la religión romana con su Dios principal Júpiter, seguido de Neptuno, Apolo. Este título de Sumo Pontífice fue heredado después por los papas cristianos. Por lo tanto, este título no fue creado por la religión cristiana como la gran mayoría cree, no nació de las ideas de Jesús ni Pedro, sino que nació de una religión preexistente que era la religión romana. Por ende, el primer Sumo Pontífice fue un dictador romano, cuyo título ya llevaba siglos antes que aparezca el cristianismo. Alrededor del año 382, el Emperador Graciano sería el último emperador en ostentar dicho título, pues renunció hábilmente a este, adaptándolo al cristianismo para conservar su influencia sobre las masas, ya que este se había vuelto un movimiento popular.

Hay tradiciones que el pueblo sigue ciegamente porque tienen siglos de antigüedad y han plasmado identidades sobre la gente. Sin embargo, el que algo sea antiguo y tradicional no significa que sea lo correcto y verdadero. Esta tendencia a aferrarse a un sistema de creencia y por ende a una identidad, es una forma de materialismo intelectual, pues no se desea aceptar nueva información que probablemente cambien nuestras creencias. Las tradiciones como la religión y la banca han privado al hombre de nuevo conocimiento a lo largo de la historia. Por muchos siglos se consideró al nuevo conocimiento y tecnología como herejía y algo producto de Satanás. Por esta causa absurda los religiosos asesinaron y persiguieron a grandes científicos y pensadores como Nicolás Copérnico, Galileo Galilei, Giordano Bruno, Miguel Servet, entre otros. Si no hubiera sido por estos genios y otros más como Isaac Newton, Nicola Tesla, etc., la humanidad seguiría siendo víctima de la ignorancia de los religiosos (ignorancia de los inquisidores católicos, por ejemplo). En resumen, si no hubiera sido por los grandes pensadores, considerados locos, que derribaron paradigmas y desafiaron sistemas de creencia obsoletos, jamás hubiéramos tenido toda la tecnología que hoy tenemos y que facilitan nuestra vida; por lo tanto, les debemos las gracias por el progreso de la humanidad a los revolucionarios genios, no a los religiosos, banqueros, ni políticos que siempre han buscado perpetuar una visión del mundo cerrada a favor de sus intereses; una visión egoísta que inculca la fe como herramienta para rechazar la lógica, el razonamiento y el nuevo conocimiento que nos hacen entender verdaderamente cómo funciona el universo. Como hemos visto a lo largo de la historia, siempre la irracionalidad y estupidez humana tratan de detener a la razón e inteligencia humana que nos conduce al progreso y al descubrimiento de quiénes somos verdaderamente para explotar nuestro máximo potencial. De modo que ya no se trata de una lucha entre el bien y el mal, sino en la lucha entre la estupidez versus la razón.

El origen de la usura y la banca

Hoy en día parece que ha nacido un nuevo credo que rinde culto a la Diosa Banca. Hemos creado una dependencia financiera y usuraria extrema al punto de acudir a los bancos cual iglesias, implorando como mendigos por ayuda financiera que está corrompiendo nuestra sociedad a niveles inhumanos.

Se dice usualmente que la prostitución es la profesión más antigua del mundo, pero ante los escenarios económicos actuales de deuda interminable, solo nos queda escudriñar la historia para decir que la usura es la profesión más antigua del mundo, siendo esta incomparablemente mucho más perjudicial para la sociedad. Esta nació mucho antes que la prostitución como producto del comercio en las transacciones y casi a la par con el nacimiento del dinero como medio de intercambio en la edad antigua. La usura pasó de ser un delito condenado desde los tiempos antiguos a ser considerada como una forma honorable de hacer negocios, cuyos practicantes o profesionales reciben actualmente los más altos honores y cargos que un Estado puede otorgar.

Los primeros registros de préstamos existentes datan de la época de la existencia de Babilonia en el siglo XVIII a.C., eran los sacerdotes de los templos aquellos que otorgaban préstamos a los negociantes. También en la antigua Grecia ya se hacía mención de esta práctica. Sabemos que Aristóteles rechaza la usura categóricamente, el filósofo griego decía que de todas las formas de comercio, la usura era la más depravada y odiosa. "La usura no solo se propone un objetivo antinatural, sino que hace un uso erróneo del dinero en sí, pues el dinero fue creado para el intercambio, no para ser incrementado con la usura. La usura es la reproducción antinatural de dinero con dinero". Al igual Platón condena esta industria aseverando que la usura enfrentaba inevitablemente a una clase contra otra, y era por lo tanto destructiva para el Estado. De la misma forma, otros pensadores como Cicerón, Catón y Séneca condenaron esta práctica. La usura también surgió y fue condenada en los tiempos de Abraham y Moisés, según menciona la Biblia; lo mismo ocurrió durante la antigua Roma, en Persia, en China, y la India. Todas las religiones, y gobiernos antiguos, consideraban esta práctica como una aberración; y en muchos casos no era una prohibición impuesta por un Dios, sino por el propio sentido común de la gente que veía esta práctica como la explotación del hombre por el hombre, algo que continúa ocurriendo hoy en día y que ha sido astutamente legalizada para hacer trabajar a la gente como esclava.

Ya en la Edad Media, tomarían gran protagonismo los cambistas y prestamistas judíos que llegaron a lo que es actualmente Alemania, a ciudades como Colonia y Frankfurt, entre otras; procedentes de lo que fue el Imperio Romano, de Galia, Palestina, Grecia y Egipto. En su gran mayoría judíos prestamistas expulsados por los gobiernos. Solo a partir de su estancia en tierras germanas durante el Imperio Carolingio y durante el Sacro Imperio Romano Germánico gozaron de grandes privilegios al amasar fortunas y tener influencias sobre los gobernantes de turno, pues eran a su vez prestamistas de los gobernantes, reyes y nobles de la época. Se les cedieron barrios separados, después conocidos como guetos.

Los primeros banqueros modernos, tal y como los conocemos, que registra la historia fueron judíos. Dado que en la Edad Media la iglesia cristiana prohibía la usura, estos prestamistas judíos tenían prácticamente el monopolio del préstamo, puesto que a ellos su religión no les prohibía supuestamente esta práctica. Fue entonces que apareció el comerciante usurero que, en vez de negociar con mercaderías, emprendió a negociar con letras de cambio. Esto se dio cuando los comerciantes fueron creando una forma de pago por mercancías en el extranjero, que evitaba la necesidad de transportar grandes cantidades de oro y plata de un país a otro, lo cual se consiguió por medio de las llamadas letras de cambio, lo que consistía en una carta de las mercancías por medio de la cual se autorizaba (en el país de origen del vendedor) a un agente, a pagar por las mercancías que se había comprado, de manera que el vendedor pudiera cobrar el dinero que se le debía en su propio país y en su propia moneda. Por lo general estas letras llevaban fechas aplazadas para dar tiempo al comprador a vender las mercancías y que se pudiera transferir el dinero. Es aquí cuando apareció el comerciante usurero que ofreció a los demás comerciantes comprar sus letras de cambio sin esperar a la fecha de pago, por un precio inferior al precio real de la letra. Este comerciante usurero cobraba la letra una vez cumplida su fecha de pago, y obtenía un enorme beneficio sin haber tenido que hacer absolutamente nada, solo esperar. El negocio con estas letras se volvió más sofisticado y este comerciante se dio cuenta que obtenía más ganancias comerciando con letras que con mercancías reales. Es decir, el comercio de la usura que rige hasta hoy nuestro mundo. El banquero se especializó en esta transacción.

Muchos de estos prestamistas judíos tenían oficios como artesanos, comerciantes y orfebres, y fueron justamente estos orfebres los que actuaron como los primeros banqueros de la Edad Moderna. Ellos inventaron el famoso sistema de reserva fraccionaria que rige hasta nuestros días. Este ejercicio empezó cuando la gente temerosa del robo de sus riquezas, confió sus excedentes en oro y plata a los orfebres, que por la naturaleza de su oficio y comercio basado en metales preciosos, contaban siempre con depósitos de seguridad. El orfebre les entregaba a cambio un recibo de lo que habían depositado (el origen del papel moneda moderno) y les cobraba además una renta por guardar sus riquezas. Con el tiempo, la gente se dio cuenta que el orfebre estaba re-prestando su oro a otra gente ganando así intereses y volviéndose rico, lo que originó que la gente exigiera al orfebre la devolución de su oro, a lo que el orfebre respondió astutamente pagándoles un pequeño interés por el oro que habían depositado en custodia (origen del depósito bancario moderno). Inmediatamente, el orfebre se dio cuenta que la gente rara vez sacaba la totalidad de su oro, por lo que empezó a crear muchos más recibos o billetes que el oro que tenía en realidad, lo cual la hacía una maña fraudulenta (inicio de la reserva fraccionaria), pues se hacía creer a la gente que se tenía igual cantidad en oro, o no les decía que estaba haciendo más recibos. Además, se aprovechó del hecho que la gente comenzaba a utilizar los recibos como dinero sin necesidad de sacar el oro en custodia. En este punto el orfebre ya había dejado de ser un custodio del oro para convertirse en banquero. Este fue el origen de la banca moderna.

De esta manera, estas transacciones que en un principio se encontraban relacionadas al comercio real, se unieron en su forma usuraria bajo el vocablo de banca y por completo quedaron separadas de su argumento original. Se creó así un negocio que trata solo con el dinero en sí, no crea ningún valor para la sociedad, solo para unos privilegiados que manejan el sistema.

Es muy necesario recordar que allá, entre los siglos XIII y XIV, los primeros banqueros judíos de Florencia, Italia, empezaron a realizar transacciones en una mesa con un mantel verde y un banco (silla). Justamente, el nombre banco deriva de la palabra italiana banco, que significa escritorio. Cuando se armaba una discusión por el cobro abusivo de interés, algunos deudores inconformes rompían de rabia los bancos. Entonces se decía que ese judío estaba en bancarrota. Así nació esta palabra tan original para describir la ruina o quiebra en la que caían las personas por falta de financiamiento.

Debido a que estos banqueros judíos fueron acumulando grandes fortunas gracias al privilegio que tenían para cobrar interés en detrimento de los más necesitados, cada vez más fue creciendo el desprecio hacia ellos por estas actividades. De esa manera se sucedieron muchas acusaciones de usura ante las diferentes cortes europeas. Surgen muchas protestas callejeras y persecuciones en contra de los judíos, pero no por parte de los gobiernos o monarquías, sino por el propio pueblo; bandas de campesinos pobres tomaban la ley en sus manos acusándolos de usureros explotadores, avaros y ególatras, que se hacían ricos a costa de las necesidades del pueblo. Por el contrario, las autoridades de ese entonces (Edad Media) consistente en la nobleza, apoyaban las actividades financieras de los prestamistas judíos, pues ellos mismos se beneficiaban de los préstamos de estos primeros banqueros teniéndolos como sus benefactores. Como sucede hoy, el banquero exhortaba a la nobleza (equivalente a los políticos de hoy) a cobrar más impuestos al pueblo para pagar las deudas.

Se dice también que las causas del odio hacia los judíos fueron religiosas; por prácticas rituales que involucraban niños, entre otras. Sin embargo, sabemos hoy que las principales causas del odio popular fueron en este caso y lo siguen siendo hasta hoy, de índole monetario y por ende económicas.

Hay que recalcar que no todos los judíos se dedicaron al oficio del préstamo a interés; pero lamentablemente un gran porcentaje sí, lo que generó que el odio se generalizase a todo este pueblo. Es entonces que, a raíz de este odio popular, surgen una serie de expulsiones de judíos de los territorios europeos; es decir, la presión del pueblo llegó a tal extremo que los diferentes gobiernos se vieron obligados a decretar por ley la expulsión de los judíos en casi toda Europa. Estas expulsiones se dieron a lo largo de más de 500 años desde 1140 hasta 1654. Entre las más significativas están: las expulsiones de Francia en 1182, 1306, 1321 y 1394, de Austria en 1421, de Inglaterra en 1290, de Milán en 1490, de Portugal en 1496, de España en 1492, de Nápoles en 1541, de Génova en 1550 y 1567, de Baviera-Alemania en

1554, de Rusia entre 1648-1654, etc. Coincidentemente, en 1492 Cristóbal Colón "descubrió" América; sin embargo, según muchos historiadores, Colón era un judío que huía de España por la expulsión. Es decir, Colón era un criptojudío (decía ser católico públicamente para ocultar su verdadera religión y origen), y ocultaba su origen pues en esa época en España y Europa había un rechazo popular hacia los judíos por sus prácticas usureras.

Además, la temible Santa Inquisición perseguía a los falsos judíos conversos (criptojudíos) desde 1478. Su propio hijo Hernando Colón afirmaba que su padre no quería que fuesen conocidos su patria ni origen. Ya en el siglo XX se descubrieron unas cartas enviadas por Colón a su hijo Diego Colón, donde utilizaba palabras hebreas. Tampoco es coincidencia que el acuerdo y permiso de los reyes de España, Fernando e Isabel, para que Colón haga su viaje se alcanzó un 17 de abril de 1492, casi al mismo tiempo cuando los mismos reyes hicieron público el decreto de expulsión de los judíos de España a finales de abril de ese año. Por si fuera poco, Colón zarpó del puerto de Palos en España el 3 de agosto de 1492; es decir, solo unos días antes que se venciera el plazo para que los judíos salgan de España el 10 de agosto. De esta forma, Colón habría llevado en sus cuatro viajes a cientos de judíos, que huían de la expulsión, a América, dando comienzo al éxodo de colonizadores esclavistas que destruyeron los pueblos del nuevo mundo corrompiendo sus sistemas con el dinero y la usura.

Retomando el tema, muchos de estos primeros banqueros judíos entre los más ricos, se refugiaron y establecieron en Italia; en ciudades como Venecia, Florencia y Génova, donde había mucho comercio. A fin de evitar el rechazo de los cristianos, los gobiernos los confinaban en antiguas fundiciones (gueto). Así surgieron las familias bancarias por toda Europa y Asia como los Camondo, los Fuhrrt, los Hirsch, los Reinach en Francia, los Guinzburg en Rusia, los Safra en Bagdad, los Kaduri en Persia y en Hong Kong, etc.

En Génova, Florencia, Venecia y Pisa surgieron las primeras casas bancarias cuyos dueños eran, entre otras familias, los Bardi, los Peruzzi, los Acciaiuoli, los Medicis. Y como consecuencia de las diferentes sociedades financieras, incluyendo a las casas de Grimaldi y Serra, surgió una fusión transcendental para formar lo que sería el primer banco de la historia en 1407 en Génova, Italia, llamado "Banco di San Giorgio". Es decir, la unión de muchas de las familias bancarias de la época sirvió para formar el compacto centro financiero usurario que tenemos hasta nuestros días. Es importante señalar también que este nuevo banco operaba con un gran número de agentes judíos, incluyendo al clan Ghisolfi, que administraba varias posesiones en torno al mar negro. De esta forma, el nuevo banco surgió como un poder paralelo a la nobleza, ya que muchos territorios de la república de Génova eran gobernados directa o indirectamente por el banco de San Giorgio. En 1453 la república le cedió al banco el gobierno de Corcega, Gazaria y otras posesiones. Durante los siglos XV y XVI, la influencia y el poder del banco estuvo por encima de muchos gobiernos de Europa, prestándoles considerables sumas de dinero a muchos reyes y nobles. Los reyes católicos de lo que sería España, Fernando e Isabel, mantuvieron importantes cuentas con el banco, al igual que Cristóbal Colón y Carlos V, quien estuvo fuertemente endeudado con este banco. En el siglo XVII, compitiendo con entidades como la Compañía Inglesa de las Indias Orientales y la Compañía Holandesa de las Indias Orientales, el banco se enlazó en gran medida en el comercio marítimo. Todo este gran auge del banco llegó a su fin solo gracias a Napoleón, cuando invadió Italia y suprimió los bancos privados, lo que generó efectivamente en el cierre del banco de San Giorgio en 1805 después de casi 400 años. Lógicamente los banqueros no perdonarían esta afrenta a sus intereses y se unieron para derrotar a Napoleón.

No cabe duda que sigue existiendo hasta nuestros días este poder paralelo financiero que está por sobre los políticos como alguna vez lo estuvieron por sobre la nobleza, porque se derribaron varios sistemas como el Monarquismo, el Feudalismo, el Comunismo, etc., pero nunca se derribó o cambio el mismo sistema financiero y bancario. Este permaneció siempre intacto, y peor aún, ganó mucho más control y poder.

En resumen, la usura y la banca se originaron como mecanismos fraudulentos para aprovecharse de la mano de obra de la gente y hacer rica a una élite financiera que astutamente supo capitalizar las necesidades de los pueblos. Y lamentablemente, los banqueros judíos han sido y siguen siendo los máximos exponentes de este oficio legal pero corrupto que denigra injustamente la imagen de todo un pueblo, que en su mayoría no se dedica a este oficio. De modo que esto no debería ser causa de un odio popular contra el pueblo judío.

Siempre me pregunté por qué el odio hacia este pueblo sin encontrar una respuesta lógica. Recién hoy me doy cuenta del porqué el odio hacia los judíos, que no viene de hace algunas décadas con la Alemania nazi, sino desde hace más de mil años (desde la Edad Media); un odio popular que no fue por causas religiosas, ni de raza, puesto que han existido decenas de razas y credos en Asia, Europa, África, América y Oceanía conviviendo y comerciando siempre entre sí por siglos, sin generar mayor rencor que haya durado por siglos o más de mil años. Por lo tanto, es preciso decir que fueron las prácticas puramente financieras (usureras) que ejercían los financistas judíos, lo que desencadenó el odio y desprecio hacia ellos. Y este sentimiento odioso lo estamos volviendo a ver hoy en los sectores populares, pero esta vez no contra un pueblo, sino contra los banqueros y organismos financieros que ostentan el poder; sean judíos, ateos, cristianos, musulmanes, etc. ¿Nos espera una nueva revolución? Seguro que sí, esta vez para derribar un sistema financiero usurero que ha existido por más de seis siglos y está corrompiendo y destruyendo nuestro mundo; por tal motivo, no hay que tener miedo a cambiar algo que es corrupto e inservible.

Nacimiento de la bolsa de valores

Anteriormente hemos visto cómo nació la usura y la banca, dos mecanismos de deuda íntimamente ligados a la bolsa de valores, también conocida como mercado de valores, mercado bursátil o mercado de capitales, que nació alrededor de los siglos XIII y XIV en Brujas, Bélgica, cuando los comerciantes y financistas se reunían en cafés, bares o en la propia calle para intercambiar y negociar letras de cambio (pagarés emitidos a cambio de préstamos) o, mejor dicho, papeles de deuda. Cuando una persona quería su dinero antes del vencimiento de la letra, iba a este mercado y las vendía a los financistas quienes le pagaban el valor total de la letra menos el interés correspondiente. Así se originó el actual mercado financiero de usura con la primera bolsa en Amberes (Bélgica), en 1460. Luego en 1602 nacería la bolsa de valores de Ámsterdam (Holanda), que es actualmente la bolsa más antigua del mundo.

Los mercados de valores fueron creados precisamente con capital de los primeros financistas y banqueros a fin de permitirles negociar y especular con la deuda de los emprendedores, las familias y los gobiernos. Sus principales instrumentos para lograr esto fueron las letras y los bonos. Además, este mercado también les permitió popularizar su creación máxima: "El papel moneda" (billete), que ya comenzaba a utilizarse como dinero en esa misma época. No fue para nada coincidencia que la banca también naciera algunos años antes en el mismo siglo, estableciéndose formalmente en 1407, con el banco de San Giorgio.

En pocas palabras, los mercados de valores mundiales son simples mercados de papeles de deuda donde los financistas especulan con el futuro de las naciones; y en consecuencia, son una burda estafa, pues son las principales plataformas para endeudar al mundo a gran escala. No obstante, se ha hecho creer a la gente que estos mercados son necesarios e imprescindibles para el crecimiento de las empresas utilizando la financiarización como pretexto, y así pretender esconder el verdadero significado que tienen: simples mercados de deuda usurera para beneficio de los banqueros. No se puede ocultar que lo que nació como un fraude al pueblo siempre seguirá siéndolo.

LA TULIPOMANÍA. LA PRIMERA BURBUJA ECONÓMICA-FINANCIERA

ESTA FUE LA PRIMERA GRAN CRISIS financiera de la historia; el primer gran acto especulativo para crear deuda a gran escala y embargar propiedades y bienes. Se produjo en Holanda, en el siglo XVII, como consecuencia de la especulación con los bulbos (flores) de tulipán, que absurdamente llegaron a costar el precio de lujosas mansiones.

¿Qué alimentó esta especulación irracional con las flores? La propia bolsa de valores. Hay que recordar que precisamente en la misma época y en el mismo país, ¿coincidencia?, había sido fundada la bolsa de valores más antigua del mundo; la bolsa de Ámsterdam. Es decir, este mercado fue propicio para la especulación, y lo sigue siendo.

Allá por los años 20 cada bulbo podía valer el sueldo de años de trabajo de un obrero, que era de alrededor de 150 florines por año. El precio récord que se llegó a pagar por un solo bulbo llegó a los 6.000 florines, lo que refleja el grado de absurdidad que se llegó. Tal fiebre por el tulipán en la bolsa de valores provocó que se crearan los famosos y perjudiciales "derivados financieros", en este caso el mercado de futuros (mercado de deuda futura). Es decir, ya ni siquiera se necesitaban los tulipanes, pues se comenzó a negociar con papeles o notas de crédito de cosechas futuras (la usura pura). Cabe resaltar que estos derivados financieros son actualmente el principal mecanismo para endeudar a las naciones.

En consecuencia, todas las clases sociales, desde la más alta a la más baja, se endeudaron con los banqueros e hipotecaron sus propiedades para comprar los papeles especulativos, aumentando aún más los precios de los tulipanes. Finalmente, por febrero de 1637, cuando un conjunto de tulipanes dejó de venderse de pronto al no encontrar comprador, la burbuja estalló. Los precios comenzaron a caer y toda la gente vendía sus contratos de futuros tratando de recuperar su dinero; sin embargo, la caída de precios fue tan abrupta que en unos pocos días las flores ya no valían nada. El saldo de esta crisis provocada fueron miles de quiebras, embargos y desahucios que condujeron a mucha gente a la pobreza. Como resultado la economía holandesa entró en quiebra por muchos años. Fue así como empezó la larga y nefasta historia de burbujas, crisis y especulación financiera para tirarse abajo las economías de países enteros. ¿Con qué propósito? Con el único propósito de apoderarse de los bienes del pueblo, producto del trabajo de muchas generaciones que pasaron en un abrir y cerrar de ojos a las manos de una clase banquera.

No pretendo profundizar más en la historia de esta crisis pues encontrarán muchos libros acerca de esta. Mi intención es presentarla de una manera básica y desde otra perspectiva para así tener un entendimiento más panorámico de cómo funcionan las finanzas en este sistema.

Surgimiento de los bancos centrales

Los primeros bancos centrales no se crearon por la buena voluntad del pueblo o de algún gobernante que quería la prosperidad de la mayoría de la gente. Estos simplemente se crearon como negocios privados por voluntad de un reducido grupo de accionistas privados que vieron en este sistema una mejor forma de asegurar sus ganancias a través de un mejor control del dinero que les permitía endeudar de forma masiva a las naciones. Es así como el primer banco central se fundó en Suecia, en 1668, este se originó de un banco privado fundado por Johan Polmstruch, en 1656. El Banco Central de Suecia se creó con el objetivo de centralizar o monopolizar el poder financiero privado para financiar el rearme del ejército sueco contra los franceses. De esta forma los banqueros tenían garantizado el pago de las deudas a través de los impuestos del pueblo.

De igual manera, el Banco Central de Inglaterra se fundó en 1694, con el objetivo de financiar los gastos de guerra de la corona, para ser exactos, los gastos de guerra contra Francia; así también, con el objetivo de garantizar el pago de la deuda a los banqueros, quienes presionaron para la creación de este banco, ya que se les había suspendido el pago de sus préstamos a la corona. El rey Carlos II, a fin de poder cubrir sus carestías financieras, había tenido que recurrir a los préstamos de los banqueros de Londres. Fuertemente endeudado, en 1672, suspendió los pagos de la Real Hacienda y en consecuencia la devolución de los préstamos a los banqueros. Con el gobierno de Jacobo II, el pago de las deudas continuó suspendida, lo que provocó que los banqueros financiaran la llamada "Revolución

Gloriosa" para sacarlo del poder. Para lograr esto utilizaron y financiaron a quien sería el nuevo rey, Guillermo III. Él aceptó la fundación del Banco Central de Inglaterra como agradecimiento por haberlo ayudado a llegar al poder y lógicamente para seguir teniendo el favor de estos financistas (algo que ocurre actualmente con los políticos).

Con el nacimiento del Banco Central de Inglaterra nació el concepto de "deuda nacional o soberana". Anteriormente tales deudas corrían por cuenta del soberano (rey) de turno. En adelante, el gasto gubernamental, especialmente la guerra, correrían por cuenta de los contribuyentes, pues la deuda estaría garantizada y perpetuada con el pago de impuestos de las futuras generaciones. En este punto en la historia los reyes perdían el poder para cedérselo a los banqueros; entonces los reyes y gobernantes se convertirían en simples marionetas, o por decirlo más sutilmente, simples lobbistas financieros.

Hoy en día si uno busca en cualquier medio para qué sirven los bancos centrales, encontrará lo siguiente: son responsables de la emisión monetaria (crear y hacer el dinero de curso legal) y la regulación del crédito. Sin embargo, ninguna de estas dos se cumple a cabalidad, pues ya sabemos que todos los bancos privados comerciales y de inversión crean dinero en mayor proporción, y también sabemos que no regulan para nada el crédito, pues si así lo hicieran no existirían las eternas burbujas y crisis financieras. También se encontrará que sus objetivos son la estabilidad de precios, el crecimiento a largo plazo y la estabilidad del sistema financiero. Sin embargo, esta es una simple careta pues ya sabemos cómo y para qué nació la banca central en realidad. Como se dijo antes, lo que nació como un fraude al pueblo, siempre seguirá siéndolo.

Lucha por la independencia. La banca contra el dinero libre de deuda

Los primeros inmigrantes ingleses fueron colonizadores, que llegaron a Norteamérica en 1610 y se establecieron en la costa este de EE. UU., formaron una serie de colonias y progresaron de manera sorprendente gracias a que ellos mismos crearon su propio dinero libre de deuda, y no tuvieron que depender de un banco para crear su dinero. A este nuevo dinero se le llamaba: "Colonial Scrip" (nota colonial). Este nuevo papel moneda surgió en 1690 gracias al gobierno del puerto de Massachusetts, que empezó a imprimir sus propios billetes, los cuales nacieron con el fin de pagar los conflictos militares y expediciones entre las diferentes colonias. Para ser más exactos, era un dinero fiduciario (*fiat money*) no intercambiable por oro ni plata; es decir, dinero como el que actualmente usamos, solo con una gran diferencia; el dinero de hoy no está libre de deuda. El uso de las notas coloniales se extendió para pagar impuestos, deuda pública y privada. Luego eran retirados mediante el pago de impuestos que las colonias recaudaban a fin de evitar la inflación.

La emisión de este dinero en desmedida cantidad en algunas colonias hizo surgir la inflación, sobre todo en Nueva Inglaterra y otras colonias sureñas que estaban frecuentemente en guerra, algo que era lógico de esperarse pues siempre se crea inflación en épocas de guerra. Esta inflación era perjudicial en cierta medida para los prestamistas y banqueros privados que no tenían control sobre la emisión del dinero.

Adam Smith, el padre de la economía, criticaba las notas coloniales en su famosa obra de 1776: *La riqueza de las naciones*; de acuerdo con Smith, la naturaleza inflacionaria de esta moneda era una "injusticia violenta" para el prestamista, "un esquema fraudulento de los deudores para engañar a sus acreedores"; es decir, nuestro afamado padre de la economía que nuestras escuelas ponen como casi héroe del mundo, no era más que un defensor acérrimo de los banqueros usureros.

Ante el rápido progreso de los colonos, los banqueros tomaron como excusa la inflación para presionar al parlamento británico a que imponga una serie de leyes; no obstante, sabemos cuál era el principal motivo: desaparecer las notas coloniales. Fue entonces que el gobierno británico aprobó varias leyes para regular el uso de esta moneda. Una de ellas se dio en 1751, la cual restringía la emisión de este papel moneda en Nueva Inglaterra, lo que permitió que las notas coloniales existentes solo fueran usadas para pagar deuda pública e impuestos, mas no la deuda privada.

En 1763, durante su visita a Gran Bretaña, el gobernador del banco de Inglaterra le preguntó a Benjamín Franklin cómo explicaba la flamante prosperidad de las colonias. Franklin respondió: "Es fácil. Ahí emitimos nuestro propio dinero. Lo llamamos notas coloniales. Lo emitimos en justa proporción a la demanda comercial e industrial para facilitar el traspaso de los productos de fabricantes a consumidores… De este modo, creando para nosotros nuestro propio dinero, controlamos el poder adquisitivo, y no debemos pagar interés a nadie". En respuesta, el banco de Inglaterra presionó al gobierno para crear la ley de divisas de 1764, que extendió la restricción a imprimir su propio dinero a otras colonias y prohibía usar este dinero para pagar tanto deuda pública como privada. Esta prohibición creó tensión entre las colonias y la madre patria, y fue el principal detonador de la revolución americana.

"La incapacidad de los colonos para llegar a la facultad de emitir su propio dinero permanentemente, fuera de las manos del rey Jorge III y de la banca internacional, fue la principal razón para la guerra revolucionaria". Benjamín Franklin. En 1775, las colonias reunidas en un congreso continental, emprendieron a emitir nuevamente dinero libre de deuda llamados "continentales". Había empezado la Guerra de Independencia. Como resultado se emitieron más de $241 millones en dinero continental. Este nuevo papel moneda nació para financiar los gastos de guerra, pero fueron perdiendo su valor luego de algunos años debido a una inflación provocada principalmente por la falsificación de los continentales por parte del gobierno británico. Este hecho aumentó significativamente el suministro de dinero haciendo que hayan demasiados billetes, y tan parecidos entre ellos que hacían casi imposible saber cuáles eran los verdaderos. Este dinero falso se distribuyó desde Nueva York a todos los demás estados agravando aún más la depreciación (inflación). Fue una guerra económica bien librada por Gran Bretaña, pues la gente fue perdiendo confianza en el billete; ya cuando los americanos se dieron cuenta de las falsificaciones, era demasiado tarde. El mismo Franklin dijo: "Los artistas que emplearon realizaron tan bien esas inmensas cantidades de falsificaciones emitidas por el gobierno británico desde Nueva York, que circularon entre los habitantes de todos los Estados antes que el fraude fuera detectado. Esto operó de manera significativa en toda la masa". Para 1780 un continental solo valía una tetragésima parte de su valor nominal; es decir, los banqueros internacionales habían logrado su objetivo de restringir el dinero libre de deuda.

En 1781, se escogió a Robert Morris como administrador de finanzas de los EE. UU. Él junto a Alexander Hamilton, secretario del tesoro de Washington, respaldaron la creación del primer banco amparado por el gobierno, el Banco de Norte América; es decir, un banco central de facto establecido en 1782, el cual ya funcionaba anteriormente como banco privado. Morris era uno de los más interesados en fundar este banco, pues emitió acciones a su nombre respaldadas por su propio dinero, al igual que puso a la venta acciones que serían adquiridas por varios banqueros internacionales de Inglaterra y Francia. Por ende, Morris fue nombrado director y presidente del nuevo banco. Además, ese mismo año se detiene la emisión de los continentales;

o sea, los banqueros habían logrado su objetivo, además de establecer un nuevo banco privado en el nuevo mundo. Y aún más, lograron fortalecer su poder fundando en 1791 el primer Banco Central de los EE. UU., con una licencia para trabajar por 20 años. Esto se logró ante la presión de Alexander Hamilton, quien era muy allegado a los banqueros internacionales de Inglaterra, pues abogaba siempre por implementar una banca y sistema monetario parecido al europeo. Hamilton actuaba como un verdadero agente de los banqueros en el nuevo mundo.

Quien sí mostraba su constante negativa al establecimiento de este banco y de la banca privada en general era Thomas Jefferson, tercer presidente de los EE. UU. entre 1801 y 1809. Él dijo: "Creo, sinceramente, con ustedes, que los establecimientos bancarios son más peligrosos para nuestras libertades que los ejércitos permanentes y que el principio de gastar dinero para ser pagado por la posteridad, bajo el nombre de la financiación, es sin embargo una estafa futura a gran escala. El sistema de la banca nosotros lo hemos reprobado por igual. Yo lo contemplo como un borrón en todas nuestras constituciones, que, si no se protegen, terminará en su destrucción, ya que están siendo golpeadas por los jugadores corruptos, y está arrasando en su progreso, la fortuna y la moral de nuestros ciudadanos". ¿Acaso Jefferson era adivino? Vemos hoy en día cómo la banca es dueña de casi todo. También dijo: "El poder de emitir dinero tendría que ser quitado a los bancos y ser devuelto al pueblo, a quien propiamente pertenece".

Si continuamos escudriñando la historia, encontraremos que el primer banco central de EE. UU. fue ideado por Hamilton y compañía para saldar las deudas que tenía el país con los banqueros desde la Guerra de Independencia, y para establecer un control o monopolio monetario. Las condiciones para su creación detallan que esta sería una institución privada. Fue entonces que los populistas agrarios identificaron a esta institución como una entidad de provecho y riqueza, un enemigo de la democracia y los intereses de la gente común. Los promotores de esta entidad, sin embargo, manifestaron como pretexto para su creación el impacto negativo que tenían las más de 50 monedas en circulación de distintos países. No obstante, hoy sabemos que las principales monedas que representaban un gran peligro a sus intereses eran las notas coloniales y los continentales que continuaban en circulación, emitidos antes y durante la guerra, pues eran dinero que los banqueros no controlaban porque no pagaban intereses; verdadero dinero libre de deuda.

En 1811 se venció la licencia por 20 años del Banco Central de EE. UU., y el Congreso votó en contra de su renovación presionado por las constantes críticas de la gente, entre ellas los jeffersonianos y el propio Thomas Jefferson, quien se oponía ferozmente a este banco.

Apenas meses después de la negativa a dar licencia al banco, estalló la guerra anglo-americana, en 1812. Los banqueros internacionales habían presionado al gobierno del Reino Unido a imponer restricciones al comercio con los EE. UU.; así también apoyaron y financiaron con armas a los pueblos indígenas que se oponían a la expansión americana, y reclutaron marines mercantes americanos a la fuerza para servir en la marina británica. Todo esto constituyó un enorme agravio a los EE. UU., y al presidente Madison, quien ante las crecientes presiones declaró la guerra a Gran Bretaña.

Cuando se alcanzó la paz en 1815, se llegó al acuerdo de devolver a las fronteras su estado actual previo a la guerra; es decir, ninguna de las razones que iniciaron la guerra tuvo solución ni fueron tratadas en el acuerdo de paz. Lo que indica que la guerra se produjo nada más con el único fin de endeudar a las potencias y provocar así la aprobación de la licencia del Banco Central de EE. UU. Cuando Madison y el Congreso vieron el caos financiero causado por los tres años de guerra, hicieron caso omiso de los consejos de Jefferson y aprobaron la creación del segundo Banco Central de EE. UU. en 1816. Los financistas de nuevo habían logrado su objetivo.

El nuevo banco central supuestamente se encargaría de restringir la constante emisión de papel moneda que ya se venía llevando a cabo durante y después de la guerra por parte de los bancos privados. Sin embargo, este banco también se involucró en la constante emisión de dinero para dar créditos a granjeros y especuladores por igual. Toda esta emisión de deuda era impulsada por la venta de tierras en el oeste por parte del gobierno, por la demanda de Europa de productos agrícolas, pero sobre todo por la especulación por parte de los banqueros de Wall Street, generando así un *boom* de especulación de tierras.

Por ese entonces la primera revolución industrial ya había llegado a EE. UU. y surgía un nuevo sistema económico llamado "Laissez faire" (dejar hacer), algo así como el libre mercado de hoy.

El creciente crédito y especulación causó una gran burbuja que finalmente estalló en el "Pánico de 1819". En seguida los precios de las tierras cayeron abruptamente, las acciones, títulos, todo se desplomó; seguido de un colapso en la economía americana convirtiéndose en recesión o depresión. En consecuencia, la inflación se disparó, los salarios cayeron, quebraron negocios, los bancos embargaron bienes y propiedades, prolongándose la crisis hasta 1822. Además, el banco central había profundizado aún más la crisis con su política monetaria restrictiva, pues contrajo el crédito y subió los tipos de interés, algo que es muy conocido hoy en día: "La expansión del crédito y su posterior contracción". Una práctica con más de 200 años que los bancos han introducido en el sistema como algo normal e irremediable llamado "ciclo económico", es decir, épocas de crecimiento o expansión seguido de épocas de crisis o contracción.

En resumidas cuentas, los banqueros internacionales habían ganado la batalla y lograron apoderarse de la economía de los EE. UU. Pero no contaron con la incorruptibilidad de un hombre que desafió el sistema.

La lucha de Jackson

Allá, por 1829, ganó la presidencia de los EE UU, Andrew Jackson, general en la guerra anglosajona de 1812 y que pronto conquistó fama como héroe en la victoria en New Orleans. Él desató una lucha furibunda contra los banqueros internacionales que controlaban el Banco Central de los Estados Unidos, pues este había fallado en conseguir los objetivos para los cuales fue creado. Jackson denunciaba que el banco había fallado en estabilizar la moneda, y muy por el contrario solo producía deuda y más inflación, además de ser un monopolio financiero. Fue así como llegó a la presidencia con el apoyo de la gran mayoría de la gente en 1829 y volvería a ser reelegido después en 1833.

En 1832 el presidente del banco central, Nicholas Biddle, en combinación con los políticos lobbistas, quisieron adelantar la licencia del banco (pronta a expirar, en 1836) pero el presidente Jackson "vetó" el proyecto de ley que el Congreso había aprobado previamente. Ganando fácilmente las elecciones de 1832, Jackson procedió a despedir a varios funcionarios lobbistas y a retirar los depósitos federales que tenía el gobierno en el banco central, para depositarlos en otros bancos seleccionados y de su entera confianza. Para realizar esto Jackson tuvo que despedir a dos secretarios del tesoro lobbistas que se negaron a remover los depósitos, lo que demostraba la total convicción del presidente. Todos los ingresos federales también fueron redireccionados a estos bancos. Así Jackson comenzaba a acabar con el poder del banco central como una fuerza política y financiera. Este hecho provocó la indignación y furia de los banqueros, quienes en combinación con su agente Biddle, intentaron extorsionar un rescate al banco induciendo una crisis financiera, contrayendo el suministro de dinero y crédito. Este personaje le echó la culpa entonces al presidente Jackson por no renovar la licencia del banco. Enseguida, se llevó a cabo una investigación que encontraba al banco central y a Biddle como los culpables de la crisis, generando el repudio popular hacia este banco, y terminando efectivamente con la crisis. Las principales razones por las cuales Jackson decía vetar al banco eran que este concentraba todo el poder financiero de la nación en una sola institución, y que a su vez era controlado por unas pocas familias selectas; además de exponer al gobierno al control de los intereses extranjeros. Por lo tanto, este banco hacía más ricos a los ricos.

En 1835 los banqueros internacionales decidieron entonces emplear otra táctica. Contrataron al sicario Richard Lawrence para asesinar al presidente Jackson. Sin embargo, cuando Lawrence se dispuso a dispararle al presidente, sus dos pistolas fallaron casi milagrosamente sin poder disparar, lo que provocó que Jackson golpeara al sicario con su bastón. Luego Lawrence diría a los doctores que lo que le motivó a matar a Jackson era por la pérdida de su trabajo, con su muerte "habría mucho más dinero" (haciendo mención a la cancelación de la licencia del banco central).

Lawrence era un británico que se mudó con su familia a EE. UU.; según sus familiares, para 1832, su carácter cambió, pues les dijo que haría una serie de viajes a Inglaterra, y que personas de las cuales no podía revelar sus nombres y del mismo gobierno americano habían evitado que saliera. Asimismo Lawrence dejó su empleo y anunció a su familia que ya no necesitaba trabajar más porque estas personas del gobierno le debían mucho dinero. Lo que queda claro es que Lawrence había sido contactado por los banqueros y algunos funcionarios del gobierno americano para matar a Jackson por su negativa al banco. Después, ante las evidencias que corroboraban sus conexiones, se le desprestigió falsamente como un hombre loco, y sería absuelto de culpa por "problemas mentales" y designado como único autor material e intelectual del intento fallido de asesinato. Para acallarlo fue recluido en un centro para enfermos mentales. "El banco, Sr. Van Buren, está tratando de matarme, pero yo lo mataré primero", dijo Andrew Jackson. Jackson también dijo: "¿No constituye un peligro para nuestra libertad e independencia el tener un banco que tiene tan poco en común con nuestra nación? ¿No representa el mismo una causa de temor el pensar en la pureza y la paz de nuestro proceso eleccionario y en la independencia de nuestro país en guerra? El tener control de nuestro dinero, el recibir el dinero público y el mantener a miles de nuestros ciudadanos en un estado de dependencia, sería peor y más peligroso que cualquier enemigo militar y naval".

Jackson, sin duda, era inteligente e incorruptible. Fue el único presidente en la historia que pagó la totalidad de la deuda nacional, liberando de esta manera al pueblo de la explotación usurera. Canceló la última cuota de la deuda soberana en 1835. Hoy en día vemos cómo todos los países arrastramos deudas eternas, sin que nadie quiera cancelarlas por completo, pues sería una gran afrenta a los banqueros.

Posteriormente, en 1836, no sería ratificada la licencia por 20 años del Banco Central, con lo cual Jackson ganaba una importante batalla a los banqueros. Tendría que pasar 77 años, hasta 1913, para que los banqueros volvieran a establecer un banco central.

"Ustedes (refiriéndose a los banqueros del banco central) son un nido de víboras y ladrones. Yo estoy determinado a derrotarlos, y por el Padre eterno, los derrotaré", dijo Andrew Jackson.

En 1836 el Banco Central de Inglaterra se sumó a la causa de su homólogo americano y subió las tasas de interés, provocando así que todos los demás bancos, incluyendo los bancos americanos, hicieran lo mismo. Se daba fin entonces al ciclo expansionista para iniciar el ciclo contraccionista del dinero y el crédito y así adelantar la crisis. Ya en los años anteriores se estaba produciendo una gran especulación en los precios de las tierras debido a los créditos excesivos que daban los cientos de bancos privados, y debido a que los especuladores y banqueros pagaban por las tierras del gobierno con dinero inflacionario sin respaldo en oro ni plata. Jackson respondió entonces emitiendo la orden ejecutiva "especie circular", que requería que se pague solo con oro o plata por las tierras del gobierno, rechazando los billetes de los banqueros, que imprimían a montones de la nada haciéndose solo ellos muy ricos. En consecuencia, la gente acudió a los bancos a reclamar su oro y plata por sus billetes, generando que muchos bancos colapsaran ya que no poseían lo suficiente para intercambiarlos por los billetes. De esta manera Jackson acababa eficazmente con la especulación y estafa de los billetes, para hacer que los banqueros y especuladores busquen metales y muevan la economía de verdad si querían obtener tierras. Es justamente después de este hecho que surge la llamada fiebre del oro en la década del 40, pues el dinero de papel ya no valía casi nada y mucho menos para adquirir tierras.

Como resultado, en 1837 se produjo una crisis económica-financiera que se prolongó hasta 1841 como consecuencia del extremo endeudamiento y especulación promovida como siempre por los bancos, que a su vez no tenían las suficientes reservas y que al final terminarían agravando la crisis intencionalmente al aumentar las tasas de interés. Cabe resaltar que el mandato de Jackson como presidente ya había acabado en 1836. A partir de esta fecha se produjo un periodo de banca libre hasta 1863, donde cualquier ciudadano con iniciativa podía establecer un banco.

En 1841 el nuevo presidente de EE. UU., John Tyler, también estaba en contra del monopolio bancario y vetó el proyecto de ley de Henry Clay para crear un tercer banco central. En decenas de cartas, Tyler fue amenazado de muerte, las que recibía dada su oposición al banco.

Muchos economistas argumentan que siempre debe haber un banco central que regule el sistema financiero. Sin embargo, la historia con hechos nos cuenta otra cosa. Los bancos centrales supuestamente nacieron con el objetivo de regular a todos los bancos y evitar las crisis, pero basándose en los hechos solo han desregulado y monopolizado más el sistema, provocando más crisis. Para solo ejemplo: muchos pequeños bancos privados habían proliferado emitiendo gran cantidad de papel moneda desde la creación del primer banco central de EE. UU. Solo en 1801 había unos 31 bancos, pero ya en 1837 se incrementaron a unos 788. ¿Dónde estaba la regulación entonces? Sin duda alguna no la había, pues estos mismos banqueros centrales eran también dueños de los bancos comerciales. Además, no se puede pretender regular el sistema bancario privado bajo el mandato de un banco central igualmente privado, ya que este buscará asimismo intereses privados, monopolizando aún más el sistema y generando más ganancias para ellos. Suena paradójico que, si son ellos los que promueven el libre mercado, ¿por qué entonces un monopolio bancario para regular este mercado? En todo caso, si se quiso y se quiere regular eficazmente el sistema, los bancos centrales tendrían que ser completamente públicos, sin ánimo de lucro, no para unas cuantas familias bancarias, sino para la población en general. El libre mercado no se aplica ni conviene a los banqueros, o lo promueven solo cuando les conviene.

Finalmente, Jackson nunca pudo matar a los banqueros internacionales que hoy controlan el mundo, solo los hirió de manera momentánea, pues volvieron a surgir con más fuerza. Sin embargo, su legado y lucha servirán para siempre como inspiración para todo aquel que quiera enfrentar la injusticia y opresión.

¿Quién mató a Lincoln?

En el año 1861 Abraham Lincoln llegó a la presidencia de los Estados Unidos. Más conocido por haber liberado a los esclavos negros que por su legado en materia económica y monetaria, el cual es el principal motivo por el que se asesinan y destituyen presidentes. Y aunque muchos quieran atribuir el inicio de la guerra civil y su posterior asesinato al hecho de haber abolido la esclavitud, lo cierto es que Lincoln nunca pretendió abolir la esclavitud, pues así lo señalaba en muchos de sus discursos antes y durante su presidencia: "No estoy, ni nunca he estado, a favor de equiparar social y políticamente a las razas blanca y negra; que no estoy, ni nunca he estado, a favor de dejar votar ni formar parte de los jurados a los negros, ni de permitirles ocupar puestos en la administración, ni de casarse con blancos", dijo Abraham Lincoln. Aquí señala expresamente que no le interesaba la igualdad entre estas dos razas.

También en otra cita dijo: "No tengo el propósito de interferir, ni directa ni indirectamente, en la institución de la esclavitud en los estados donde existe. Creo que no tengo ningún derecho legal a hacerlo, y no tengo ninguna intención de hacerlo". Esto quiere decir que no había razones para provocar una guerra por esta causa. Además, cuando la guerra civil empezó en 1861, casi a la par con su mandato, Lincoln no se apresuró a abolir la esclavitud, sino que lo hizo recién en 1863 solo como táctica de guerra para tener a los esclavos negros a su favor en un momento que la guerra parecía casi perdida, pues tenía en contra a las fuerzas confederadas en su propio país, a las fuerzas inglesas esperando el momento oportuno para la invasión por el norte, en Canadá, y a los franceses que habían invadido México con objetivos imperialistas en 1862; además de tener a todos los banqueros en contra, que le exigían grandes tasas de interés por los préstamos. De modo que prácticamente Lincoln fue presionado a abolir la esclavitud como consecuencia de la guerra civil.

Ya durante la guerra incluso Lincoln decía: "Mi objetivo principal en esta lucha es salvar la unión, y no es preservar o destruir la esclavitud". Es decir, ya siendo presidente seguía siendo indiferente a la esclavitud. ¿Qué profesaba Lincoln entonces que pudo realmente ser la causa para provocar una guerra y su posterior asesinato? La respuesta la dejaré en las propias palabras de Lincoln que en 1843 dijo: "Durante varios años los ingresos del gobierno han sido desiguales a sus gastos (déficit), y en consecuencia se ha tenido que recurrir a préstamos tras préstamos de forma directa o indirecta. De este modo se ha creado una nueva deuda nacional que sigue creciendo con una rapidez terrible de contemplar, una rapidez solo razonable de esperar en tiempos de guerra. Este hecho se ha estado produciendo por una predominante falta de voluntad para incrementar los aranceles o para recurrir a los impuestos directos (sobre el dinero bancario). Pero cualquiera de las dos debe llevarse a cabo. Los gastos venideros tienen que realizarse, y la deuda actual tiene que ser pagada; sin embargo, no podemos recurrir siempre al préstamo de dinero para estos objetivos. El sistema de préstamos es por naturaleza solo temporal, y debe pronto ser destruido. Este es un sistema no solo ruinoso mientras dure, sino que es uno que deberá pronto fallar y nos dejará en la miseria. Como cuando un individuo que se compromete a vivir de los préstamos pronto encuentra sus medios originales devorados por el interés, y luego no tiene a quién recurrir por un préstamo, igual pasará con un gobierno. Es debido a esto que repetimos diciendo que debemos recurrir a un adecuado arancel para los ingresos (de la banca), o a un impuesto directo; y de hecho, creemos que esta alternativa no es negada actualmente por nadie".

Queda claro que Lincoln manifestaba públicamente su inconformidad con el sistema financiero privado mostrándose en contra de depender siempre de los banqueros y su dinero. Por el contrario, él manifestaba su interés de cobrarle impuestos al dinero de los banqueros; es decir, un impuesto por el derecho a emitir dinero, pues hasta hoy los banqueros crean dinero de la nada para su beneficio, sin pagar ningún derecho por ello. Igualmente alegaba que el actual sistema de préstamos era algo nefasto que tenía que acabar pronto pues dejaría en la miseria a mucha gente —algo que sigue pasando en la actualidad debido a las crisis— con lo cual mostraba su apoyo a una banca nacional o pública.

Lincoln había vivido la época del gobierno del presidente Andrew Jackson; por ende, era consciente de la lucha que había librado este con los banqueros. Fue justamente esta influencia lo que provocó que Lincoln se diera cuenta que nunca las personas ni los gobiernos podrían liberarse del poder financiero privado, a menos que sea el propio gobierno el que emita y respalde su dinero. Así lo manifestaba en muchos de sus discursos: "El gobierno debería crear, emitir y distribuir toda la moneda y crédito necesario para todos los gastos del propio gobierno y para satisfacer el poder adquisitivo de los consumidores. Mediante la adopción de estos principios, los contribuyentes ahorrarían inmensas cantidades de interés. El privilegio de crear y emitir dinero no es solo prerrogativa suprema del gobierno sino que es su más grande oportunidad creativa". En estos discursos el presidente dejaba en claro su deseo. Y si no se quiere tomar en cuenta lo que dijo, basta con revisar un hecho totalmente esclarecedor que confirma que fueron los banqueros los que realmente asesinaron a Lincoln. En 1862, en plena guerra civil y ante la falta de dinero, Lincoln se dirigió a los banqueros de Nueva York por financiamiento, banqueros que en su mayoría eran agentes sucursales de bancos europeos, quienes le ofrecieron los préstamos a cambio de una tasa de interés de entre el 24 y el 36%. Lincoln no aceptó este préstamo de los usureros, y en consecuencia, ordenó a que el gobierno imprima su propio dinero libre de deuda; de esta manera se imprimió entre 1862 y 1863 alrededor de 450 millones de los llamados "Greenbacks", dinero fiduciario (*fiat money*) sin ningún respaldo en oro y plata. Su valor estaba basado solo en la credibilidad del gobierno.

En la actualidad todas las monedas del mundo son fiduciarias como lo eran los Greenbacks, con la única gran diferencia que el dinero de hoy es un certificado de deuda, ya que nace con deuda sin siquiera haberlo usado, en cambio los Greenbacks eran certificados de crédito que nacían sin deuda. Los primeros son creados por los bancos que nos cobran un interés por usar su dinero, los segundos los creaba el propio gobierno a través del tesoro o casa de la moneda y no cobraban ningún interés por usar el dinero. Los Greenbacks fueron el principal instrumento que permitió a Lincoln ganar la guerra civil, logrando independizar a los Estados Unidos de la dependencia del dinero privado de los banqueros, pues ante la llegada de la guerra, Lincoln necesitaba dinero para pagar los gastos del gobierno, como el pago a sus soldados y el constante apoyo y promoción de la revolución industrial que se estaba llevando a cabo en el país. La gente aceptó plenamente el nuevo dinero sin generar ninguna deuda con algún banco (deudas eternas que hoy cargan todos los países), logrando la victoria y el progreso para su nación.

Lincoln también recibió el apoyo del zar de Rusia, Alejandro II, quien antes que Lincoln ya había abolido la esclavitud o servidumbre campesina, en 1861. El zar apoyó a Lincoln enviando su flota marina en 1863 a los puertos estadounidenses en caso Inglaterra y Francia declarasen la guerra a Estados Unidos, dejando en claro que Rusia entraría en guerra si estas potencias así lo hicieran. Y es que Rusia siempre fue un país donde los banqueros no podían ejercer su total influencia debido al poder de los zares. El zar Alejandro II sería asesinado posteriormente en 1881.

En 1863 y 1864 se crea un nuevo sistema de banca nacional, que reemplazaba el antiguo sistema de banca libre. Si bien Lincoln apoyaba la creación de un nuevo sistema donde el gobierno emitiera su propio dinero libre de interés, este nuevo sistema bancario generaba igualmente deuda pero en menor medida (no tan usurera), ya que los nuevos bancos nacionales emitirían dinero solo con respaldo en depósitos en oro, plata y bonos del gobierno que mantuvieran en el tesoro nacional o casa de la moneda; es decir, el Estado se endeudaba igualmente mediante la emisión de bonos de interés compuesto, y se restringía el dinero de los cientos de bancos privados creando una sola moneda nacional, además de imponer luego un impuesto sobre cualquier otra moneda, que era justamente lo que quería Lincoln.

Sin embargo, este sistema era sin duda solo una solución temporal, pues si bien se acababa con la proliferación de diferentes monedas y con la usura desmedida, el gobierno se endeudaba de igual forma de préstamos privados, algo que no estaba en concordancia con el pensamiento de Lincoln. Hay que tener en cuenta el entorno del presidente para entender por qué no logró eficazmente un sistema de banca nacional libre de deuda con la emisión de más Greenbacks, que justamente se terminaron de emitir con esta ley. Muchos de los políticos en el propio gobierno y en la oposición eran lobbistas financieros, con quienes el presidente tenía que enfrentarse y negociar siempre, no dejándole espacio para realizar lo que él deseaba realmente. Este es el principal motivo por el que nunca se volvieron a emitir más Greenbacks, pues este dinero libre de deuda no significaba ninguna ganancia para los banqueros dentro y fuera del gobierno. No obstante, el presidente no parecía resignarse a este hecho, pues algunos historiadores dicen que Lincoln quería derogar la ley o reformularla para que sea una verdadera banca pública en su segundo mandato; y aunque esto no queda muy claro, lo cierto es que Lincoln se había vuelto impredecible y peligroso para los banqueros.

  Al igual que hace algunas décadas atrás intentaron asesinar a Jackson, esta vez contrataron a un sicario de su mismo círculo y más astuto que sí logró su cometido. El actor judío, John Wilkes Booth, fue el encargado de asesinar a Lincoln en 1865, a solo unos meses de iniciado su segundo mandato. El presidente recibió un disparo certero de bala en la cabeza mientras se encontraba mirando una obra de teatro; el sicario se escapó presurosamente y fue apresado unos días después por los soldados del gobierno, quienes lo mataron a tiros para encubrir a los autores intelectuales; aunque también se dice que logró escapar con vida al extranjero, debido a que nadie que conocía verdaderamente a Booth se presentó a reconocer el cadáver. Una de las conexiones que acercaba a Booth con los financistas era las estrechas relaciones que tenía con el también judío-americano Judah Benjamín, quien era británico de nacimiento, senador, y miembro del gabinete como secretario de guerra de estado del gobierno confederado (la otra parte del conflicto en la guerra civil); además de tener cercanos vínculos con los banqueros europeos que le concedían el financiamiento. Posteriormente, el gobierno y los medios catalogaron a Booth como un loco radical y principal actor intelectual del asesinato, cerrando así el caso.

No cabe duda que la muerte de Lincoln cambió la historia del mundo. Los financistas sacaban del camino a su mayor opositor junto con su moneda libre de deuda, dando como resultado un mundo inundado de deuda con los banqueros. Los Greenbacks tuvieron tal repercusión e influencia que se llegó a crear un partido político llamado el "Greenback Party", que proponía que el gobierno sea quien emita el dinero. Sin embargo, fue desmembrado luego a finales del siglo.

Los detractores de los Greenbacks argumentaban en esa época, y aún hoy, que esta era una moneda inflacionaria. Yo pregunto: ¿Qué moneda no ha sido inflacionaria en la historia? Ninguna. ¿Y cuál moneda conlleva una mayor inflación; una que nace de la deuda, o una que nace libre de deuda (Greenback)? La respuesta es muy lógica; puesto que una moneda nacida de la deuda significa que se tenga que crear sí o sí más dinero para pagar necesariamente el interés de esa deuda, es por tanto un hecho innegable que este tipo de moneda que impera en la economía global actual, es causante de una mayor inflación; inflación eterna debido al pago de un interés eterno sobre una deuda eterna, desde el primer momento que se crea un billete.

¿A QUIÉN LE DEBEMOS LA REVOLUCIÓN INDUSTRIAL?

Se ha difundido erróneamente que los artífices de esta revolución fueron los capitalistas y financistas burgueses, y que sin ellos nunca se hubieran dado los grandes avances industriales, científicos y tecnológicos que trajeron una mayor prosperidad al mundo. Sin embargo, esto es completamente falso. Para solo ejemplo, debemos estudiar la historia de la revolución industrial rusa, promovida por los zares de Rusia, principalmente e inicialmente por Alejandro II, quien dio el primer paso en 1861 liberando a la servidumbre campesina.

La revolución industrial llegó de manera tardía a Rusia, pues ya la mayoría de naciones la había o estaba experimentando; es decir, Rusia estaba en desventaja frente a otras potencias. Sin embargo, gracias a la acción del Estado como empresa y financista principal de las industrias y emprendedores, es que Rusia consiguió en mucho menos tiempo que cualquier otra potencia librar una revolución industrial de mejor forma que los países occidentales. Y esto lo lograron sin una sociedad de burgueses capitalistas financieros, que fueron los que financiaron el desarrollo del comercio y las fábricas en los demás países. En pocas palabras, el estado ruso fue el que financió con dinero para formar las primeras industrias y generar las condiciones favorables para su crecimiento. Es cierto también que ingresaron algunos inversionistas extranjeros, pero esto se dio ya cuando la economía rusa estaba en auge, además de ser insignificante al lado del financiamiento promovido por el Estado, sin necesidad que el gobierno ni el pueblo se endeude con los banqueros internacionales. El Estado construyó de esta forma miles de kilómetros en líneas férreas que permitían unir grandes distancias entre pueblos y ciudades en el país más grande de la tierra. Financió la exploración y explotación de sus recursos naturales como el hierro, carbón y petróleo; así también financiaría el estudio de las ciencias y tecnologías para la creación de miles de fábricas e industrias en tiempo récord. Es recién cuando otros países, al ver el rápido crecimiento ruso, se deciden a invertir en el país, pues las condiciones ya estaban dadas para ello.

Es cierto también que el gobierno ruso tuvo que explotar a los agricultores y productores de trigo y cereales, quienes tenían que entregar al Estado gran parte de sus cosechas en forma de impuesto para pagar los gastos del Estado como sueldos e importaciones de maquinarias y equipos para fomentar el crecimiento. Para tener esto en claro y en honor a la verdad, fue el pueblo el verdadero financista del estado ruso, no los banqueros, pues con las exportaciones de las cosechas de los agricultores se logró la industrialización rusa en tiempo récord, y el Estado actuó como una gran empresa o multinacional de hoy en día. Además, Rusia fue el primer país europeo en emitir un papel moneda oficial: "El Rublo", que se mantuvo como moneda fuerte durante todo este periodo de tiempo. Claro está que quienes se beneficiaron mayormente de esta industrialización fueron los zares y nobles. Otra hubiese sido la historia si las riquezas y beneficios se hubiesen repartido entre todo el pueblo y no a unos cuantos privilegiados; hubiese sido una política económica exitosa. Lamentablemente, la ambición y el deseo de poder parecen corromperlo casi todo.

Entonces podemos concluir en base a hechos históricos reales, que esta y cualquier otra revolución industrial, científica y tecnológica puede ser impulsada por el capital privado o por el capital público, por los financistas burgueses o por el Estado y el pueblo. Lógicamente, si queremos que el Estado funcione como empresa y financista del pueblo, debemos establecer las leyes que prohíban y sancionen a los gobernantes de turno de querer beneficiarse de las ganancias de la empresa del pueblo. Ahora, con esto no quiero decir que el Estado sea el único impulsor de las nuevas tecnologías y empresas, ya que no se quiere nuevamente una sociedad comunista fracasada donde el Estado lo hacía todo. Seguro que deben existir capitales privados que quieran hacer lo mismo, pero nunca debieran existir por sí solas pues los intereses privados solo buscan el beneficio para unos cuantos, creando monopolios que solo explotan a la mayoría de los pueblos del mundo (las ganancias son su razón de existir). Por lo tanto, debe existir siempre un Estado como empresa de interés público que contrapese los intereses privados, para de esta forma generar una competencia sana y justa en favor de la mayoría, "el pueblo". No puede haber mayor privilegiado que este.

Finalmente, ahora que ya sabemos que las tecnologías pueden ser impulsadas y promovidas tanto por los privados como por los estados, debemos entender que los únicos y verdaderos artífices de las llamadas revoluciones industriales, científicas y tecnológicas son los genios creadores, los intelectuales, los técnicos, los exploradores, los descubridores, los soñadores; esos que crearon los motores, el teléfono, la radio, la Internet, la computadora; los que descubrieron la electricidad y el petróleo y exploraron sus diversos usos, etc. No tienen parte en esto los financistas, ya que esta gente no hizo nada, solo poner unos billetes de papel que funcionan como mecanismo de esclavitud para hacer que otros piensen y hagan en favor de ellos. Ellos nunca crearon nada ni trabajaron por ello. Es la mente brillante y científica a quien le debemos las gracias por el desarrollo de la humanidad a lo largo de la historia.

La influencia de la banca sionista y su ola de magnicidios

Continuando con parte de la historia monetaria y política de los Estados Unidos, este país había funcionado desde su fundación y hasta 1873 con un sistema monetario y bancario bimetálico; es decir, un estándar oro y plata donde el dinero emitido por los bancos debía estar respaldado por reservas en estos metales. Es justamente en 1873 que el Congreso pasó la ley de acuñación o también llamada popularmente "Crimen del 73" que significaba el fin del bimetalismo para quedarse solo con el estándar oro (patrón oro). Este patrón oro duraría como tal hasta 1934 cuando el presidente Roosevelt lo pospuso, para luego ser definitivamente eliminado por Nixon en 1971. Con el crimen del 73 los banqueros empezaban a contraer el suministro de dinero; se detiene la acuñación de monedas de plata y se sacan de circulación millones de estas. Este acto fue enormemente perjudicial para la economía y el pueblo, pues en plena expansión económica con la revolución industrial en pleno apogeo, los banqueros inducían a una severa crisis; por el contrario, lo que se necesitaba era expandir más la masa monetaria, no contraerla. Justamente este año se produce una severa crisis llamada "El Pánico del 73". Esta fue una larga depresión económica que se extendió hasta 1879 en EE. UU. y Europa, pero con repercusión a nivel global. En resumen, la historia de siempre; las bolsas de valores se desplomaron, hubo corridas bancarias, muchas empresas quebraron, la gente no tenía dinero, especulación, burbujas en bonos y acciones, etc. Una vez más la crisis se desencadenaba en EE. UU. con la quiebra provocada intencionalmente de una entidad bancaria (para variar) Jay Cooke and Company, al especular demasiado con los bonos del ferrocarril del pacífico norte y no poder venderlos luego.

Esto produjo que los inversionistas retiraran su dinero del banco generando un gran pánico.

Como consecuencia de la ley de acuñación, los banqueros ahora tenían el monopolio del oro, ya que la plata era muy abundante y no convenía a sus intereses. Además, inducían así una serie de pánicos y crisis financieras como la de 1884, 1890 y 1893 (crisis igualmente provocadas por el crédito y especulación financiera), con el objetivo de apresurar la instauración de un nuevo banco central en Estados Unidos.

En 1881 llegó a la presidencia de los Estados Unidos James Garfield, un personaje impredecible que entró al gobierno destituyendo a varios funcionarios corruptos y denunciando las prácticas monopolistas de las corporaciones; igualmente, restituyó los poderes del presidente sobre el senado en los asuntos de nombramientos ejecutivos; es decir, quitaba a los lobbistas del senado el poder de elegir a los hombres en los puestos claves del gobierno. Y por si fuera poco, también se mostraba en contra de los poderes financieros: "Quien sea que controle el volumen de dinero en cualquier país, es el amo absoluto de toda la industria y comercio... y cuando uno se da cuenta de que el sistema entero es fácilmente controlado, de un modo u otro, por un puñado de hombres poderosos en las más altas esferas, no hará falta que te digan cómo se originan los periodos de inflación y deflación". James Garfield. A los pocos meses de su mandato, el presidente ya era alguien peligroso para los intereses financieros. Su mandato duraría solo 6 meses y 15 días, ya que fue asesinado de dos disparos de bala por el sicario americano Charles J. Guiteau, quien "coincidentemente" al igual que el asesino de Lincoln, también era judío. Guiteau decía que hombres importantes de Europa lo habían contratado para asesinar al presidente, y que lo protegerían en caso de que fuera capturado. Sin embargo, los financistas traicionaron a Guiteau y lo dejaron ser ejecutado en 1882.

El mismo año que asesinaron a Garfield (1881), también fue asesinado el zar de Rusia, Alejandro II, por un grupo terrorista influenciado por el Marxismo, llamado "La voluntad del pueblo", conformado por Gesya Gelfman, Nikolai Kibalchich, Ignacy Hryniewiecki, Vera Figner, Alexander Ulyanov (hermano de Lenin), entre otros; de los cuales, varios eran judíos de prominentes familias ricas. ¿Otra vez coincidencia? Este grupo arrojó una serie de bombas al zar dejándolo herido de muerte. Era el mismo zar que había apoyado al presidente Lincoln en la guerra civil, y que no permitía a la banca internacional instalarse plenamente en Rusia. Antes de ser asesinado, el zar ya estaba trabajando en un nuevo proyecto reformista que estaba precisamente dirigido a la creación de un parlamento electivo o Duma, algo así como un congreso de diputados. Sin embargo, el zar no tendría tiempo de promulgar la ley debido a su asesinato. En consecuencia, su sucesor Alejandro III, tras su coronación como nuevo zar, acabó con estos planes reformistas y por el contrario reforzó la autocracia reprimiendo con severidad toda oposición al zar. A partir de esto se generó un odio popular hacia los judíos culpándolos y persiguiéndolos por haber conspirado colectivamente en el asesinato del zar. Se realizaron varios pogromos en contra de los judíos golpeándolos y asesinándolos debido al odio generado; por supuesto, la mayoría era inocente y no tenían nada que ver con los verdaderos judíos terroristas. Lamentablemente, el repudio se generalizó a todo este pueblo.

Luego de desmonetizar la plata en 1873, el regreso al bimetalismo (patrón oro y plata) en Estados Unidos, llegaría a ser la principal causa de conflicto político, pues surgió un movimiento popular para restituir la acuñación de monedas de plata; es así que toma liderazgo el candidato presidencial William Jennings Bryan, quien además ya era un temible opositor de los poderes financieros e industriales que controlaban el país. Él culpaba a estos poderes de haber provocado la terrible crisis de 1893, que fue una severa depresión económica surgida en EE. UU. y con repercusión a nivel global. Como siempre, la crisis fue provocada por la "especulación y burbuja" en la industria del ferrocarril, y en la sobreproducción de líneas férreas que llevaron a incurrir en gastos mayores a los ingresos —algo así como la burbuja de la construcción en España el 2008, donde se construyó hasta por las puras— lo que condujo a una serie de corridas bancarias y quiebras. Alrededor de 600 bancos quebraron y mucha gente perdió sus ahorros, unas 15000 empresas quebraron y por ende millones perdieron sus empleos, cayeron las bolsas mundiales, etc. Muchas mujeres en su desesperación tuvieron que recurrir a la prostitución como último recurso para alimentar a sus familias. La crisis se extendió hasta 1896, siendo considerada la peor depresión económica hasta ese entonces.

Debido a la inminente victoria de Bryan para la presidencia, los más grandes magnates financieros e industriales, entre ellos el banquero JP Morgan, el magnate del acero Andrew Carnegie, y el magnate petrolero John D. Rockefeller, entre otros, se unieron para financiar a su propio candidato, William Mckinley. A partir de entonces, se hace una campaña de desinformación para hacer creer al pueblo que con las políticas de Bryan se crearía desempleo y la situación económica del país empeoraría; algo así como una "guerra sucia" que se practica en la política de hoy. Esta campaña fue bien orquestada por Mark Hanna, un millonario compañero de colegio de Rockefeller y senador de EE. UU. Toda esta gran influencia y poder contribuyó a que Mckinley ganara las elecciones, siendo nombrado presidente en 1897.

En setiembre de 1901, ya después de haber ganado una segunda elección, el presidente Mckinley fue asesinado por un anarquista judío llamado Leon Czolgozz, quien a su vez tenía alguna relación con los líderes anarquistas más influyentes de la época: Emma Goldman (judía) y Alexander Berkman (hijo de un adinerado hombre de negocios judío). ¿Cuál fue el móvil del crimen? No queda claro. Lo que sí queda claro es que en este punto de la historia los banqueros judíos sionistas hacían y deshacían la historia como les venía en gana, ya nada era coincidencia. Como cuando los carteles o mafias se pelean entre ellos por la mejor parte de las ganancias, seguramente ocurría lo mismo.

Ante la muerte de Mckinley, Theodore Roosevelt lo sucedería como presidente (1901-1909). Su política tuvo como consigna conseguir una mayor justicia social, de ese modo se opuso de forma activa a la fusión de compañías *trust* cuyo interés era monopolizar los diferentes sectores de la economía. Aunque en la práctica no lo lograría, pues solo se consiguió que los monopolios se dividieran en varias compañías que conservaban a sus mismos accionistas como dueños mayoritarios. Este fue el caso con la corporación Standard Oil del magnate petrolero John D. Rockefeller, que controlaba el 90% de toda la industria petrolera en EE. UU., y sostenía importantes operaciones en decenas de países. En 1911, por orden del tribunal superior de justicia, la empresa se dividió en 37 diferentes corporaciones. Aun así, Rockefeller y su familia siguieron siendo los accionistas mayoritarios en todas las corporaciones; es decir, todo continuó como si nada hubiera pasado, pues siguen siendo los dueños hasta nuestros días. De la división de la Standard Oil surgieron las principales compañías petroleras que hoy controlan el monopolio petrolero en el mundo. Entre ellas podemos nombrar a Exxon Mobil, que es la multinacional petrolera más grande del mundo, rankeada todos los años entre las tres empresas con más ganancias en el mundo; también la multinacional Chevron, Conoco Phillips y Amoco Sohio (que después se fusionaron en BP British Petroleum), entre otras.

En 1907 se provocaba otra crisis llamada "El pánico de 1907" o "pánico de los banqueros", que fue nuevamente una severa crisis financiera de alcance global con corridas bancarias, originada por los banqueros y especuladores de Wall Street. Todo se originó cuando los bancos de Nueva York empezaron a contraer la liquidez de dinero en el mercado, y debido a una pérdida de confianza entre los depositantes ya que los precios de las acciones y bonos usados como garantía para préstamos empezaron a caer; es decir, se había especulado demasiado con las acciones de las llamadas compañías Trust. Además, los más grandes bancos centrales del mundo empezaron a subir su tasa de interés agravando aún más la contracción de dinero. En este escenario la bolsa de Nueva York cayó cerca del 51%. El catalizador del pánico fue el rumor que publicó el banquero JP. Morgan, sobre la crisis de la compañía Knickerbocker Trust. Hay muchos historiadores que creen que este acto fue deliberado para manipular el mercado, lo cual causó el pánico, ya que las acciones de la compañía se desplomaron después del anuncio de Morgan. Aprovechando el caos generado, JP. Morgan compró varias compañías en bancarrota a precios de remate, y prestó dinero a tasas altas de interés ante la falta de liquidez en el sistema. De esta forma financió a la ciudad de Nueva York comprando $30 millones en bonos, prestó dinero a muchos bancos y al mismo gobierno. Se calcula que Morgan invirtió algo más de 200 millones en esta crisis. Sin duda, esta cantidad era nada comparado con los beneficios que obtuvo luego y que consolidarían su poder e influencia.

En 1908 el senador Nelson W. Aldrich, suegro de J.D. Rockefeller Jr., estableció y presidió una comisión especial para investigar las causas de la crisis. Influenciado por los banqueros propuso crear un tercer banco central en EE. UU. La crisis de 1907 fue el último y principal catalizador que los banqueros utilizaron como pretexto para crear un nuevo banco central que décadas atrás el presidente Jackson ya había desbaratado. Los nuevos banqueros llamarían a este tercer banco central "La Reserva Federal" (La FED).

En todo este contexto, ¿quién era y qué representaba JP. Morgan? Este personaje era un poderoso banquero que se hizo acreedor y dueño de importantes empresas industriales. De esta manera se apoderó de la empresa del genio inventor Thomas Edison, Edison General Electric; empresa que actualmente es General Electric, una de las multinacionales más grandes del mundo. También se apoderó de casi toda la industria del acero comprando la Carnegie Steel Company del magnate industrial Andrew Carnegie, formando así un inmenso monopolio con la Corporacion del Acero de Estados Unidos, una multinacional que funciona hasta estos días. De igual forma se apoderó de los inventos y patentes de Nicola Tesla (el genio inventor más grande de todos los tiempos), quien en un acto inexplicable de desprendimiento en favor de la humanidad en un mundo capitalista, renunció a todas sus regalías por los derechos de sus patentes que significaban millones, para de esta forma ayudar al también inventor e industrial Westinghouse (que lo financiaba), de caer en la quiebra. JP. Morgan quería apoderarse de la empresa de Westinghouse, y para eso acometió una campaña de descrédito en contra de esta, provocando un desplome en el valor de sus acciones. Fue entonces que Tesla renunció a sus regalías sobre sus patentes salvando a Westinghouse de la bancarrota, ya que el único objetivo de Tesla era que la energía alterna (AC) iluminase las ciudades del mundo. Sin embargo, JP. Morgan amenazó con demandar a Westinghouse por la titularidad de las patentes de Tesla, sabiendo que Westinghouse carecía de los fondos necesarios para participar en una batalla legal contra el banquero más poderoso del país. Es así que Westinghouse cedió los derechos de las patentes de Tesla a JP. Morgan. La banca entonces pasaba a controlar casi todo el suministro de electricidad de la nación.

Por ese entonces, en 1912 se presentó como candidato a la presidencia de EE. UU., el expresidente Theodore Roosevelt. No obstante, los banqueros ya habían elegido a su candidato Woodrow Wilson, a quien le ofrecieron todo su apoyo financiero para su campaña que finalmente lo llevaría a ganar la presidencia. A sabiendas que Roosevelt era un hombre con mucho carácter y con ideas propias, que no permitiría seguramente la creación del nuevo banco central (FED), fue que apoyaron a Wilson e intentaron asesinar a

Roosevelt el 14 de octubre de 1912, mientras se preparaba para dar un discurso. Fue víctima de un disparo en el pecho por parte del sicario John Flammang Schrank, quien, como en otros casos, sería acusado de ser único autor intelectual y material del atentado, así como de enfermo mental; todo con el objetivo de encubrir a los verdaderos autores: los financistas. Después de penetrar su estuche de lentes de acero y un folder de 50 páginas de su discurso en su chaqueta, milagrosamente el proyectil se alojó en su pecho sin mayores consecuencias. Estos, sin duda, le salvaron la vida. Como consecuencia, no pudo seguir con su campaña como lo venía haciendo, quedando segundo en las elecciones. Es fácil deducir que los banqueros intentaron asesinar a Roosevelt para así asegurar la presidencia de Wilson y no tener ninguna objeción a la creación de la FED un año más tarde en 1913, pues manejaban a este presidente a su antojo. Y aunque fallaron en matar a Roosevelt, sí lograron sacarlo de la campaña electoral en la decisiva recta final, y apresuraron su muerte unos años más tarde, en 1919, pues tuvo que cargar con la bala alojada en su pecho por el resto de su vida, lo que le produjo una artritis reumatoide y una obesidad debido a no poder hacer nunca más actividades físicas, deteriorando su salud mucho para finalmente morir a los sesenta años de edad.

Creación de la Reserva Federal (FED)

PARA PODER ENTENDER QUIÉNES CONTROLAN verdaderamente el banco central más grande y poderoso del mundo, hay que saber quiénes lo crearon y con qué propósito. Solo develando los orígenes de cualquier entidad, recién se podrá tener claro para qué intereses sirven, si privados o públicos. Como consecuencia de la crisis de 1907, en 1908 se creó la llamada ley Aldrich-Vreland, esta ley establecía la Comisión Nacional Monetaria, que estudiaba una reforma bancaria y monetaria. Aldrich (emparentado con la familia Rockefeller) formó un equipo para estudiar las políticas bancarias de Francia, Alemania e Inglaterra. Trabajó junto a importantes banqueros y economistas como Paul Warburg (socio de las firmas bancarias judías más grandes del mundo), Henry Davison (socio mayoritario en JP. Morgan & Co.), y Abram Andrew, entre otros, para diseñar lo que sería la ley Aldrich, que pretendía crear un nuevo banco central. Para este fin se reunieron, en 1910, en el exclusivo Jekyll Island Clud en Giorgia. En el Congreso, en varias ocasiones, intentaron pasar esta ley; pero, en 1912 hubo una fuerte oposición por parte de los representantes de los estados rurales y del oeste, ya que le daba un enorme control y poder a los banqueros ricos de New York, a los que se referían como el "Grupo del dinero". Fue entonces que maquillaron la ley Aldrich presentándola como la nueva ley Glass-Owen, que en la práctica era un remedo de la anterior. El cambio supuestamente más importante era que mientras en la ley Aldrich el nuevo banco central sería totalmente privado, en la nueva ley Glass-Owen el banco seria público-privado; es decir, fue un cambio muy astuto para conseguir la aprobación de esta ley y crear la FED, que en realidad funciona como una institución privada en tiempos de bonanza cuando las utilidades van a los cofres del tesoro y a los bancos privados miembros de la FED, y como una institución pública en tiempos de crisis cuando el pueblo tiene que pagar las pérdidas y bancarrotas de los bancos. Sin duda, el negocio perfecto para los financistas.

Finalmente, el 23 de diciembre de 1913 se aprobó la ley Glass-Owen bajo el nombre de "Ley de reserva federal", creando así el banco más poderoso e influyente del mundo: La Reserva Federal (FED). Aprobado por el presidente Wilson, la supuesta principal motivación para crear este banco era evitar para siempre los pánicos o crisis bancarias. Sin embargo, hemos visto a lo largo del tiempo cómo este objetivo nunca se cumplió, ya que solo fue un pretexto engañoso para consolidar y centralizar el poder financiero, que ahora sí nos tiene por el cuello a todo el mundo a través del gobierno más poderoso del planeta.

Hay que tener en cuenta que los dueños y miembros de la FED son, por supuesto, en su gran mayoría los bancos privados. Para mayor prueba, según la FED de Richmond (una de sus ramas bancarias), casi un 40% de los bancos comerciales de EE. UU. son dueños de la FED, lo que grafica el inmenso poder privado dentro de un sistema monetario con influencia mundial.

No cabe duda que después de la creación de este banco se originaron las crisis económicas más terribles de nuestra historia, y las guerras más catastróficas jamás antes vistas, empezando solo unos meses después con una gran guerra. Lo que también consiguieron los banqueros, fue endeudar al mundo a niveles jamás antes visto, ya que han inundado todo el sistema mundial con dólares e inflación sin precedentes. Ese fue siempre el principal objetivo de los banqueros internacionales.

El presidente Wilson sabía bien quién controlaba el sistema; así lo manifestó en 1913: "Una gran nación industrial es controlada por su sistema de crédito. Nuestro sistema de crédito está concentrado en manos privadas. El crecimiento de la nación, por lo tanto, y todas nuestras actividades están en manos de unos pocos hombres que, aunque su acción sea honesta y destinada al interés público, se concentran necesariamente en las grandes empresas cuyo propio dinero está involucrado y quienes necesariamente, por la misma razón de sus propias limitaciones, desalientan y destruyen la genuina libertad económica. Esta es la pregunta más grande de todas, y para este estadista deben dirigirse con una determinación seria para servir a la larga al futuro y a las verdaderas libertades de los hombres", expresó. Sin embargo, a Wilson no le importó esto y aprobó el establecimiento del banco central.

Los banqueros aseguran su victoria en la guerra

Tan solo siete meses desde la creación de la FED, ya el escenario estaba preparado para dar paso al conflicto más grande de la historia hasta ese momento. El 28 de julio de 1914 se originaría la Primera Guerra Mundial, prolongándose hasta el 11 de noviembre de 1918. Guerra que provocó la muerte de unas 31 millones de personas, directa e indirectamente. La propaganda de los medios de comunicación controlados por el poder financiero nos ha vendido siempre la historia que las dos guerras mundiales, entre otras, se originaron por ideales y principios errados; por la ambición y avaricia de oligarcas, reyes y tiranos con deseos imperialistas. La magia de la publicidad y propaganda hacen que, al final, la imagen que se transmite es la de "guerra romántica" contra el enemigo de la nación, contra el capitalismo, el comunismo, contra el imperio del mal, o contra el terrorismo internacional (de moda actualmente). Sin embargo, la verdadera historia es que estas han sido guerras por el control del poder financiero, y por ende de los recursos naturales y mano de obra del pueblo. ¿Cómo nos damos cuenta de esto? Muy simple, basta con darse cuenta que hasta los más grandes imperios, oligarcas, reyes, y tiranos de la historia han caído innumerables veces.

Pero ¿acaso cayó alguna vez el poder financiero (los banqueros y especuladores) detrás de estos reyes y tiranos? Es decir, cayeron naciones, imperios, reyes, tiranos, sistemas, pero el verdadero poder detrás de estos nunca cayó: los financistas, quienes eran y son hoy en día los titiriteros, los únicos beneficiados en cualquier guerra, pues como ya es sabido, y es consenso y ley, que cualquier nación perdedora tenga que honrar sus deudas contraídas antes, durante y después de una guerra. Es decir, la guerra era y sigue siendo el negocio perfecto para la banca, pues si eres banquero y así pierda tu patrocinado, de todas formas estará asegurado el pago de tu préstamo y con intereses, a partir del expolio y la explotación futura de las clases obreras de la nación perdedora; un verdadero botín de guerra. Se puede deducir entonces que los banqueros son los únicos y más grandes beneficiados, se gane o se pierda una guerra; por lo tanto, ¿quiénes serían los más interesados en iniciar una? La respuesta es obvia. Debido a que la banca financia a ambos bandos en guerra, y a su interconexión con todo el sistema bancario a nivel mundial, podemos decir sin duda alguna que los financistas son los principales artífices y beneficiados de cualquier guerra desde hace muchos siglos. No hay que ser un sabio para deducir esto, ni muy tonto para no creerlo, solo basta con seguir la ruta del dinero. De modo que, no existe guerra del bien contra el mal, ni de una nación buena contra otra mala; no existe nación mala, solo existe la guerra del humano contra el humano para único beneficio y control del poder de los financistas privilegiados.

Ahora que ya conocemos las principales causas de las guerras y a sus artífices, podremos entender recién cuáles fueron las excusas promovidas falsamente como las causas principales. En la Primera Guerra Mundial se utilizó como excusa para iniciar la guerra, el asesinato del archiduque Francisco Fernando de Austria, heredero al trono del Imperio Austro-Húngaro; es decir, un oligarca privilegiado que nada tenía que ver con el pueblo. Otra de las causas difundidas fueron el imperialismo existente y en auge de las grandes potencias: el Imperio Alemán, el austro-húngaro, el otomano, el ruso, el japonés, el británico, etc. Todas estas seguramente fueron causas secundarias, porque en realidad la principal motivación para esta guerra se originó de la ambición de los financistas, quienes verdaderamente manejaban a todos los gobiernos imperiales con su dinero.

Estados Unidos entró a la guerra en 1917 cuando ya la guerra estaba entrando en un punto muerto y se estaba considerando la paz entre las potencias. Así lo harían Rusia y Alemania firmando un tratado de paz. Sin embargo, EE. UU., bajo la presidencia de Wilson, quien había basado su campaña en no entrar a la guerra, defraudo a sus electores y uso un pretexto para entrar en la guerra: el hundimiento del Lusitania, un barco británico que llevaba norteamericanos y material de guerra en zona de conflicto infestada de submarinos alemanes; es decir, mandaron inocentes a sacrificio para conseguir que el país entre en la guerra. Esta tragedia no tuvo el efecto esperado, pues la gente aún se oponía a la guerra. Fue recién después de una campaña publicitaria y propagandista donde los banqueros motivaban a la gente a comprar bonos de guerra para salvar supuestamente a la humanidad de la "tiranía" alemana, que la gente se comió el engaño para entrar en la guerra. Los financistas utilizaron un slogan muy astuto: "la guerra para terminar con todas las guerras". Lo que en realidad pasó, como ya sabemos, es que esta era "la guerra que empezaría las más grandes guerras", causando a partir de esta más de cien millones de muertos en menos de un siglo; cifra inmensamente mayor en comparación a todos los siglos anteriores.

En 1914 la banca JP. Morgan & Co. se hizo cargo del monopolio de la emisión de bonos de guerra para Inglaterra y Francia a través de su agente y socio Henry P. Davison. Este banco también invirtió en los suministros para equipos de guerra para ambos países. Mientras tanto, el banquero judío Max Warburg, familia socia de los Morgan, financiaba al otro bando en guerra, al Káiser Guillermo II de Alemania.

En 1915, el excandidato presidencial de EE. UU., William Jennings Bryan, denunciaba que los financistas y especuladores querían empujar al país a la guerra a como dé lugar; llevándolo a renunciar a su cargo de secretario de estado cuando el presidente Wilson hizo demandas ante el imperio alemán por el hundimiento del Lusitania. Bryan sabía que este era un hecho provocado deliberadamente por los financistas para llevar al país a la guerra. Bryan dijo: "El dinero es el peor de todos los contrabandos, ya que tiene poder sobre todo lo demás".

Mientras millones de personas se mataban unas a otras en la guerra, ¿quiénes crees que eran los únicos que se beneficiaban? Ya lo sabes.

LOS BANQUEROS SIONISTAS TOMAN EL CONTROL DE EE. UU.

LA GRAN MAYORÍA DE LA GENTE aún no quiere entender que el gobierno más poderoso del mundo está controlado por una élite financiera internacional. No quieren darse cuenta de la tremenda influencia que ejerce esta banca sobre los gobernantes de turno. Desde la creación de la FED empezaron a entrar con fuerza en las más altas instancias del gobierno. En 1916, el presidente Wilson nombró al banquero y especulador judío Bernard Baruch, como consejero presidencial, y un tiempo después como presidente del consejo de industrias bélicas, donde tendría control sobre todos los contratos domésticos para los materiales de guerra cuando EE. UU. entró en la Primera Guerra Mundial. Más tarde también sería uno de los principales promotores para la creación de la Liga de Naciones (predecesor de la ONU), un organismo diseñado por los banqueros para un mejor control de los pueblos.

Muchos políticos y congresistas que no se vendieron al poder financiero, denunciaban y mostraban su rechazo a estos banqueros. El congresista Louis Mcfadden, quien también era un banquero de profesión, muy ligado al mundo de las finanzas y especulación, denunció durante toda su carrera política este hecho. Él era un férreo opositor al banco de la Reserva Federal. Manifestaba que los banqueros judíos tenían pleno control de la economía de los Estados Unidos, y que fueron ellos quienes conspiraron para la creación de la FED. De la misma manera denunciaba en sus discursos que estos mismos banqueros fundaron y financiaron la revolución bolchevique en Rusia a través de la FED y de los bancos europeos. En 1934 mostró su rechazo a la elección del judío Henry Morgenthau Jr. como secretario del tesoro de EE. UU., ya que ciertamente servía a los intereses de la banca judía. Debido a todas estas denuncias, Mcfadden fue condenado y ridiculizado incluso por los miembros de su propio partido, quienes hasta lo calificaban de loco, antisemita y pronacista. Sin duda eran calificativos engañosos para intentar desacreditar a Mcfadden. El congresista fue víctima de dos intentos de asesinato. En el primero, se salvó de dos disparos de un desconocido mientras viajaba en un taxi. En el segundo, cuando intentaron envenenarlo durante un banquete. Su amigo médico le salvó la vida al hacerle un lavado gástrico. Entonces uno se pregunta: ¿Por qué querer asesinar al congresista, si lo que decía era supuestas barbaridades? Este método de asesinar a los opositores de la banca internacional ya es muy conocido.

Otro congresista de la época, Charles August Lindbergh, también se pronunciaba en contra de que EE. UU. entre en la Primera Guerra, y denunciaba al poder bancario de estar detrás de esta. Así también, denunciaba a la FED de estar en manos de poderes monetarios privados. Entre sus famosas declaraciones cita en 1913: "Esta ley de Reserva Federal establece el más grande monopolio sobre la tierra. Cuando el presidente Wilson firme esta ley, el gobierno invisible del poder monetario será legalizado... el peor crimen legislativo de todos los tiempos será perpetrado por este proyecto de ley bancaria y monetaria".

Durante la Primera Guerra Wilson nombró a otro banquero y especulador judío, Eugene Meyer, como jefe de la corporación de finanzas de guerra. Este personaje era socio en la poderosa banca judía "Lazard Freres" y muy ligado a la dinastía bancaria Rothschild. Es decir, otro banquero judío junto a Bernard Baruch en los más altos puestos del poder en EE. UU. ¿Cómo entonces no se puede creer las denuncias de los congresistas que acusaban a la banca judía de manejar la economía y política del país más poderoso del mundo?

En 1927, el presidente de EE. UU., Calvin Coolidge, nombró a Eugene Meyer como presidente de la junta federal de préstamos agrícolas, y posteriormente en 1930, el presidente Herbert Hoover, lo nombró presidente de la Reserva Federal. A su vez, Meyer compró la compañía de difusión de medios masivos, el Washington Post, de la cual su familia sigue siendo dueña, siendo uno de los medios de comunicación más grandes del mundo actualmente.

Además, apenas acabada la Segunda Guerra Mundial, el presidente Harry S. Truman nombró a Meyer como el primer presidente del Banco Mundial en 1946. Es decir, ¿hasta dónde puede llegar el poder de la banca judía? Y cuando digo judío, siempre me refiero a este como un poder político, nunca como un grupo étnico o religioso, lo cual no tiene nada que ver en este asunto. Ni la raza, ni la religión, sean cuales sean, pretende ser criticada, ni despreciada en este libro, pues ni las creencias religiosas ni el color de la piel tienen nada que ver con los asuntos económicos que están en discusión. Lo que se critica y desprecia aquí es el judaísmo transformado en partido político, por estar en favor de una pequeña élite financiera, y no en favor de los pueblos; pueblos que están constituidos igualmente por miles de millones de pobres de todas las razas y credos, ya que hay pobres cristianos, judíos, musulmanes, budistas, hinduistas, ateos, etc.

Por lo tanto, muchos de los banqueros que se hacen llamar judíos, no son más que "sionistas explotadores"; ese es su verdadero credo, pues han profanado el judaísmo como religión. Sus acciones no están basadas en los mandatos de su fe, sino en la obtención de ganancias a través de la explotación humana. Los verdaderos judíos son gente que cree en un Dios benevolente; gente brillante como lo fue el genio Albert Einstein y otros que aportaron con su inteligencia al progreso de la humanidad. De modo que hay que tener mucho cuidado con los tergiversadores que distorsionan siempre la verdad atribuyendo falsas etiquetas racistas a quienes denuncian al poder financiero.

El sionismo terrorista

Es importante saber qué significa el sionismo para lograr entender cómo se originaron las más grandes guerras. El sionismo es un movimiento político internacional cuyo objetivo principal fue la creación de un Estado o patria judía en tierras palestinas. Este movimiento fomentaba la migración judía hacia estas tierras para retomar el control de la llamada "tierra prometida", que hace unos 20 siglos atrás estuvo en su poder. Siendo fundado por Moses Hess, la formación del sionismo data de mediados y finales del siglo XIX.

No obstante, y para ser justos, este movimiento político no ha sido exclusivo de los judíos. También existió y seguramente siguen habiendo sionistas cristianos. Los sionistas cristianos de la Edad Media o más conocidos como los "Cruzados", igualmente tenían como objetivo específico invadir y reestablecer el control cristiano sobre la llamada "Tierra Santa", ocupada por el pueblo árabe (¿quién se copió de quien entonces?). Estas campañas militares llamadas "Cruzadas", impulsadas por el papado católico, se libraron durante un periodo de alrededor de 200 años, entre 1095 y 1291, causando nada más que división y guerra entre los pueblos para terminar con millones de muertos por una causa absurda.

De igual forma el sionismo moderno o los nuevos cruzados, ya no son liderados por papas católicos, sino por banqueros judíos; quienes también impulsaron campañas militares para conseguir su objetivo de conquistar Tierra Santa: "la Primera y Segunda Guerra Mundial". Al igual que las campañas cristianas, estas dos guerras fueron una completa absurdidez causando nada más que millones de muertes, mucho más que las Cruzadas. Y aun peor, la campaña parece aún no tener un final, pues actualmente se sigue librando un conflicto entre judíos y palestinos causando solo más muertos a diario. Por lo tanto, este movimiento político es una aberración que solo ha causado conflicto y muerte; tenga el tinte religioso que tenga, es un pensamiento y una práctica que todo ser humano debería rechazar.

Basta con recurrir a los hechos para entender la influencia que tenían los banqueros sionistas sobre los más grandes imperios durante la Primera Guerra Mundial. Tal es así, que el 2 de noviembre de 1917, el gobierno británico hizo una declaración formal donde se manifestaba favorable a la creación de una nación judía en territorio palestino. Sería el primer reconocimiento de una potencia mundial en favor de la creación del actual Estado de Israel. Este documento llevaba el nombre de "Declaración Balfour", en honor a su artífice, Arthur James Balfour, quien era secretario de relaciones exteriores británico. El documento fue dirigido al barón Lionel Walter Rothschild, líder de la comunidad judía en Gran Bretaña y miembro de la Federación Sionista. además de pertenecer a la dinastía bancaria más poderosa de Europa, sino del mundo. Esta declaración fue apoyada igualmente por el gobierno de EE. UU.

La declaración se basa en una serie de promesas hechas por el gobierno británico antes y durante la Primera Guerra Mundial, en relación al futuro de oriente medio. Debido a esto había una gran influencia y presión por parte de las familias bancarias sionistas hacia el gobierno. No es novedad que la gran mayoría de políticos sean, consciente o inconscientemente, lobbistas de la banca internacional sionista.

A continuación la declaración:

Estimado Lord Rothschild:

Tengo el placer de dirigirle, en nombre del gobierno de su majestad, la siguiente declaración de simpatía hacia las aspiraciones de los judíos sionistas, que ha sido sometida al gabinete y aprobada por él.

"El gobierno de Su Majestad contempla favorablemente el establecimiento en Palestina de un hogar nacional para el pueblo judío, y hará uso de sus mejores esfuerzos para facilitar la realización de este objetivo, quedando entendido que no se hará nada que pueda perjudicar los derechos civiles y religiosos de las comunidades no judías existentes en Palestina ni los derechos y el estatuto político de que gocen los judíos en cualquier otro país".

Le quedaré muy agradecido si pudiera poner esta declaración en conocimiento de la Federación Sionista.

Sinceramente suyo,
Arthur James Balfour

En este documento se puede observar el grado de sumisión de una potencia mundial hacia un banquero sionista. Y aunque no consiguieron el establecimiento del país judío inmediatamente acabada la guerra, sí consiguieron allanar el camino para que otros gobiernos acepten expresamente su causa. Cabe recordar que Palestina en esos momentos estaba bajo control de los británicos, y debido a que los judíos en tierra palestina representaban menos del 10% de la población total, y que los árabes tenían relaciones comerciales con Gran Bretaña, no se creó entonces (por el momento) el nuevo Estado de Israel. Es decir, se necesitaría una segunda guerra mundial mucho más catastrófica para conseguir finalmente el objetivo. Y así fue, pues los banqueros sionistas mandarían al sacrificio a muchos inocentes judíos pobres para que el mundo se horrorice y se acepte crear la nueva nación. Como cuando se mandaron a sacrificio a las víctimas del Lusitania para que EE. UU. entre en guerra, o como cuando se hizo lo mismo con las víctimas del World Trade Center para que EE. UU. invada Afganistán e Irak. Siempre se manda a sacrificio a víctimas inocentes para espantar a las personas como borregos y que los financistas consigan lo que quieren.

Hasta antes que surgieran estos planes sionistas de regresar a la tierra prometida, los judíos y palestinos vivían relativamente en paz. Solo después de propagarse estos planes, y aun peor, después de la Declaración Balfour, recién se origina el conflicto eterno que vemos todos los días en las noticias. Conflicto que ha generado centenares de miles de muertos, en su gran mayoría palestinos que han sido invadidos y desplazados injustamente de sus territorios por una minoría con apoyo de las más grandes potencias. Me pregunto: ¿qué sentiríamos cada uno de nosotros si una potencia extranjera nos impusiera un Estado extranjero y minoritario en nuestras tierras? ¿Acaso no rechazaríamos esto con todas nuestras fuerzas y vidas? Se puede entender entonces por lo que pasa el pueblo palestino. Seguro algunos argumentarán que ese era territorio original de los judíos, pues tuvieron que huir a causa de los tiranos romanos hace casi 2000 años. Es decir, argumentan que ha sido legal que los nuevos tiranos (banqueros y políticos) hayan apoyado la invasión en tierras que los palestinos habían controlado por siglos, para dárselos a una minoría sionista. Finalmente, si se quisiera recurrir a la historia para hacer justicia, se tendría que devolver el territorio a los palestinos como pueblo árabe que son, pues Jerusalén o la Tierra Santa como se le conoce, era en la antigüedad desde el año 3000 a. C. habitada por los jebuseos, una tribu cananea que fueron los verdaderos fundadores de esa ciudad; también era tierra de los amorreos, filisteos, fenicios, hititas y arameos antes de que estos pueblos fueran invadidos y desterrados por los judíos (algo que también figura en la Biblia). De modo que esta tierra y región es históricamente de origen árabe.

El mismo Winston Churchill, primer ministro británico durante la II Guerra Mundial, hacía reveladoras declaraciones en 1920, demostrando así su afinidad y apoyo a los judíos sionistas, como era de esperarse, pero mostrando su rechazo a los judíos comunistas que comandaron la Revolución Rusa y Bolchevique. Churchill dejaba en claro la gran magnitud del poder político y económico judío, ya sea de un bando o del otro; poder que hoy en día se pre-

tende minimizar y ridiculizar a cualquiera que la denuncie.
A continuación la publicación de Churchill:

SIONISMO CONTRA BOLCHEVISMO
Una Lucha por el Alma del Pueblo Judío

Por Winston S. Churchill. Illustrated Sunday Herald

8 de febrero de 1920

"*A algunos les gusta los judíos y a otros no; pero ningún hombre razonable duda del hecho de que son sin lugar a duda la raza más formidable y más notable que ha aparecido nunca en el mundo. Y puede ser que esta misma raza que asombra puede actualmente estar en el proceso de producir otro sistema de moral y de filosofía (comunismo), tan malévolo como el cristianismo fue benévolo, que, si no se detiene destruirá irremediablemente todo lo que el cristianismo ha hecho posible. Casi pareciera como si el evangelio de Cristo y el evangelio del Anticristo fueran destinados a originarse entre la misma gente; y que esta raza mística y misteriosa hubiera sido elegida para las manifestaciones supremas, de lo divino y de lo diabólico (...)*

Judíos internacionales
En oposición violenta a toda la esfera de esfuerzo judío se levantan los esquemas de los judíos internacionales. Los adherentes de esta siniestra confederación son sobre todo hombres salidos de las infelices poblaciones de los países en donde persiguen a los judíos a causa de su raza. La mayoría, sino todos, han abandonado la fe de sus antepasados, y han eliminado de sus mentes toda esperanza espiritual en el otro mundo. Este movimiento entre los judíos no es nuevo. Desde los días de Espartacus-Weishaupt a los de Karl Marx, y desde Trotsky (Rusia) hasta Bela Kun (Hungría), a Rosa Luxemburgo (Alemania), y a Emma Goldman (Usa), esta conspiración mundial para el derrocamiento de la civilización y para la reconstitución de la sociedad en base a un desarrollo frenado, de una envidia malevolente, y de una igualdad imposible, ha estado creciendo constantemente. Este movimiento jugó, como una escritora moderna,

la señora Webster, lo ha demostrado con tanta capacidad, una parte definitivamente reconocible en la tragedia de la Revolución Francesa. Ha sido la fuerza principal de cada movimiento subversivo durante el siglo XIX; y ahora por último esta banda de personalidades extraordinarias de los bajos fondos de las grandes ciudades de Europa y de América han agarrado al pueblo ruso por los cabellos de sus cabezas y en la práctica se han convertido en los amos indiscutibles de ese imperio enorme.

Judíos terroristas

No hay necesidad de exagerar la parte jugada en la creación del bolchevismo y en la realización de la Revolución Rusa por parte de los judíos internacionales; en su mayor parte por judíos ateos, quienes ciertamente eran la mayoría. Con la excepción notable de Lenin, la mayoría de las figuras principales son judíos. Por otra parte, la inspiración principal y el poder conductor proceden de los líderes judíos. Así Tchitcherin, ruso puro, es eclipsado por su subordinado nominal Litvinoff, y la influencia de rusos como Bukharin o Lunacharski no se puede comparar con la energía de Trotsky, o de Zinovieff, el dictador de la ciudadela roja (Petrogrado), o de Krassin o de Radek —todos judíos. En las instituciones soviéticas el predominio de judíos es aún más asombroso. Y la parte prominente, sino de hecho la principal, en el sistema de terrorismo aplicado por las comisiones extraordinarias para combatir la Contra-Revolución, ha sido tomado por judíos y en algunos casos notables por judías.

La misma prominencia malvada fue obtenida por judíos en el breve periodo de terror durante el cual Bela Kun gobernó en Hungría. El mismo fenómeno se ha presentado en Alemania (especialmente en Baviera), en tanto en cuando se ha permitido que esta locura haya hecho presa de la postración temporal del pueblo alemán. Aunque en todos los países hay muchos no judíos tan malos como el peor de los revolucionarios judíos, la parte que representa el último en proporción a sus números en el conjunto de su población es asombrosa.

El hecho de que en muchos casos los intereses judíos y los lugares judíos de adoración son exceptuados por los bolcheviques de su hostilidad universal ha tendido cada vez más a asociar la raza judía en Rusia con las villanías que ahora se están perpetrando.

> *Un hogar para los judíos*
> *El sionismo ofrece la tercera esfera a los conceptos políticos de la raza judía. En contraste violento con el comunismo internacional. El sionismo se ha convertido ya en un factor en las convulsiones políticas de Rusia, como influencia que compite en los círculos del bolchevismo con el sistema comunista internacional. Nada podría ser más significativo que la furia con la cual Trotsky ha atacado a los sionistas en general, y al Dr. Weissmann en particular. La penetración cruel de su mente no le deja ninguna duda de que sus esquemas de un estado comunista mundial bajo dominación judía son frustrados y obstaculizados directamente por este nuevo ideal, que dirige las energías y las esperanzas de los judíos en cada tierra hacia un objetivo más simple, más verdadero, y mucho más alcanzable. La lucha que ahora está comenzando entre los judíos sionistas y los judíos bolcheviques es poco menos que una lucha por el alma del pueblo judío".*
> *Winston Churchill.*

En este documento hemos podido ver cómo Churchill explicaba acertadamente lo que pasaba y lo que pasaría después. Así se dividió al mundo entre el poder financiero judío sionista (capitalista) y el poder financiero judío comunista. Hay un viejo dicho muy sabio que dice: "divide y vencerás". ¿Quiénes dividieron a los pueblos entre dos absurdas ideologías políticas y económicas? Las mismas dinastías financieras de siempre, ya que estos mismos banqueros apoyaron a uno y otro bando siempre. Como alguna vez dijo Napoleón, el dinero no tiene patria, solo le importa las ganancias. En consecuencia, la llamada "Guerra fría" entre EE. UU. y la Unión Soviética, no fue más que una guerra fantasma que sirvió para aterrorizar a la gente con la idea de la aniquilación atómica. Teniendo esto como pretexto, se procedió a inundar el mundo con deuda, a apoderarse de las propiedades y a consolidar el poder financiero de los banqueros judíos.

Queda claro, como el mismo Churchill (leal servidor de la banca internacional sionista) dijo, que el comunismo fue obra de los financistas judíos. También se puede deducir que la historia hasta nuestros días ha sido intencionalmente tergiversada para esconder estos hechos importantes que no pretenden ser develados por ningún medio de comunicación, ni escuelas, etc., ya que todo el sistema viene siendo controlado desde hace siglos por el cártel financiero.

Origen del comunismo

En 1848, Karl Marx, judío alemán, publicó en coautoría con F. Engels: *El Manifiesto Comunista*. Este daría origen al movimiento político, social y económico comunista y socialista que hasta hoy en día gobierna como sistema en países como China, Corea del Norte, Cuba, y Venezuela. Pero que también tienen enorme influencia en partidos políticos alrededor del mundo, como en Francia y España. Claro está que estos partidos también funcionan como capitalistas a conveniencia. Además, ya sabemos que este comunismo y socialismo se popularizó con la Revolución Rusa y los soviéticos.

Se cree erróneamente que el comunismo se originó espontáneamente de la manifestación popular que exigía la igualdad para el pueblo; sin embargo, no hay nada más alejado de la realidad. Solo basta con descubrir el linaje financiero del que provenía "el padre del comunismo y socialismo": Karl Marx, para darse cuenta que la realidad es muy diferente. Una realidad que nos indica que el comunismo se generó de las ideas y el financiamiento de los propios banqueros capitalistas.

Marx fue un filósofo intelectual y militante comunista alemán nacido de una familia acomodada burguesa judía. Era primo hermano de Benjamín Fredrik David Phillips (banquero fundador de Phillips, multinacional electrónica actualmente). Esta familia prestó ayuda financiera a Marx. Así también, la madre de Marx, Henriette Pressburg, provenía de una distinguida familia, siendo hija de Isaac Pressburg, quien era un comerciante textil y banquero (abuelo de Marx), e hija de Nanette Cohen, quien era hija de Solomon David Barent Cohen, un comerciante y financista de las más antiguas ricas dinastías judeo-askenazi de Gran Bretaña (bisabuelo de Marx). Además, el hermano de Solomon, Levi Barent Cohen, quien era otro gran banquero y comerciante de diamantes, se casó con dos hermanas (Fanny y Lydia) de otra prominente familia financiera. La hija de Levi con Lydia, llamada Hannah, se casó con Nathan Rothschild, fundador de la rama británica de la poderosa dinastía banquera "Rothschild". De manera que Nanette Cohen y Hannah Rothschild eran primas, las otras dos tías abuelas de Marx también se casaron con otros ricos banqueros judíos. Por lo tanto, los consanguíneos y primos contemporáneos de Marx eran los hermanos Lionel Nathan, Anthony Nathan, Nathaniel y Mayer Amschel Rothschild; es decir, sus más cercanos parientes eran los banqueros más influyentes y adinerados del mundo.

Marx se asoció en Bruselas con otros socialistas de toda Europa como Joseph Weydemeyer y Moses Hess, este último un judío alemán precursor y creador del sionismo que proponía el retorno de los judíos a Palestina (acto que terminó consumándose como consecuencia de la I y II Guerra Mundial). Es decir, esta sociedad da fe de un origen común del sionismo y comunismo, proveniente de la influencia de la banca internacional judía.

De modo que es válido decir que Karl Marx y otros precursores del socialismo y comunismo fueron financiados por los banqueros judíos para crear estas ideologías con el fin de dividir y polarizar a los pueblos del mundo, originando conflictos y guerras interminables, y así provocar endeudamiento eterno, y por ende, dependencia y servidumbre.

Al margen de cualquier teoría que podría ser o no válida, sin olvidar que la realidad se formula en base a teorías ya sea en el ámbito matemático, científico, histórico, etc., podemos concluir y afirmar lo siguiente:

Primero, Marx sí era financiado por gente influyente y poderosa, entre ellos los banqueros capitalistas Rothschild y Cohen, quienes eran sus propios familiares y consanguíneos. La comunidad judía siempre se ayuda y financia entre sí, aún más si es un familiar cercano.

Segundo, Marx nunca atacó al poder real detrás del capitalismo; es decir, a los banqueros y financistas, quienes son en realidad los más grandes capitalistas y explotadores. Marx nunca denunció la usura y la deuda, ya que no podía ir en contra de su propia familia y extirpe; en contra de sus propios intereses. De modo que la única pregunta que queda es, ¿por qué estos banqueros financiaban las ideas comunistas y socialistas de Marx? (si es que acaso eran sus ideas o eran impuestas por los financieros). Seguramente en los siguientes puntos están las respuestas.

Tercero, es una realidad y un hecho que el comunismo solo causó división entre la gente, produciendo conflictos y guerras, entre ellas la Primera Guerra Mundial, pues ya el comunismo cobraba fuerza como ideología política hacia finales del siglo XIX, empezando a dividir al mundo en dos sistemas. Como primer paso fundamental, el comunismo se instaló en Rusia con la revolución de 1905 liderada por los bolcheviques judíos, que aunque no prosperó en dar el golpe de Estado, sí consiguió importantes concesiones de parte del zar. No sería sino hasta después de la Revolución Rusa y Bolchevique de 1917, que los comunistas judíos liderados por Lenin tomaron recién el gobierno de Rusia asesinando al zar y a toda su familia, formando así la Unión de Repúblicas Socialistas Soviéticas gracias al financiamiento de la banca internacional judía (los Schiff, Kuhn, Loeb, los Warburg, entre otros).

Cuarto, es un hecho que el fascismo y nacionalismo surgieron inmediatamente después como consecuencia del comunismo, pues ante la amenaza que representaba el comunismo para los burgueses, industriales y clase media alta, esta gente se unió a los militares para dar golpes de Estado tanto en Italia como después en Alemania y así obtener el poder bajo dictaduras. De igual forma, el comunismo o marxismo influyó en la formación de grupos extremistas, anarquistas y terroristas que se propagaron por toda Europa y América (Sendero Luminoso en Perú, las Farc en Colombia, etc.)

Fue justamente uno de estos miembros extremistas, Gavrilo Princip, miembro del grupo "Mano Negra" financiado por banqueros judíos, quien asesinó al archiduque húngaro propiciando la I Guerra Mundial. Ya nada era coincidencia.

Quinto, es un hecho que la Segunda Guerra Mundial fue provocada justamente por esta división ideológica, política y económica: capitalista, comunista, fascista, nacionalista, etc.; sin olvidarnos de otro sistema político como lo es el "judaísmo sionista". Y no me refiero a la religión judía, ni a la raza judía, sino al Judaísmo Sionista como poder político y económico representado por los banqueros, industriales, burgueses, políticos y agitadores extremistas. Gente conspiradora y terrorista que busca cambiar la historia en favor de sus propios intereses. Este poder político fue el gran ganador de esta guerra al lograr conseguir su más preciado objetivo: crear el Estado judío de Israel en 1948, apenas acabada la guerra. De modo que hay argumentos sólidos para decir que la I y II Guerra fueron campañas militares como alguna vez fueron las Cruzadas, para recuperar la "Tierra Santa" y crear el Estado judío de Israel. Así también para obtener grandes ganancias financiando a ambos bandos en guerra. Por lo tanto, dejemos de lado las religiones, razas o culturas; no se trata de ir en contra de estas ni atacarlas, ni de ningún tipo de antisemitismo. Aquí vamos en contra de sistemas políticos y económicos opresores y conspiradores, llámense como se llamen, capitalistas, comunistas, socialistas, sionistas, fascistas, etc.

Finalmente, es un hecho que después de la Segunda Guerra Mundial el mundo siguió dividido entre comunistas (bolcheviques con ansias de establecer un gobierno mundial) y capitalistas (sionistas que han conquistado el mundo a través de una red financiera mundial), lo que decantó en la Guerra Fría, durando por décadas hasta la caída del muro de Berlín en 1989. El comunismo se había convertido en un instrumento de terror para las naciones occidentales y para seguir dividiendo a los pueblos del mundo. Actualmente, el pretexto para aterrorizar a las naciones es el "Terrorismo Islámico". Este es el nuevo demonio, el que va a destruir el mundo, nos dicen los medios. Y a cualquiera que ose retar el sistema, ya sea divulgando información "confidencial" o denunciando el poder financiero, también lo catalogan como terrorista.

En conclusión, el comunismo, socialismo, fascismo, marxismo, leninismo, etc., son solo disfraces o derivados del capitalismo, pues todos estos sistemas políticos y económicos funcionan bajo el poder de un mismo sistema bancario capitalista. La banca internacional privada ha controlado por más de 600 años cualquier sistema político, social y económico existente, y continuará controlándolos en el futuro a menos que cada uno de nosotros, por más pequeño que pueda ser nuestro aporte, comencemos a inconformarnos de esta triste realidad de opresión a los pueblos. Necesitamos un sistema bancario que funcione en favor de la gente, y no que la gente funcione en favor de la banca, o mejor dicho, en favor de un grupo minoritario que tiene como privilegio el control del dinero de los 7000 millones de habitantes.

También podemos decir que el comunismo sirvió para destronar a los zares de Rusia y reemplazarlos por dictadores mucho peores que estos (Lenin, Stalin, Mao, Fidel, etc.); es decir, de un sistema opresor se pasó a otro mucho más opresor aun. ¿De qué valió la revolución entonces? La realidad es que solo se utilizó al pueblo, a la clase obrera, nunca se quiso establecer un gobierno del pueblo, del proletariado como decían engañosamente. Todo esto fue solo un argumento de campaña para enquistar tiranos en el poder; tiranos que eran igualmente simples títeres de los banqueros.

Como prueba de que la influencia judía terrorista estaba detrás de la revolución rusa, basta con ver que los principales líderes eran judíos adinerados. Así el principal líder bolchevique y primer gobernante soviético, Vladimir Lenin (hermano de Alexander Ulyanov, uno de los asesinos del zar en 1881), era de origen judío, siendo su abuelo un adinerado cirujano judío. Al igual que Leon Trotsky, el segundo líder bolchevique judío en importancia y organizador de la revolución rusa; después comisario de asuntos militares y creador del famoso "Ejército Rojo" (responsable de millones de muertes). Entre otros líderes bolcheviques judíos que conformaron después el gobierno soviético podemos nombrar a los siguientes personajes:

• Lazar Kaganovich, mano derecha de Stalin, responsable de millones de muertes y represiones, entre ellas la hambruna de Holodomor en 1932-33, la de Kazajistan, Kuban, Crimea y Volga. Durante la década de los 30 supervisó la destrucción de numerosos monumentos religiosos católicos como la Catedral de Cristo el Salvador.

• Matvei Berman, oficial de inteligencia soviética, desarrolló el Gulag, que era un campo de concentración para trabajos forzados hasta la muerte.

• Naftaly Frenkel, miembro de la policía secreta soviética y creador del Gulag junto a Matvei.

• Maksim Litvinov, procedente de una rica familia de banqueros, diplomático y ministro de exterior soviético.

• Ilya Ehremburg, escritor, periodista y propagandista soviético, miembro del comité judío antifascista.

También estaban Aaron Saltz, Genrij Yagoda, Lev Kanenev, Grigori Zinoviev, Alexander Parvus, Yacov Sverdlov, Salomon Lozovski, Karl Radek, Yuli Martov, entre otros; todos líderes soviéticos judíos de importancia. En fin, la lista es larga y podría seguir mencionando a cada uno de los líderes bolcheviques judíos, pero sería algo monótono.

Entre 1917 y 1991 se estima que estos comunistas ejecutaron entre 60 y 135 millones de personas a través de fusilamientos, ahorcamientos, hambrunas y trabajos forzados. Es decir, un verdadero holocausto del que nadie habla. Entonces uno se puede preguntar hasta dónde podía llegar el poder comunista judío, ya que tenía el control de la segunda potencia mundial. La influencia era tal que los soviéticos crearon el comité judío antifascista en 1942 para incentivar a la comunidad internacional a incrementar el apoyo político occidental a la Unión Soviética contra la Alemania nazi, que era el enemigo común a vencer de los financistas comunistas y sionistas capitalistas. Se calcula que recaudaron más de $35 millones en EE. UU., Canadá, México e Inglaterra, además de maquinarias y otros productos.

Otros comunistas judíos también entraron a gobernar otros países de Europa: Jacob Bernam, Hilary Minc, Boleslaw Beirut, Roman Zumbrowski, etc., en Polonia; el dictador Bela Kum, Tibor Szamuel, Matyas Rakosi y Erno Gero, en Hungría; la dictadora Ana Pauker, en Rumania, etc.

En mayo de 1918 se desencadenó la Guerra Civil Rusa. Este fue un enfrentamiento entre el llamado "Ejercito Blanco", cuyos miembros eran verdaderos rusos blancos originarios de esta tierra y nacionalistas, y el llamado "Ejército Rojo", cuyos miembros eran los bolcheviques judíos comunistas no originarios de Rusia. Estos últimos ganaron finalmente la guerra con el apoyo de la comunidad banquera internacional, y por ende, el control de Rusia por décadas. Paradójicamente, los comunistas ganaron y surgieron gracias a la ayuda de los capitalistas.

No hay que ser ingenuos, esta fuerza política financiera llamada hoy banca internacional, sigue dividiendo a la gente; ha estado en cada conflicto, en cada país. Son los principales agitadores sociales del mundo, los que polarizan a la población ignorante con su dinero, comprando medios y personas. Son los que organizan los golpes de Estado en favor de sus intereses, los que hoy (año 2016) financian la polarización en Siria, Venezuela y otros países. Son los mismos de siempre que siguen aplicando la misma táctica terrorista del "divide y vencerás". Solo nos queda despertar de la ignorancia, pues esta élite financiera minoritaria no es ninguna entidad diabólica a la que hay que tener miedo, ya que son solo un puñado de gente ambiciosa que ha establecido un orden mundial a su conveniencia desde hace muchos siglos. Por lo tanto, todavía hay una solución.

Otra extraña muerte y el crack del 29

En agosto de 1923 se dio otro hecho trágico y dudoso, la muerte del presidente de los Estados Unidos, Warren G. Harding, debido a una supuesta apoplejía. Y digo supuesta porque nunca se realizó autopsia alguna para determinar y confirmar la verdadera causa de su muerte. Esto dio pie a muchas especulaciones debido a la forma tan repentina en que murió el presidente. Mucha gente y algunos investigadores afirmaban que había sido envenenado. Lo cierto es que nunca se pudo confirmar si en verdad murió de forma natural. Harding afirmaba rotundamente que EE. UU. no debía entrar en la Liga de Naciones (predecesora de la ONU), organización promovida por los banqueros internacionales. También respaldaba la paz entre naciones enemigas de la I Guerra Mundial, y sobre todo afirmaba que se debían liquidar las deudas de guerra; es decir, acabar de una vez con el lastre que significaba esta deuda para las naciones deudoras, pues como ya sabemos hoy en día, las deudas son eternas para las naciones; nunca se terminan o liquidan; por el contrario, solo se pagan más y más intereses. De modo que, estudiando estas razones, y teniendo en cuenta cómo opera la banca cuando alguien no es de su conveniencia, la teoría del asesinato del presidente resulta ser ciertamente válida.

Algunos años después, en 1929, se originó una seria crisis mundial o "Crack del 29", dando inicio a lo que sería "La Gran Depresión". Este pánico financiero fue causado una vez más por los banqueros y especuladores de Wall Street en New York, dando origen a la crisis económica más grande por extensión y duración a nivel mundial. En algunos países sus efectos se prolongaron por más de una década.

La causa principal de la crisis fue una política monetaria ya muy conocida: una excesiva expansión monetaria y por consiguiente del crédito por parte de los banqueros, lo cual generó una sobreproducción y especulación sin precedentes, originando así un "boom" y burbuja en la bolsa de valores de New York. Esta expansión del crédito hizo que muchos países europeos se endeudaran exponencialmente con los banqueros de Wall Street después de la I Guerra. La deuda pública de Francia se multiplicó por 6, la de Gran Bretaña por 11, y la de Alemania por 27; es decir, la deuda tomaba por el cuello a muchas naciones. Y Wall Street se había convertido en el casino más grande del mundo, donde hasta la gente común y corriente era empujada por los especuladores a apostar sus pocos ahorros y a incluso pedir prestado a los bancos para apostarlos en la bolsa.

Una vez pinchada la burbuja, la FED comenzó a hacer todo lo contrario a lo que venía haciendo hasta ese momento, dando comienzo a la ya conocida política monetaria restrictiva; era hora de terminar el ciclo económico expansivo para empezar a contraer el dinero. De esta forma empezó a subir los tipos de interés y a contraer el crédito, haciendo aún más difícil para la gente pagar sus deudas con los bancos, con lo cual empezaba la Gran Depresión. Lo demás es historia ya conocida; desempleo, desahucios, embargos, inflación, deuda impagable, miseria, muerte, en fin, lo que sucede siempre como consecuencia de estas crisis provocadas, pero esta vez a gran escala a nivel mundial.

Los grandes banqueros y monopolios como los Morgan y los Rockefeller, entre otros, comenzaron a comprar después acciones por millones de dólares de diferentes compañías a precios de remate. Se dice que lo hicieron con el ánimo de fomentar la confianza; sin embargo, el verdadero hecho es que consolidaron aún más su poder al hacerse dueños de innumerables empresas y bancos pequeños en quiebra. Desde que se desató la crisis hasta 1931 quebraron más de 2000 bancos y más de 100 mil empresas solo en EE. UU. Cabe preguntarse quiénes se apoderaron de muchos de estos bancos y empresas. Pues quien más sino los acreedores que eran y son siempre los grandes bancos, porque nada se esfuma ni desaparece por arte de magia, solo pasa a otras manos. Siempre ha sido así a lo largo de la historia. Estas crisis solo sirven para consolidar el poder económico y financiero en unas pocas manos; en las manos de una élite que se queda finalmente con lo que tiene valor real, las propiedades.

A pesar que la crisis había hecho pedazos todas las bases y doctrinas económicas conocidas, los economistas siguieron defendiendo el Laissez Faire (libre mercado), el cual dictaba que el tiempo y la naturaleza restaurarían el crecimiento económico si los gobiernos se abstenían de intervenir en el proceso económico. Sin embargo, estos antiguos remedios no funcionaron, y con el presidente Roosevelt a la cabeza, se adoptó una política de gasto público para los años 30. A partir de entonces surge John Maynard Keynes con su "Teoría General" de 1936. En esta teoría, Keynes explicaba el comportamiento económico que constituye la base de la macroeconomía moderna. Keynes denominaba a la demanda agregada como el gasto total de los consumidores, los inversores y las instituciones públicas. Según Keynes, cuando la demanda agregada es insuficiente, las ventas disminuyen y se pierden puestos de trabajo; cuando la demanda agregada es alta, la economía prospera. Este keynesianismo como doctrina económica es actualmente el pensamiento económico que rige en el sistema. De modo que si queremos un mejor sistema y un mundo sostenible, el consumismo y gasto de Keynes resulta totalmente inservible e irracional. Esta teoría de despilfarro en favor del crecimiento económico solo está provocando la destrucción del planeta.

El Wara

En 1926 ocurrió un hecho significativo que pasó desapercibido en la historia. Hans Timm y Helmut Rodiger, seguidores de Silvio Gesell, crearon en Alemania el Wara. Esta era una moneda cargada con una tasa impositiva o de acaparamiento mensual del 1% de su valor. Es decir, este billete requería de un sello de valor mensual que se pegaban en los billetes para que siguieran siendo válidos. Estos sellos costaban el 1% del valor de cada billete. Ese 1% era recaudado por la entidad emisora para financiar los proyectos urbanos. Puesto que nadie quería pagar lo que era realmente una tasa por acaparamiento, la gente gastaba el dinero lo más antes posible antes de la fecha de vencimiento mensual. De esta forma los que se quedaban o acaparaban los billetes finalmente tenían que comprar los nuevos sellos emitidos al 1% para que vuelvan a dar valor a los billetes. Sin duda alguna este fue un sistema ingenioso que no permitía que la gente atesore el dinero ni especule con él, por el contrario, este sistema dinamizó extraordinariamente la economía de los pueblos que lo usaron, entre ellos el pueblo de Schwanenkirchen, Worgl, Kirchbuhl, entre otros. Este sistema no permitía que nadie se hiciese rico acaparando el dinero ni su poder, pues el dinero estaba destinado solo para la circulación (como debe ser).

En 1929, Rodiger y Timm fundaron "La Agencia de Circulación Wara" en Erfurt, Alemania. Desde acá se encargaban de emitir los billetes. Para 1931, más de 1000 negocios de toda Alemania eran miembros de esta agencia. Se abrieron varias estaciones de intercambio de Wara en diferentes ciudades donde el Reichsmark (moneda oficial alemana) podía ser intercambiado por el Wara.

El Wara en Schwanenkirchen

En 1929, el ingeniero de montaña, Max Hebecker, compró una mina de carbón en quiebra. Después de que los bancos regionales le negaran el financiamiento para la reconstrucción de la mina, Hebecker buscó ayuda en la Agencia de Circulación Wara, quienes sí le financiaron con un crédito de 50 mil Reichsmarks. Sin embargo, este crédito consistía mayormente en billetes Wara y solo una pequeña parte en Reichsmarks. La mina pudo entrar en funcionamiento en 1931, primero con 45 y luego con 60 empleados. Dos tercios del salario eran pagados en Waras y un tercio en Reichsmarks. Para conseguir la aceptación del Wara como dinero, Hebecker organizó exposiciones y lecturas acerca del funcionamiento del Wara y abrió una tienda con mercancías y bienes de las compañías que también usaban el Wara como dinero. En consecuencia, la forma de vida en este pueblo mejoró significativamente, tanto así que el mismo Reichsbank (banco central alemán) se interesó por lo que acontecía en el pueblo. Entonces el banco ordenó una investigación, la cual resultó en Hebecker siendo acusado por "emisión inautorizada de notas bancarias". Sin embargo, la corte de Deggendorf se rehusó a procesar el caso diciendo que no pudo encontrar un hecho penado por la ley, ya que el Wara no era una forma de dinero definido por la ley. A pesar de esto, el Ministerio de Finanzas alemán prohibió el uso del Wara en este pueblo el 30 de octubre de 1931. Más tarde sería también prohibido en toda Alemania. Como resultado, la pobreza, el desempleo y la hambruna volvieron a estos pueblos olvidados.

El Wara en Worgl

Lo ocurrido con el Wara en Schwanenkirchen motivó al alcalde Michael Untergguggenberger a también utilizar el mismo sistema del Wara como dinero en el pueblo de Worgl, Austria.

En 1932, en medio de la Gran Depresión que azotaba al mundo, el alcalde introdujo una nueva moneda alternativa conocida como "billete de sellos". Este nuevo billete funcionaba casi exactamente como lo hacía el Wara, permitiendo recaudar al Municipio el 1% por concepto de tasa de acaparamiento a través de la venta de los sellos que hacían válida la moneda.

Worgl tenía una población de alrededor de 4500 personas, de las cuales unas 1500 no tenían empleo y estaban casi en la miseria. En principio la recaudación por acaparamiento permitió financiar un comedor para dar de comer a unas 220 familias. Puesto que esta era una moneda que nadie quería conservar por mucho tiempo debido a que nadie quería ser el último en pagar el 1% de su valor para conseguir un nuevo sello, se generó un gran dinamismo en la economía de Worgl y en sus alrededores. Durante los trece meses que funcionó el sistema, el Municipio pudo llevar a cabo todos sus proyectos pendientes de alumbrado público y distribución de agua a todo el pueblo, etc. Aparte de esto, pudo construir nuevas viviendas, un embalse, un puente, pistas de esquí y replantar bosques. Esto fue replicado a su vez por otros pueblos austriacos.

En julio de 1933 el alcalde organizó una reunión de representantes de 170 ciudades y pueblos para explicar el llamado "milagro de Worgl". Hasta el primer ministro francés Edouard Daladier y el conocido economista Irving Fisher mostraron gran interés. Sin embargo, el Banco Central Austriaco prohibió el uso de esta moneda el 1 de setiembre de 1933. Mucha gente protestó y demandó al banco ante la Corte Suprema de Austria; lamentablemente, el pueblo perdió el caso y se convirtió en delito penal que la gente emitiera su propio dinero. Era lógico que los banqueros se tiraran abajo este modelo monetario, pues vieron que ellos no tendrían ningún papel importante ni control sobre este nuevo dinero, afectando claramente sus intereses. Para 1934, el pueblo volvió a tener un 30% de desempleo, y el malestar social explotó en toda Austria a partir de entonces hasta 1938 cuando Hitler anexionó Austria a Alemania, y los austriacos lo vieron como su gran salvador económico.

Para concluir con este tema, no se puede explicar el desinterés mostrado por las autoridades mundiales hacia un nuevo sistema económico y monetario. O mejor dicho, sí se puede explicar. Simplemente se quiere mantener el actual "Statu Quo", pues se desea mantener el control y poder financiero en manos de la banca privada y sus políticos. A pesar de varios siglos de innumerables crisis financieras que demuestran la deficiencia del sistema monetario actual, no se desea probar nuevas fórmulas. Nos hemos quedado estancados en el mismo sistema monetario de deuda a la banca, que tiene más de seis siglos de antigüedad. Es irracional cómo el mundo sigue operando con un sistema antiguo y obsoleto, que solo ha sufrido transformaciones políticas y nada más a lo largo de estos siglos. Se pasó de un "Laisse Faire" (libre mercado) a un "New deal" (intervencionismo estatal), de un capitalismo a un comunismo y socialismo, del comunismo se regresó al capitalismo, del capitalismo al nacionalismo y fascismo, del nacionalismo se regresó al capitalismo, del intervencionismo estatal de los setenta al libre mercado de los ochenta y noventa. Y llegamos finalmente al nuevo milenio con un mix de todas estas ideologías o sistemas; es decir, una combinación a conveniencia donde los gobiernos (de capital público) y la banca (de capital privado) intervienen de igual forma endeudando a los pueblos en favor de una elite. Por lo tanto, hemos pasado por cambios puramente políticos, no monetarios, pues el sistema monetario fue siempre con cualquiera de estos modelos económicos un sistema a base de deuda; nada cambió en ese aspecto a lo largo de más de seis siglos. Por ende, es realmente necesario que haya un cambio en el sistema monetario desde su base, no más cambios en la "política monetaria" que de eso ya hemos tenido bastante y han demostrado ser un engaño y fracaso. Los cambios políticos no sirven de nada pues solo buscan perpetuar algo ya establecido a través del engaño.

El New Deal y la suspensión de patrón oro

EN 1933 SE DIO UN NUEVO CAMBIO en la política monetaria y económica del mundo. Con la elección de Franklin D. Roosevelt como presidente de EE. UU., se inició una serie de intervenciones estatales en el ámbito económico de la nación y del mundo. En consecuencia, el Estado tendría la aprobación para actuar como empresa e impulsar los diferentes proyectos de construcción financiado con deuda pública y privada. Es decir, se dejaba de lado el libre mercado (Laisse Faire) que hasta ese momento existía con la mínima intervención del Estado en el proceso económico, para pasar a una política intervencionista estatal. Para entender mejor este cambio, debemos retroceder unos siglos, a la época del mercantilismo.

Durante los siglos XVI, XVII y la primera mitad del siglo XVIII, se dio una fuerte intervención del Estado en la economía de las potencias reinantes, a través claro de las monarquías de turno. A esta política económica se le llamó "Mercantilismo", donde el Estado actuaba como empresa en los diferentes proyectos. Para la segunda mitad del siglo XVIII surgió entonces una nueva política económica: el "Laisse Faire" (dejar hacer), originaria de Francia y que se extendió por toda Europa y el mundo. También conocida como el "Libre Mercado". Esta política fue popularizada por el famoso economista y llamado padre de la economía Adam Smith, quien se mostraba en contra del intervencionismo estatal en la economía. Justamente era la no injerencia de los Estados en los asuntos económicos, la base de esta nueva política. Pues, según Smith, había una "mano invisible" (frase acuñada por Smith) que guiaba y corregía cualquier defecto en la economía capitalista. Ciertamente

Smith no sabía quién era esa mano invisible, y por eso la llamó así. Ahora sabemos que esos que meten la mano siempre son los financistas. Y no es que sigan siendo invisibles también ahora sino que somos nosotros los ciegos que no queremos ver. Este libre mercado se extendió por muchas naciones en todo el mundo por más de siglo y medio hasta 1933, cuando el New Deal dio inicio formalmente y de nuevo a una política intervencionista por parte de los Estados, ya que muchas otras naciones replicaron lo que los EE. UU. hizo. Así es como cobraron fuerza los diferentes grupos nacionalistas, socialistas y comunistas primero en Europa y luego a nivel mundial, siendo los primeros casos en Rusia, Italia y Alemania. Después de la I Guerra Mundial las empresas y Estados habían adquirido grandes deudas que se volvían impagables; debido a esto, se comenzó a nacionalizar las empresas (minas, eléctricas, transportes, puertos, ferrocarriles, etc.) para de esta forma garantizar el pago de la deuda a los banqueros. Lo mismo ocurriría después de la II Guerra Mundial con países como Francia, Inglaterra, España, etc., quienes multiplicaron su deuda por diez y hasta por treinta veces. Ante el terrible incremento de la deuda, las empresas comenzaron a entrar en crisis y estuvieron al borde de la quiebra. Fue entonces cuando estos gobiernos empezaron a nacionalizar las empresas para poder garantizar el pago de la deuda a los banqueros. De modo que la nacionalización solo fue un cambio político para socializar la deuda de unos cuantos privados que sería finalmente pagada por toda una nación. De esta manera Inglaterra se volvió socialista después de la I Guerra, nacionalizando sus industrias. No sería sino hasta 1979, cuando Margaret Tatcher llegó al poder y privatizó nuevamente las empresas, dando comienzo a un nuevo cambio en la política monetaria, volviendo al libre mercado (sistema a base de deuda igualmente), esta vez con el fenómeno de las "privatizaciones". Hoy en día ya casi no se escucha hablar de nacionalizaciones, aunque algunos políticos todavía la quieren revivir en algunos pequeños países. Hoy el termino de moda, engañosamente cambiado, es el "rescate" o rescate económico, que es esencialmente lo mismo que la nacionalización, y que sirve para el mismo objetivo: pagar la deuda que se ha hecho impagable; o mejor dicho, deuda de las empresas, industrias y bancos privados al borde de la quiebra; deuda que se socializa o nacionaliza, da lo mismo, a modo de rescate en tiempos modernos.

En resumen, la nueva política económica generada a partir de los años 30, permitió a los gobiernos del mundo a actuar como empresas (intervencionismo estatal), lo cual a su vez dio origen al fenómeno de las nacionalizaciones que duraron hasta la década del 80. A partir de esta década, se reanuda el Libre Mercado, dejando atrás las nacionalizaciones para dar paso a las privatizaciones. Finalmente hemos entrado a un nuevo milenio con una combinación de ambas políticas. La crisis del 2008 provocó que los Estados de todo el mundo intervengan para socializar las pérdidas, rescatar empresas y bancos privados, y que el pueblo sea al final quien pague todas las deudas con su trabajo. Es decir, se vuelven a las mismas políticas con siglos de antigüedad solo para parchar los defectos que estas producen con el tiempo, pero nunca se ha querido cambiar el sistema monetario en sí, solo se han remendado con las ya conocidas políticas una y otra vez.

Hasta principios de los años 30, la mayoría de países seguían el "Patrón Oro", por el cual el dinero emitido tenía que estar respaldado por una cantidad determinada de oro (alrededor del 8 o 10%). Por lo tanto, este dinero era intercambiable por una cierta cantidad de oro. En varios países se adoptó también un "Patrón Intercambio Oro", por el cual el dinero emitido en estos países, como por ejemplo la India británica, no tenían que tener un respaldo en oro pero sí en libras esterlinas o en dólares. No obstante, las libras y dólares sí debían tener respaldo en reservas de oro. Mientras más oro había en las reservas de los bancos centrales, más dinero se podía imprimir.

En 1931, el gobierno británico abandonó el patrón oro debido a ataques especulativos a la libra esterlina y a numerosas corridas bancarias en toda Europa. De igual forma, Japón abandonó el patrón el mismo año y EE. UU. en 1933. Con la orden ejecutiva 6102 de 1933 se prohibió a los ciudadanos americanos tener o comerciar con oro, bajo pena de diez años de cárcel y una multa de $10.000 si incumplían la ley. De esta manera se forzó a la gente a intercambiar su oro por los billetes de los banqueros, en este caso de la Reserva Federal (banco central de EE. UU.).

En 1934 se nacionalizó todo el oro de EE. UU., recaudándolo en la fortaleza de Fort Knox. Ese mismo año se prohibió a la gente tener plata y comerciar con ella, forzándolos a intercambiarlos por dinero de la banca. ¿Cuál fue la principal razón para que se abandone o suspenda el patrón oro en EE. UU. y en la mayoría de países del mundo? La respuesta más obvia es que al no haber el suficiente oro que respalde la impresión de más dinero para financiar los nuevos programas de intervención estatal como el New Deal y otros similares en Europa, se optó por la suspensión del patrón oro. Acuérdense que en esta época es cuando cobra fuerza el nacionalismo como preludio a la II Guerra Mundial.

Al imprimirse más dinero, en consecuencia, la deuda también creció; es así que las deudas de los países crecieron a niveles récord, lógicamente para beneficio de los financistas. Algo muy similar pasa hoy en día en todo el mundo cuando un gobierno busca financiar sus proyectos públicos, y solo tiene que emitir más bonos de deuda. Esto incrementa la deuda preexistente de forma que siempre se tiene que elevar el techo de la deuda cada cierto tiempo. Fue así como la deuda de EE. UU. que a principios de los años 30 era del 20% del PBI, pasó a duplicarse al 40% a finales de esta década, y a sextuplicarse al 120% (cifra récord) para el final de la guerra en 1945. Igualmente la deuda pública de Japón se multiplicó por más de 16, la francesa por 6, etc. Todas las deudas aumentaron a cifras récord. Sin duda, la guerra era y sigue siendo el mejor mecanismo para crear deuda y más dependencia de los banqueros. La deuda es un parásito que se alimenta de la productividad de los pueblos. Aun así, hay pseudos-especialistas que proclaman que la deuda es necesaria para lograr el progreso y bienestar de los pueblos, y le dan el nombre de "nivel sostenible de deuda". Sin duda una frase absurda para esconder la verdadera realidad; una que nos indica que con este sistema monetario controlado por la banca privada, todas las deudas son insostenibles pues siempre se necesitará más deuda para pagar la anterior.

El ascenso de Hitler y el milagro económico alemán

La historia de Adolf Hitler y el nazismo es ampliamente conocida. Que fue un tirano que quería conquistar el mundo a través de una sola raza superior, que asesinó millones de judíos, ancianos, discapacitados, homosexuales; en fin, que era el demonio en persona. Al menos eso es lo que aprendimos en el colegio y con lo que somos bombardeados constantemente por los medios de comunicación. Y aunque muchas de estas afirmaciones son exageradas y falsas, no discuto que el nazismo y Hitler provocaron millones de muertes, como igualmente las causaron Joseph Stalin, Winston Churchill, Mussolini, Hirohito y F. Roosevelt, entre otros. Todos estos personajes provocaron los millones de muertes a judíos, cristianos, alemanes, franceses, americanos, ingleses, rusos, etc., por su incapacidad de diálogo, pero principalmente porque fueron presionados y maniatados por los financistas con el objetivo de llegar a un conflicto y sacar beneficio de ello. Con esto no quiero decir que Hitler era un ejemplo a seguir como persona, pues finalmente fue un dictador que se creyó casi el nuevo mesías y sin duda cometió muchos errores. Claro está que siempre se considera al ganador como héroe y salvador; esto siempre ha sido así en cualquier conflicto, pues es lo que más conviene y vende en los libros de historia. Así fue con las conquistas de los romanos, persas y egipcios; siendo considerados y venerados como los salvadores, para difamar a los derrotados como pueblos bárbaros, demoniacos, e inmorales. Lo mismo ocurrió con el Nazismo, y actualmente con los pueblos musulmanes como Irak y Afganistán, etc., a quienes se les califica de agresivos, bárbaros y locos terroristas. Hay que recordar que en la actualidad los medios informativos están intervenidos y coaccionados por la banca internacional, en gran porcentaje judía, que ha escrito la historia a su favor. La llegada al poder de Hitler en 1933 estuvo principalmente financiada por los industriales alemanes que no querían que el comunismo judío tomara el poder en Alemania. Paradójicamente, algunos banqueros judíos también financiaron a Hitler en un principio, como fue el caso de los Warburg y los Harriman, aunque, claro, buscando solo el beneficio económico. Recién cuando Hitler se autofinanció y desterró a la banca judía de entre sus benefactores, los banqueros internacionales se unieron para luchar contra la "Amenaza nazi".

Este comunismo judío que se originó en Rusia con la revolución bolchevique, se extendía por toda Europa, llegando al Parlamento (Congreso) alemán como un partido político importante en la época. Cuando Hitler asumió el poder en 1933, denunció el poder financiero judío de la banca internacional que corrompía a la sociedad. Alegaba que Wall Street era un mercado de corrupción y maldad que había tomado control sobre los Estados Unidos. Ahora, después de décadas, sabemos que razón no le faltaba para denunciar esto.

La historia oficial nos ha vendido una falsa percepción de Hitler como un racista que odiaba a los judíos por razones absurdas como el color de su piel, su mal olor, su religión, su raza, en fin, por ser inferiores a todas las razas. Sin embargo, el desprecio de Hitler a los judíos no se debía para nada a estas causas. Eran las actividades o prácticas meramente corruptas, usureras y explotadoras, las que propiciaron su desprecio. Si uno revisa todos los discursos de Hitler, jamás encontrará un calificativo racista en torno al color de piel ni ojos ni religión acerca de los judíos. Por el contrario, sus calificativos son todos de ámbito financiero, ya que denunciaba a esta gente por conspirar siempre en favor de una élite financiera judía. Esto se manifiesta claramente en varios de sus discursos:

"El judío puede tomar el crédito por haber corrompido al mundo greco-romano. Anteriormente, las palabras eran utilizadas para expresar pensamientos; él utilizaba las palabras para inventar el arte de disfrazar pensamientos. (...) Se dice que el judío es un favorecido. Su único favoritismo (privilegio) es la de hacer juegos y malabares con la propiedad de otras personas y estafar a todos y cada uno. Supongamos que me encuentro por casualidad un cuadro que yo creo es un Tiziano. Le digo al dueño lo que pienso del cuadro y le ofrezco un precio. En un caso similar, el judío comienza declarando que el cuadro no tiene valor, lo compra por una canción y lo vende a un beneficio del 5000%. El persuadir a la gente que una cosa que tiene valor, no lo tiene, y viceversa no es un signo de inteligencia. Ellos ni siquiera pueden salir de las crisis económicas más pequeñas", dijo Adolf Hitler.

Al asumir el gobierno, Hitler encontró una Alemania totalmente quebrada y en la miseria. La hiperinflación, el desempleo, y sobre todo las reparaciones de guerra impuestas por el Tratado de Versalles (a raíz de la derrota en la I Guerra Mundial), mantenían en la ruina al pueblo alemán. El pueblo hacía largas colas para comprar el pan con bolsas llenas de dinero que no valían nada. La pobreza y el hambre llegaron a niveles extremos. Además, en ese momento el mundo estaba sumido en una grave crisis económica y financiera global producto de la Gran Depresión. Fue entonces que Hitler decidió, como primer paso, no pagar más la deuda externa proveniente de las reparaciones de guerra impuestas por el Tratado de Versalles (deuda con la banca internacional mayormente); es decir, se liberaba al pueblo alemán de un gran lastre que lo mantenía en la pobreza.

Este "milagro económico alemán" del cual no habla ningún medio, no fue ningún milagro, sino un simple cambio real en el sistema monetario de la nación. Se inició con una política de obras públicas como la construcción de viviendas, autopistas, puertos, puentes, etc., y el desarrollo de las industrias; algo muy similar a lo que hizo el presidente Roosevelt en EE. UU. con el programa New Deal. Sin embargo, la gran diferencia estaba en que el New Deal americano se financiaba con grandes cantidades de deuda provenientes de la banca internacional, mientras que el programa de Hitler se financiaba con el propio dinero alemán y no generaba ninguna deuda con los banqueros internacionales. Esto se logró cuando Hitler aprobó la emisión de varios millones de "Bonos Mefo" con un capital de un millón de Reichsmarks.

Este nuevo dinero circulaba paralelamente a la moneda oficial (Reichsmarks), con los cuales el Estado pagaba a las empresas alemanas por su financiamiento. Este dinero también sirvió secretamente para impulsar el rearme militar alemán, ya que estaban prohibidos de hacerlo por el Tratado de Versalles. Este nuevo sistema monetario se mantuvo escondido pues el único financiamiento "legal" era a través de la banca internacional, y todos los gobiernos así lo debían hacer, pero Alemania fue la excepción. De igual modo, el gobierno de Hitler emitió Certificados del Tesoro para pagar a las personas por su trabajo y por los bienes producidos. Es decir, el gobierno no imprimió dinero porque sí, ya que cada Mefo y Certificado del Tesoro estaba respaldado por la mano de obra y por los bienes producidos por el pueblo. De esta forma se logró vencer a la hiperinflación que azotaba al país. Hitler dijo: "Por cada mark emitido, se requiere el equivalente de un mark de trabajo realizado o de bienes producidos". Además, el gobierno daba créditos a las parejas recién casadas equivalente a sueldos de varios años. En pocas palabras, el Estado alemán había desplazado a los bancos privados y se había convertido en el principal y casi único emisor de dinero y crédito. Con estos mecanismos se logró la independencia del pueblo alemán de los financistas extranjeros y su dinero. El pueblo y sus empresas se convirtieron en los nuevos financistas de la sociedad alemana.

A raíz de todos estos hechos, la mayoría de países y potencias mundiales impusieron un bloqueo comercial contra Alemania y sus productos. Sin embargo, lograron reestablecer el comercio mediante el intercambio de equipos y materias primas directamente con otros países; es decir, casi como un sistema de trueque ancestral que eliminaba cualquier déficit y deuda nacional. Esto, sin duda, sacaba del escenario a los banqueros internacionales y a su moneda (el dólar y la libra) como únicos medios de cambio y control.

Solo de esta manera, Hitler pudo sacar a Alemania de ser el país más pobre de Europa, para volverla la potencia más grande y poderosa de toda Europa y seguramente del mundo en solo 4 o 5 años; algo inimaginable ni nunca antes visto en la historia de la humanidad. Pues se necesitó que capitalistas y comunistas (EE. UU., Francia, Inglaterra, Rusia, y la gran mayoría de países del mundo) se unieran para derrotarla. Mientras la gran depresión (crisis económica) azotaba a todos los países del mundo, en Alemania ocurría todo lo contrario, pues su economía crecía increíblemente.

De modo que fue la libertad económica lograda por Hitler lo que lo hizo tan popular entre su pueblo, ya que se logró el pleno empleo bien pagado y se acabó con la pobreza. Y es que el pueblo en verdad adoraba a Hitler por haberlos sacado de la pobreza y convertir a Alemania en potencia en tiempo récord sin endeudarse con la banca internacional. Para 1938, antes de empezar la Guerra, Alemania ya era una potencia mundial; de modo que, aquellos que argumentan que Alemania se volvió una potencia a costa de la guerra y las invasiones a los demás países para apoderarse de su oro y riquezas, no hacen más que faltar a la verdad. Y sin embargo, esto es lo que enseñan los libros de historia y los medios; medios coaccionados por el poder bancario. Otra prueba que desbarata el engaño es que el oro y cualquier otro metal precioso ya no tenía ninguna relevancia para financiar la impresión de billetes, pues en esta década ya se había abandonado o al menos pospuesto el patrón oro en el mundo, con lo cual no solo Alemania sino ningún país se veía forzado a tener reservas de oro para imprimir billetes.

Más aun, es un hecho que durante cualquier guerra, el oro, la plata, o cualquier otro metal precioso, carecen de valor como reservas pues no se necesitan recursos para tenerlos guardados sino para impulsar la producción. Es así que todos los países en guerra imprimían dinero sin importar cuánta reserva en oro tuvieran. La clara diferencia, como ya dije, estaba en que el mundo imprimía dinero con deuda de los banqueros, Alemania en cambio no. Su única deuda era con el pueblo alemán, a quienes el gobierno les pagaba con bonos. La inmensa deuda que después le cargan a Alemania al culminar la guerra en 1945 provenía de las reparaciones de la primera guerra impuesta por el Tratado de Versalles. Una deuda ciertamente aberrante, pues ¿cómo se puede a un país caído exigir reparaciones de guerra? Si ya suficiente tuvo con haber perdido millones de vidas. Por lo que es despreciable que se haga leña de los derrotados al imponerles una deuda a sus hijos y nietos esclavizándolos por décadas para pagarles a los financistas banqueros. Es lo más bajo a lo que puede llegar la humanidad.Cuando Hitler dejó de pagar la deuda al asumir el poder, esta se incrementó debido a los intereses usureros. Además, le impusieron al pueblo alemán otra vez una nueva deuda por reparaciones de la Segunda Guerra, con lo cual, en efecto, la deuda alemana era inmensa al finalizar el conflicto. Ya durante la guerra, como es lógico en cualquiera de estas, muchos financistas internacionales judíos y no judíos comenzaron a aprovecharse de la venta de armas y materiales de guerra. Este fue el caso con Prescot Bush, padre y abuelo de los dos expresidentes de EE. UU., quien era director y vicepresidente de la Union Banking Corporation, empresa americana que obtendría grandes ganancias al hacer negocios con empresas industriales alemanas de material bélico como IG Farben y el Trust Alemán del Acero.

Es increíble cómo los libros de historia y la educación en general solo hablan del milagro económico alemán ocurrido después de la segunda guerra, jamás hablan y ni siquiera se refieren así al periodo antes de la guerra entre 1933-1939, que ciertamente fue el verdadero milagro económico alemán.

Otro hecho significativo y que mucha gente desconoce hoy en día, es que el automóvil "Volkswagen" (auto del pueblo), también llamado "escarabajo", fue ideado y fabricado gracias a Hitler. Cuando Hitler llegó al gobierno en 1933, puso en marcha un plan de fomento de la industria del automóvil. Su objetivo era crear fábricas y hacerlas más competitivas que las inglesas y francesas. Es así que se realiza un concurso de empresarios para la concesión de la fabricación del auto del pueblo (volks wagen). Ferdinand Porsche, quien fue escogido para realizar el proyecto, fue también el encargado de realizar los planos y el diseño del automóvil. Sin embargo, fue el propio Hitler quien finalmente lo pulió modernizando los faros y añadiendo la varilla lateral. Hitler facilitó a Porsche toda la infraestructura necesaria para la construcción de la fábrica Volkswagen. Para 1938 ya se habían producido los primeros autos, los cuales tenían un muy bajo precio de venta, haciéndolos accesibles a todo alemán que lo quisiera. Con un crédito otorgado por el propio gobierno (no los banqueros) de cinco marcos semanalmente, se estimuló a que los ahorradores puedan obtener el auto. Así se llegaron a juntar algo de 286 millones de marcos, los cuales servirían para producir los escarabajos en masa; sin embargo, ninguna de estas personas recibió su auto pues Alemania entró en guerra en 1939, y en consecuencia, se utilizó la fábrica para la producción militar que era prioridad en esas circunstancias. Al finalizar la guerra en 1945, los soviéticos requisaron el dinero del fondo para la producción de los autos en concepto de reparaciones de guerra. Hitler nunca llegaría a ver su gran obra utilizada por el pueblo y Porsche fue encarcelado. Posteriormente los ingleses se apoderaron de la fábrica y comenzaron la producción en serie del escarabajo, aunque no al precio accesible para todo el pueblo sino sacando jugosos beneficios.

Esta obra de Hitler, a pesar de todo el lucro obtenido por los financistas ingleses, igualmente contribuyó a la economía de millones de personas no solo en Alemania sino en el mundo, pues el escarabajo se vendió alcanzando récords históricos en todo el planeta. Gracias a su diseño, rendimiento, bajo costo en mantenimiento y por sobre todo su durabilidad como auto (con 40, 50, 60 y más años de antigüedad circulando por las calles), es que el Volkswagen escarabajo fue considerado abrumadoramente a finales del siglo pasado como "El automóvil del siglo". Lamentablemente se dejaron de producir hace décadas, pues un auto tan económico y durable no era conveniente para las industrias que monopolizan la producción de autos. Ahora los autos son verdaderas chatarras que se averían, volviendo a tener que repararlas constantemente en tan solo meses, para de esta forma solo favorecer a estos mismos monopolios comprando siempre sus repuestos. Este real robo al pueblo es algo llamado "obsolescencia programada", la cual pasaré a explicar más adelante.

¿Por qué entonces los gobiernos no utilizan este método practicado por Hitler para crear no solo autos para el pueblo sino varios productos? Muy sencillo. Los carteles financieros tienen comprados a los políticos para dejar que solo ellos produzcan ganando jugosos beneficios. Es muy sencillo en nuestros tiempos crear un auto que sea durable y favorezca verdaderamente al pueblo, un auto que no use petróleo contaminante de los mismos monopolios que controlan el sistema. Ya existen autos que funcionan con energía eléctrica, solar, magnética, etc, muy barata, pero que ningún gobierno se atreve a financiar y potenciar su uso.

La banca es de las accionistas principales en las empresas multinacionales de fabricación de automóviles. Es dueña de General Motors, Toyota, Nissan, Ford, Mitsubishi, Hyundai, Kia, Honda, Daimler, BMW, y de la misma Volkswagen que era originalmente del gobierno alemán. Cualquiera podría decir que estoy exagerando, pero no; debido a que todas estas empresas y muchas otras más cotizan en las bolsas de valores, fue muy fácil para los banqueros apoderarse de todas ellas mediante la compra de acciones.

Se dice que Hitler fue inspirado por Henry Ford, fundador de la Ford Motor Company de hoy en día, pues Ford ya había creado un auto para el pueblo americano, el famoso "Ford T", que batió récords de venta en EE. UU. por ser un auto de bajo precio y accesible para el pueblo. Hasta ese entonces el automóvil era caro y destinado solo a las clases altas. Sin embargo, Ford cambió esto radicalmente con su nuevo auto. Además, fue muy criticado por los banqueros de Wall Street por ser el pionero en la implantación laboral de ocho horas diarias por cinco días a la semana (antes era más de nueve por seis días); así también por establecer un salario mínimo. En 1914 Ford sorprendió al comenzar a pagar $5 a sus empleados, lo cual era más del doble de lo que se pagaba por la misma labor en esa época. En 1915 viajó a Europa, que estaba en guerra, con otros líderes defensores de la paz para buscar terminar con la guerra. Buscó apoyo del mismo presidente Wilson y del gobierno, pero fue ridiculizado y objeto de muchas burlas. Ford ya denunciaba en esa época que el hundimiento del Lusitania fue deliberadamente planeado por los banqueros que financiaban la guerra para provocar que EE. UU. entre a la misma.

En 1918, Ford compró el periódico semanal "The Dearborn Independent" para poder publicar sus opiniones. En los años veinte el periódico público: "El judío internacional, el mayor problema mundial", haciendo alusión clara a los banqueros judíos detrás de la Primera Guerra Mundial. Esto enfureció a los banqueros aludidos, quienes empezaron una campaña de difamación contra Ford acusándolo de racista y antisemita. Ciertamente una acusación falsa pues Ford no despreciaba la raza ni religión de ningún pueblo, sino a los políticos y banqueros conspiradores detrás del poder. Más tarde, en 1940, Ford dijo en el periódico británico "The Guardian", que los banqueros judíos eran los responsables de la Segunda Guerra Mundial, pues ellos estaban detrás de todo el financiamiento. No cabe duda que eran declaraciones confiables de un magnate que se codeaba con las élites de la sociedad y sabía de qué hablaba. Además, no hay que ser un sabio ni un Henry Ford para darse cuenta que los más beneficiados en una guerra son siempre los banqueros.

En su libro *Mein Kampf* (mi lucha), Hitler denunciaba también a los banqueros judíos: "Son los judíos quienes controlan la bolsa de valores en los Estados Unidos. Cada año se vuelven más maestros en controlar a los productores de una nación de 120 millones. Pero para furia de ellos, solo un hombre, Ford, todavía mantiene la total independencia".

Queda claro que mucho antes que Hitler, el estadounidense Henry Ford ya denunciaba a los banqueros judíos sionistas de controlar a las potencias del mundo y conspirar a su favor. De modo que Hitler fue un rebelde más, por así decirlo, que se negó a ser un títere de los financistas internacionales. Por lo tanto, el argumento que enseñan los medios que Hitler odiaba la raza judía solo porque sí y quería desaparecerla de la faz de la tierra es simplemente falso, ya que, si Hitler hubiera querido en realidad exterminar esta raza, lo hubiera hecho fácilmente en el acto a punta de una daga sin mayor gasto; sin gastar ni una sola bala, ni alimentos, ni campos de concentración, traslados, etc. Este supuesto exterminio judío es atribuido a Hitler debido a sus discursos donde en plena guerra manifestaba su destrucción, pero no solo de este pueblo, sino también la destrucción de los ingleses, norteamericanos y demás adversarios. Hay que recordar que era época de guerra y los ingleses y norteamericanos también manifestaban en sus discursos la destrucción de los diabólicos alemanes arios y japoneses usando diferentes calificativos despectivos y racistas, es decir, ambos bandos manifestaban su odio hacia el otro. En resumen, era la guerra y al parecer todo era válido; Alemania tenía millones de prisioneros de guerra, por lo cual no necesitaba una minoría de judíos para los trabajos forzados. Por ende, se desbarata totalmente la idea que Hitler era un inhumano que quería desaparecer esta raza. Hay que entender que en los campos de concentración se tenía que cuidar, alimentar, y asear a todos los prisioneros: judíos, católicos, europeos, en fin, de todas las razas y nacionalidades; así también se les asignaban trabajos forzados. Era la guerra y esto era prerrogativa de todas las naciones. Rusia, Francia, Japón y EE. UU. tuvieron campos de concentración durante y después de la guerra. Miles de alemanes y japoneses murieron en estos campos por trabajos forzados, hambrunas y otras barbaridades propias de la guerra. Después se les puso campos de exterminio a los campos nazis para de alguna forma culpar solo a los alemanes de todos los males causados por la guerra. Lo cierto es que todos los campos, no solo los alemanes, eran de exterminio. Finalmente cuando acabó la guerra, se encontraron muchos prisioneros desnutridos y muertos en los campos alemanes. Esto era lógico pues para el final de la guerra con una Alemania rodeada por los Aliados, ya no había las suficientes provisiones para el pueblo alemán y mucho menos para los prisioneros. Otro hecho que desbarata la teoría que Hitler quería eliminar a todos los judíos es que antes y después de empezada la guerra, Alemania dejaba salir libremente a los judíos a otros países, y hasta los embarcaba en barcos a países como Estados Unidos entre otros, pero muchos de estos países no querían recibir a los refugiados judíos y hasta los devolvían a Alemania. Entonces queda claro que la imagen de Hitler y los nazis que nos ha vendido la televisión como personajes demoniacos y malvados que querían el exterminio de los judíos es totalmente falsa.

  Además, no hay ningún documento o prueba que indique que Hitler tenía planes de exterminar a los judíos y provocar el supuesto holocausto o también llamada solución final. Esta expresión fue creada por Adolf Eichmann, un teniente coronel de las SS nazis, quien fue el principal responsable de los asesinatos de judíos y que "coincidentemente" estaba emparentado de alguna forma con los judíos pues su apellido era judío, hablaba el yiddish y había vivido con judíos en su niñez; además él mismo manifestó esto en su juicio. Sin contar que "milagrosamente" llegó a escapar de las manos del ejército americano para vivir con comodidad en Argentina hasta 1960, trabajando "coincidentemente" para la empresa Mercedes Benz (propiedad de la banca internacional). Solo después de descubrirse que Eichmann estaba en Argentina, Israel procedió a "capturarlo" en una operación secreta y llevarlo a juicio encontrándolo culpable. Su sentencia fue morir en la horca para luego ser incinerado y sus cenizas ser arrojadas al mar. Es decir, con este acto desaparecerían las pruebas de si en verdad Eichmann fue ejecutado o si sigue aún con vida (al igual que sucedió con Bin Laden). Pues mucha gente argumenta que este personaje era un infiltrado que servía al poder financiero judío, cumpliendo la misión importante de crear todo esto del holocausto para que al final el mundo se horrorice y esto sirva de pretexto para crear el estado de Israel. Y "coincidentemente" así fue como sucedió. Recuerden que en el mundo de las finanzas no hay coincidencias, todo está cuidadosamente hilado por la élite financiera que controla el dinero del mundo. No hay que ser ciegos, los hilos de la historia han sido y están siendo manipulados en la actualidad.

Hitler tuvo alianzas y pactos comerciales con diferentes razas y culturas como la italiana, la española, la japonesa, y en un principio con el propio gobierno soviético liderado por comunistas judíos, manteniendo un pacto de no agresión, lo que nos lleva a reflexionar que la Alemania nazi no era el demonio racista que nos hacen creer los libros y la televisión. Hitler despreciaba la raza financiera de Wall Street que controlaba y sigue controlando el mundo con su dinero, y coincidentemente o no, como quieran verlo, esos banqueros son en gran porcentaje judíos sionistas; no una raza, no un credo, sino un partido político de especuladores. Esa es la realidad y un hecho y hay que aceptarla primero para poder encontrar una solución al problema financiero. Finalmente, podemos concluir que a Hitler no le agradaban los judíos, pero tampoco quería exterminarlos (como a mucha gente no le agradan los comunistas o capitalistas o árabes o latinos o chinos o negros, pero eso no quiere decir que quieran exterminarlos). No queda claro cuál era el verdadero propósito y pensamiento de Hitler pues la historia está muy manoseada y parcializada, pero sin importar si Hitler fuera un racista o no, un inhumano o no, algo sí queda muy claro: lo que él denunciaba sobre una élite financiera judía que controlaba Wall Street y al mundo con el poder del dinero sí era cierto y lo sigue siendo en la actualidad, pues esta banca internacional es dueña de casi todo y mantiene al mundo entero esclavizado con una deuda eterna debido a las finanzas o usura producto de controlar el dinero y el crédito. Ahora, hagámonos una pregunta: ¿realmente nos importa si esta élite es judía o católica o americana o árabe o lo que sea? La verdad que no. Lo que en realidad importa es que no se puede permitir que ninguna élite de interés privado controle el dinero del mundo. Entonces queda una última pregunta: ¿podrá algún gobernante o nación librarse algún día del poder financiero? Lo hizo Hitler y pagó caro el precio con su derrota al querer librarse del dinero de los banqueros internacionales, y al subestimar su poder, cegado por su propio éxito de haber conseguido una Alemania rica en tan poco tiempo. Sin duda Hitler se volvió soberbio. Seguro se creyó un predestinado y favorecido por Dios después de haber sobrevivido a varios intentos fallidos de asesinato; y esta soberbia fue la principal causa de su derrota, pues creyó que podía conseguir sus objetivos a la fuerza, confiado en el poderío militar que había forjado. Quizás el poder lo embriagó y se creyó el salvador o nuevo Mesías que libraría al mundo de la tiranía financiera. Lamentablemente, cuando entró en guerra contra Polonia, su destino ya estaba sellado, pues todos los carteles bancarios se unirían en su contra. Si Hitler hubiera sido más sabio y cauto, hubiera evitado la guerra a toda costa y difundido su sistema económico y monetario a las demás naciones.

Queda claro que la banca en la actualidad es infinitamente más poderosa que en aquellos días, y que será muy difícil que una nación vuelva a controlar su propio dinero libre de deuda. No obstante, eso no significa que debamos dejar de intentarlo, pero sin caer en la soberbia, ni conflicto, ni guerra, sino con inteligencia; de lo contrario, solo estaremos expuestos a la destrucción.

"Debo cumplir con mi misión histórica y la cumpliré porque la Divina Providencia me ha elegido para ello... Los hombres no tenemos que discutir porqué la Providencia ha creado las razas, sino limitarnos a reconocer que castiga a quien desprecia su obra".

Adolf Hitler

"Hitler emergerá desde el odio que ahora le tienen como una de las más significativas figuras que jamás haya vivido... Hay un misterio en el modo en que vivió y en la manera de su muerte, que vivirá y crecerá después de él. Él tenía aquello de lo que las leyendas están hechas".

J.F.K.

Acuerdos de Bretton Woods

En 1944, con la participación de 44 naciones, se firmaron los Acuerdos de Bretton Woods, por los cuales se decidió crear el Banco Mundial (BM) y el Fondo Monetario Internacional (FMI), además de elegir al dólar como moneda internacional de intercambio. Se decide volver al patrón oro pero en una nueva modalidad denominada "Gold Exchange Standard" (patrón cambio oro, o patrón oro-divisa). Mediante este nuevo sistema, las monedas o divisas de estos países, no tenían más la obligación de tener reservas en oro, mas si en dólares, que era la moneda internacional por consenso. El único país que sí estaba obligado a tener reservas en oro era EE. UU. De esta forma cualquier país podía intercambiar sus dólares por el oro americano. El artífice de estos acuerdos con la vuelta al patrón oro y la creación de los dos bancos, FMI y BM, fue Harry Dexter White, un economista judío nacido en Boston (EE. UU). Dexter fue un alto funcionario del Departamento del Tesoro Americano, e impuso sus ideas para la creación de estas nuevas instituciones sobre las del reconocido John Maynard Keynes. Posteriormente fue nombrado director del FMI en 1946 por el presidente Thruman. También fue un espía activo del régimen soviético, siendo descubierto por el FBI.

No fue para nada coincidencia que este personaje ligado a la banca judía haya podido imponerse para crear los más grandes bancos mundiales (FMI y BM), pues ya se sabe que esta organización política tiene gran poder. Fue así como centralizaron aún más su influencia al crear estas instituciones, que no son mas que bancos que prestan dinero a los países pobres tercermundistas y a países en crisis para beneficiarse con los intereses y la deuda; exigiendo además políticas de recorte de gastos a los sectores más pobres, como salarios, pensiones, seguro social, sanidad, etc. Algo que ya hicieron con los países latinoamericanos en los años ochenta y que están haciendo ahora con los países europeos en crisis. No fue coincidencia tampoco que Eugene Meyer, otro banquero judío ligado al cártel financiero internacional, fuera nombrado como el primer presidente del Banco Mundial en 1945. Este personaje ya había sido presidente de la Reserva Federal (FED) de EE. UU. en 1930. Finalmente, he mencionado a estos dos bancos (FMI y BM) porque entrarán a tallar en cada crisis desatada hasta nuestros días, prestando dinero, regulando el sistema a favor de los banqueros internacionales, exigiendo el pago de las deudas y sancionando a cualquier país que las incumpla.

Creación del BIS y la ONU

El Banco de Pagos Internacionales (BIS) fue creado en 1930, en Suiza (el mayor paraíso fiscal), por el gobernador de Inglaterra, Norman Montagu (banquero judío) y su colega alemán Hjalmar Schacht, presidente del banco central alemán. ¿Era coincidencia que tantos banqueros judíos estuvieran en los puestos más altos de los gobiernos y de los bancos centrales mundiales? Este banco nació con el fin de garantizar y facilitar la transferencia de dinero de las naciones perdedoras a las naciones ganadoras como consecuencia de sus tratados de paz después de una guerra. Es decir, un banco internacional para que las naciones derrotadas paguen sí o sí las reparaciones de guerra y su deuda con la banca internacional. Este banco está compuesto de capital público y privado: 55 bancos centrales e inversionistas privados de las más altas élites financieras. También está entre sus funciones regular a los demás bancos centrales del mundo y prestarles dinero. Es el banco central de los bancos centrales por así decirlo.

De otra parte, la Organización de Naciones Unidas (ONU) fue creada en 1945. Esta institución funciona como un gobierno de todos los gobiernos, o al menos de sus 193 miembros. La ONU surgió de la Sociedad de Naciones en 1942, cuando F. Roosevelt y los 23 gobiernos miembros decidieron entrar en guerra contra la Alemania de Hitler.

Entre sus 193 miembros, solo cinco países tienen "poder de veto", entre ellos están EE. UU., Francia, Reino Unido, Rusia y China. Esto quiere decir que ellos tienen la última palabra para aprobar o no cualquier acuerdo o resolución mundial, no importando lo que diga la mayoría de las 193 naciones. ¿No es esto una dictadura de cinco gobiernos? Este hecho no tiene nada que ver con la libertad y el libre mercado que pregonan ¿De qué sirve estar en una organización si tu voto no tiene ninguna validez? No es sano privilegiar a nadie pues es así como se forman los intereses particulares (privilegios acordes con una élite financiera). Bajo esta premisa es que los políticos en su gran mayoría de Estados Unidos (manejados por banqueros sionistas) han utilizado sus intereses personales y no los del pueblo, para favorecer siempre los intereses del estado judío de Israel con sus "vetos" y perjudicar siempre al pueblo palestino. Todo esto no es una exageración, aunque parezca que lo fuera. Solo basta observar las decenas de veces que EE. UU. ha impuesto su derecho a veto en favor de Israel para darse cuenta que el poder financiero judío controla como un títere a la potencia más grande del mundo.

LOS VETOS DE EE. UU. A FAVOR DE ISRAEL Y EN CONTRA DE PALESTINA

DECENAS DE VECES DESDE 1973, el gobierno de Estados Unidos ha utilizado su poder de veto en el Consejo de Seguridad de la ONU para impedir condenas al gobierno de Israel que bombardea, asesina, bloquea, invade, y destruye las viviendas y bienes en los territorios palestinos. En pocas palabras, la impunidad es absoluta para el gobierno israelí. Sus crímenes podrán ser denunciados por la mayoría de naciones, pero nunca podrá ser juzgado ni condenado por la protección que recibe de los políticos estadounidenses lobbistas.
• 1973: EE. UU. vetó la resolución de la ONU que reafirma el derecho de los palestinos y exige a Israel la retirada de los territorios árabes ocupados.
• 1976: el 25 de enero, EE. UU. vetó la resolución que reclama el derecho palestino a la autodeterminación y el establecimiento de un estado independiente, así como la retirada de las colonias judías de los territorios invadidos. El 25 de marzo, EE. UU. vetó la resolución que exige a Israel abstenerse de todo tipo de acciones contra los habitantes árabes en los territorios invadidos. El 29 de junio, EE. UU. vetó la resolución que reafirma el derecho del pueblo palestino a retomar su hogar nacional, la independencia y soberanía.
• 1980: EE. UU. vetó igualmente otra condena al gobierno Israelí.
• 1982: el 20 de enero, EE. UU. vetó resolución que pide la imposición de sanciones sobre Israel por ocupar los Altos del Golán Sirio. El 25 de febrero, EE. UU. vetó resolución que exige a Israel eliminar todas las medidas aplicadas en los territorios ocupados de Cisjordania. El 2 de abril, EE. UU. vetó condena a Israel por atentado contra el alcalde de Naplusa, Bassan Al-Shakaa. El 20 de abril, EE.

UU. vetó condena a Israel por atentado contra mezquita árabe, Al-Aqsa. El 9 de junio, vetó la condena a Israel por invasión al Líbano.
- 1983: EE. UU. vetó condena a Israel por las matanzas en los campos de refugiados palestinos de Sabra y Chatila, Líbano.
- 1984: EE. UU. vetó resolución que plantea que los acuerdos de la IV Convención de Ginebra de 1949 son aplicables en caso de las regiones ocupadas del Líbano.
- 1985: EE. UU. vetó resolución de condena a Israel por sus prácticas al sur del país árabe y por sus represalias contra el pueblo palestino.
- 1986: EE. UU. vetó la resolución que exige a Israel a retirar sus tropas del Líbano.
- 1987: EE. UU. vetó la resolución que denuncia la política de "Puño de Hierro" de romper los huesos a los niños palestinos que tiran piedras durante la Primera Intifada.
- 1988: EE. UU. vetó resolución que condena a Israel por las agresiones en el sur del Líbano y exige el cese de estas en contra de civiles. Este mismo año hay 4 vetos más contra condenas a Israel por bombardeos, y más asesinatos en contra de la población civil.
- 1989: este mismo año hay 3 vetos más de EE. UU. por las mismas condenas a Israel por más invasiones y ataques.
- 1990: EE. UU. vetó resolución que aprueba el envío de una comisión internacional para investigar las prácticas represivas israelíes contra el pueblo palestino.
- 1997: EE. UU. vetó resolución que denuncia la construcción de más colonias judías en el Monte Abu Ghunein en Jerusalén.
- 2001: EE. UU. vetó resolución para impedir el envío de una comisión de observadores internacionales con el objetivo de proteger a los civiles palestinos en Cisjordania y Gaza.
- 2003: EE. UU. vetó resolución que protegía la vida del presidente palestino Yasser Arafat después que el congreso israelí decidiera eliminarlo físicamente. Ese mismo año

hubo otro veto de EE. UU. contra la resolución que exigía la destrucción del muro de separación que construyó Israel, que dividía y anexaba territorios palestinos.
- 2004: EE. UU. vetó resolución de condena a Israel por asesinato del fundador del movimiento de resistencia islámica, Jeque Ahmad Yassin. Ese mismo año vetó resolución que ordena a Israel poner fin a su agresión en el norte de la franja de Gaza y exige la retirada de sus tropas.
- 2006: EE. UU. utilizó en dos ocasiones su poder de veto para impedir las resoluciones de la ONU que condenaban a Israel y hacían llamado a detener sus operaciones en Gaza.
- 2011: EE. UU. vetó resolución que condena la colonización judía en los territorios palestinos invadidos.

En el 2012, la Asamblea General de la ONU concedió a Palestina la condición de "Estado observador no miembro" de la ONU. Es decir, Palestina no es reconocida como país soberano por la negativa o "veto" de Estados Unidos y del propio presidente Obama que ha declarado públicamente que vetaría la resolución que admite al pueblo palestino como miembro de la ONU en calidad de país libre y soberano. Acá solo menciono algunos vetos porque en realidad desde 1972 el gobierno de Estados Unidos ha utilizado su poder de veto para favorecer a Israel en unas 42 oportunidades hasta el año 2011.

Creo que no se necesita más pruebas para demostrar el favoritismo que se tiene con el estado de Israel, que no hace más que provocar indignación por sus innumerables crímenes cometidos. Ciertamente el pueblo palestino no tiene banqueros especuladores que controlen a la potencia más grande del mundo, ni mucho menos a todo el sistema financiero mundial.

JFK

ESTE ES, SIN DUDA, uno de los capítulos que cambió la historia mundial. Se ha especulado mucho acerca del asesinato del expresidente de los Estados Unidos, John F. Kennedy. Hay diversas teorías que señalan que fue asesinado por los comunistas, por los jesuitas, por la CIA, y el propio gobierno, etc. Y aunque en un principio el propio gobierno mediante la comisión Warren, concluyó que Harvey Oswald (el supuesto asesino) actuó solo en el asesinato, posteriormente en 1979, el Comité Selecto de la Cámara Sobre Asesinatos (HSCA) emitió un informe final en el que se concluye que JFK fue asesinado como resultado de una conspiración, en la que estuvieron involucrados varias dependencias del gobierno estadounidense. La CIA, el FBI, el Departamento de Justicia y la Comisión Warren fueron duramente criticados por su pobre desempeño en la investigación del asesinato. No cabe duda que estas participaron y encubrieron a los verdaderos autores intelectuales. Y aunque esta comisión confirmó en efecto que todo fue parte de una conspiración planeada, su informe llegaría 16 años después y la investigación llegaría solo hasta este punto y nada más, cerrando el caso.

¿Quiénes fueron entonces los verdaderos autores del asesinato, que pudieron tener la influencia y poder sobre varios organismos del gobierno y sobre los propios políticos? Para poder deducir esto me enfocaré solo en los hechos económicos y monetarios, pues los cambios en este ámbito (statu quo) son siempre motivo para cualquier asesinato, conspiración, invasión, derrocamiento, guerra y golpe de Estado contra cualquier presidente y nación del mundo.

Cuando Kennedy llegó a la presidencia en 1961, Estados Unidos ya estaba inmerso en una guerra no declarada oficialmente contra Vietnam del Norte desde 1955, en la cual EE. UU. apoyaba con armamento y asesoría militar a Vietnam del Sur, constituido por 60.000 soldados americanos en dicho territorio.

En lo económico, Kennedy sacó al país de una recesión poniendo fin a una estricta política fiscal, mantuvo la inflación baja en 1% y una tasa de crecimiento promedio (PBI) del 5.5% del 61 al 63, lo que duró su gobierno; cifra no vista en varios años. Así también el desempleo descendió notablemente.

El 28 de noviembre de 1961, Kennedy detuvo la venta de plata de las reservas del Departamento del Tesoro de EE. UU. Tomó esta medida porque había una creciente demanda de plata como metal industrial, lo que hacía que su precio se eleve en el mercado, muy por encima del precio fijado por el gobierno en una ley de 1934. Para ser más claros, estaban desapareciendo las reservas de plata del Tesoro de EE. UU. porque mucha gente, instituciones, bancos y especuladores tenían en su poder certificados de plata que fueron dados por el gobierno a cambio de la plata (metal) desde 1934, bajo la "Ley de adquisición de plata", que nacionalizaba todas las posesiones privadas de plata. En consecuencia, ante la demanda de plata en los años sesenta como metal industrial, todo aquel que tuviera certificados de plata (dinero) podía intercambiarlos nuevamente por la plata en metal. Ante la enorme cantidad de certificados de plata que fueron impresos y continuaban siendo emitidos, para 1961 casi el 80% de las reservas de plata del Tesoro fueron saqueadas. De modo que con esta medida y con otra ley dada por Kennedy en 1963 para detener la impresión y emisión de más certificados de plata, se pudo detener recién la expoliación de las reservas que estaban cayendo en manos de los financistas y especuladores internacionales.

Es entonces que el 4 de junio de 1963, Kennedy emite la "Orden Ejecutiva 11110" y la "Ley pública 88-36" previamente aprobada por el Congreso después de haber intentado pasarla sin éxito en varias ocasiones. El propio

Kennedy escribió al Congreso: "Nuevamente insto a una revisión en nuestra política sobre la plata para reflejar el estatus de esta como metal por la cual hay una demanda industrial creciente. Excepto por su uso en monedas, la plata no tiene ninguna función monetaria útil. En 1961, bajo mi dirección, las ventas de plata fueron suspendidas por el secretario del tesoro. Como otras medidas, recomiendo derogar las leyes que obligan al departamento del tesoro a mantener fijo el precio de la plata, y la derogación de un impuesto especial del 50 por ciento a las transferencias de interés en la plata, y una autorización para que la Reserva Federal emita dinero en denominación de $1, hasta que sea posible el gradual retiro de los certificados de plata que circulan, para de esta forma usar la plata liberada solo para propósitos de acuñación de monedas". Esta ley efectivamente derogó la ley de adquisición de plata de 1934, con lo cual ya no se imprimiría más certificados de plata a cambio de la compra de plata en metal.

Si aún es muy complicado de entender esto, lo resumiré en una forma más simple: Kennedy comprendió que la plata no tenía ningún valor estando almacenada o como reserva, sino solo como uso industrial y en monedas, y que la emisión de dinero no tenía que estar ligada a las reservas de metales preciosos, lo cual es muy cierto hasta la actualidad. Es decir, Kennedy se adelantó al pensamiento de los banqueros y a su propuesta final que reina hoy en día desde 1971: "El Fiat Money" (dinero fiduciario).

La Orden Ejecutiva 11110 traspasó o delegó el poder del propio presidente de emitir certificados de plata, al Departamento del Tesoro Nacional (algo así como la Casa de la Moneda o Ministerio de Economía), restituyendo de esta forma un privilegio del Estado y no de un gobernante de turno. Además, esta orden autorizaba la acuñación y emisión de dinero subsidiario por su equivalente en plata, es decir, dinero que podía estar hecho de papel, cobre, níquel, bronce, aluminio, etc., pero que tendría un valor estándar con respecto al valor de la plata en el mercado.

Esto ocurre actualmente, ya que todas las divisas (dinero) del mundo tienen un valor determinado con respecto a los metales preciosos (oro, plata); valor determinado en onzas, por ejemplo. Estos metales ya no tienen ningún valor como reservas para imprimir dinero, pues era ciertamente absurdo tenerlos guardados solo para este fin, y porque no existe suficiente oro ni plata que justifique y respalde la inmensa cantidad de billetes de papel que existen en todo el sistema mundial. El papel es abundante, los metales preciosos no. De modo que el presidente tenía en mente un cambio radical en el sistema monetario y financiero.

¿Por qué entonces Kennedy mandó a la FED imprimir billetes de un dólar? Lo hizo para compensar momentáneamente el retiro de los certificados de plata, como él mismo lo dijo al Congreso en 1963. Era lógico que diera esta orden pues no tenía más opciones si quería evitar una contracción monetaria y provocar una crisis.

En resumen, lo que hizo Kennedy fue salvar las reservas de plata que aún quedaban, para protegerlas de las manos de los especuladores financieros. Usó estas reservas para acuñar más monedas y permitió que el Tesoro emita dinero subsidiario libre de deuda llamados Dólares de Plata o Notas de los Estados Unidos; dinero que no provenía de la FED, y que era intercambiado por los certificados de plata.

¿Qué pasaba con el oro mientras tanto en los años sesenta? Al igual que la plata, el oro estaba siendo saqueado de las reservas de la nación guardadas en los almacenes de Fort Knox, algo que no fue revelado al público sino hasta los años ochenta con Ronald Reagan como presidente. Kennedy logró evitar que no se roben toda la plata, mas no pudo evitar que se roben el oro pues sería asesinado en 1963. La muerte del presidente era inminente pues se había convertido en una amenaza para el sistema. Kennedy seguramente estuvo a punto de implantar el Fiat Money oficialmente como sistema monetario antes que los banqueros, pues si no tenía ningún sentido que la plata esté guardada como reserva, tampoco lo tenía el oro, ya que este metal también estaba elevando su precio como metal industrial. De modo que es lógico que los banqueros pensaran: "Si este tipo dio fin al patrón plata, también lo hará con el oro". Era algo que se venía venir. Además, si los banqueros dejaban que el gobierno a través del Tesoro emita su propio dinero libre de deuda, la banca privada no tendría razón de existir. Es decir, los financistas corrían el riesgo de que el impredecible Kennedy se les adelantara y creara su propio dinero fiduciario (dinero sin respaldo en metales, sino en la confianza de la gente) libre de deuda, impreso por el propio gobierno y no por el banco de la FED. Y esto no es ninguna teoría, porque así fue como paso tan solo 8 años después que asesinaran al presidente. Los banqueros implantaron el Fiat Money como nuevo sistema monetario en 1971, abandonando el patrón oro. Hicieron lo mismo que Kennedy hizo con la plata, al no tener sentido asociar las reservas de oro a la impresión de billetes. A partir de entonces el oro ya no serviría nunca más como metal de reserva obligatorio para imprimir billetes. Por supuesto que antes saquearon todo el oro del pueblo.

En 1964, presionaron al secretario del Tesoro para que dejara de emitir el dinero libre de deuda de Kennedy y para que no se cambiaran más de estos por los certificados de plata. Finalmente, en 1971, las Notas de Estados Unidos dejaron de imprimirse definitivamente. Con este acto se dio fin al último intento de un presidente de EE. UU. para que el Estado emita su propio dinero libre de interés.

Otra de las razones por la que mataron al presidente, que tenía que ver igualmente con los intereses económicos, fue el deseo de Kennedy de retirar las tropas de la guerra de Vietnam y así acabar con esta. Por lo tanto, si EE. UU. se retiraba de la guerra ya no habría beneficios provenientes del financiamiento de esta para los banqueros, quienes como ya sabemos son los mayores beneficiados en una guerra. Kennedy ya era entonces una verdadera molestia y amenaza para los financistas, pues finalmente la guerra de Vietnam significó 20 años (1955-1975) de deuda y ganancias para sus bolsillos, no importándoles que en el camino murieran 5.7 millones de personas. El propio Secretario de Defensa de Kennedy, Robert McNamara, afirmaba en esa época que el presidente iba a dar las órdenes para el gradual retiro de las tropas estadounidenses; retirándolas completamente después de su reelección de 1964. También el vicepresidente y después presidente Lyndon Johnson, confirmaba en una grabación que Kennedy planeaba retirar las tropas de Vietnam, algo que el propio Johnson desaprobaba. Finalmente, la evidencia irrefutable de este hecho es el memorándum de Kennedy llamado "Memorándum de Acción de Seguridad Nacional" (NSAM) #263 del 11 de octubre de 1963, en el que daba la orden de retirar a 1000 militares para finales de 1963, y al completo retiro de todo el personal militar para 1965. Sin embargo, esta orden nunca se ejecutaría pues lo asesinaron un mes después. El nuevo presidente Lyndon Johnson anuló inmediatamente la orden de Kennedy de retirar las tropas, con su orden NSAM #273 del 26 de noviembre de 1963; es decir, solo 4 días después que asesinaran a Kennedy, ¿coincidencia?

Después del asesinato de Kennedy el 22 de noviembre de 1963, a manos de un francotirador, el nuevo presidente Johnson anunció falsamente que los Norvietnamitas habían atacado buques estadounidenses en el Golfo de Tonkin. Hasta ese momento EE. UU. solo enviaba asesores militares a Vietnam del Sur, pero no se les permitía entrar directamente en la guerra, ni en Vietnam del Norte. Es así que Johnson usó la falsa excusa del ataque para dar inicio a la invasión autorizando el envío de miles de tropas y el bombardeo de Vietnam.

Entonces ¿quiénes mataron a Kennedy realmente? Creo que la pregunta está resuelta. Fueron los banqueros de siempre. No hay razón para especular más, los propios hechos lo confirman. Kennedy les estaba quitando de su poder las dos armas más poderosas que generan deuda y servidumbre: el dinero y la guerra. Lo demás es historia conocida. Se acusó a Lee Harvey Oswald de ser el único autor intelectual y material del asesinato, quien además alegaba de ser solo un señuelo y no haber matado a nadie. Tan solo dos días después, el 24 de noviembre, cuando la policía trasladaba a Oswald para interrogarlo, Jack Ruby aparece en escena abriéndose paso entre la multitud de periodistas y le dispara a Oswald en el estómago hiriéndolo de muerte. Oswald muere poco después en el hospital. Ruby es arrestado inmediatamente y declara ante la prensa y testigos: "los judíos tienen agallas". En efecto, Ruby era judío. Así es, ¡otra vez! Un personaje oscuro de la comunidad judía envuelto en el asesinato de un presidente, haciéndole el favor o encargo a los banqueros internacionales. Desde Lincoln, pasando por Garfield, Mckinly y los zares de Rusia; todos asesinados por un judío conspirador, hasta JFK, a quien Ruby no mató, pero que contribuyó directamente en la conspiración del asesinato del presidente, al matar al único supuesto culpable, con lo cual el propio Ruby dio el caso por cerrado. No se encontraría a los verdaderos culpables, pues Oswald se llevó todo a la tumba. Ruby había trabajado antes para Richard Nixon (que sería después presidente de EE. UU.), siendo su testigo estrella en 1947 frente al Comité de Actividades Antiestadounidenses, lo que reflejaba una cercana relación de este personaje con el poder político y financiero.

Como ya se dijo antes, esta gente especuladora y conspiradora que juega siempre a favor de los banqueros internacionales sionistas, no merecen llamarse judíos. Estos personajes que están siempre en cada capítulo oscuro de la historia han abandonado hace ya mucho tiempo su fe religiosa, han abandonado a su verdadero Dios por el Dios "Dinero"; ya no llevan a su Dios en el corazón sino en sus bolsillos, ya no le rinden culto en las sinagogas sino en los bancos, ya no profesan la paz y salvación sino la guerra e intimidación. Los verdaderos judíos son otros; esos que no han dejado que la usura esclavice a sus hermanos, esos que no se han dejado corromper y que aún creen que la humanidad tiene salvación.

El último capítulo de esta historia se cerró en 1968 cuando los financistas encargaron el asesinato del hermano y brazo derecho de JFK, Robert Kennedy, quien aparecía como futuro claro ganador en las elecciones presidenciales. Sin embargo, este puesto ya estaba reservado para el candidato de los financistas, Richard Nixon.

FIN DEL PATRÓN ORO Y COMIENZO DEL FIAT MONEY

EL 15 DE AGOSTO DE 1971, el presidente de Estados Unidos Richard Nixon decidió abandonar el patrón oro definitivamente y declarar la inconvertibilidad del dólar en oro, asesorado por su mano derecha y principal consejero como Secretario de Estado, y Consejero de Seguridad Nacional, Henry Kissinger (político judío americano), y por Milton Friedman, otro reconocido economista judío ganador del Premio Nobel de Economía de 1976. Ambos patrocinados por la banca internacional. Es decir, EE. UU. ya no estaba obligado a partir de ese momento a entregar oro en intercambio por cada dólar, ni a mantener reservas en oro para justificar la impresión de billetes. Con esta acción, el mayor banco central del mundo (la FED) y los más grandes bancos del mundo tenían el camino libre para imprimir todo el Fiat Money que quisieran y llenar así todo el sistema mundial con deuda nunca antes vista en la historia; deuda que seguimos pagando todos los países hasta el día de hoy.

Es indudable que el final del patrón oro era un hecho provocado e impostergable, debido a que la FED ya venía imprimiendo años antes miles de millones para pagar los déficits de exportación con más dólares a sus acreedores internacionales. Esta maquinaria de impresión se llegó a descubrir cuando Francia y otros países comenzaron a exigir la convertibilidad de sus dólares por oro durante la mayor parte de la década de los sesenta. La masa monetaria se había multiplicado por más de seis mientras las reservas de oro se habían reducido casi el triple, lo que hacía que fuera imposible que EE. UU. pudiera entregar oro que no tenía.

A pesar de este cambio en la política monetaria, el dólar continuó siendo la única moneda de intercambio internacional y su status como tal se reforzó aún más después de la llamada "Crisis del Petróleo" de 1973, cuando la OPEP (Organización de Países Exportadores de Petróleo) decidió aumentar el precio del barril de petróleo. Por conveniencia, se había decidido que las transacciones de compra y venta de petróleo se harían de manera exclusiva en dólares americanos, lo que provocó que la FED imprimiera grandes cantidades de dólares para justificar el alza de precios y las transacciones con este en todo el mundo. Estos nuevos billetes fueron llamados popularmente "Petrodólares", y permitieron a la OPEP acumular grandes ganancias provenientes de la venta de petróleo más caro. A su vez, le permitió a la FED obtener el monopolio mundial de impresión de dinero para las transacciones en petróleo, lo que originó que ningún país pudiera comprar directamente petróleo con su propia divisa, sino que antes debía comprar los dólares americanos. Exclusividad que continúa hoy en día. Sadam Husein (miembro de la OPEP con Irak) estaba en negociaciones con Europa en el año 2000 para utilizar el "euro" en las transacciones, pero el gobierno americano invadió el país, lo derrocó y posteriormente fue ahorcado.

Se llegaron a imprimir miles de millones de petrodólares, los cuales los países de la OPEP depositaron en los bancos de Wall Street para ganar intereses; estos banqueros a su vez, lo represtaron a países del tercer mundo de América Latina, Asia y África; mayormente a dictadores militares que gastaban el dinero para gastos militares como la compra de armas, y para la represión a los pueblos, así también para sus intereses personales. Es decir, más billetes significaban más deuda, esta vez respaldada por el precio del petróleo y ya no por el oro. Lo que significó que los países del tercer mundo se endeudaran inmensamente con la banca internacional durante la década de los setenta y ochenta. En este escenario, los tipos de interés de los bancos centrales mundiales estaban en niveles bajos durante los setenta, y subirían a sus niveles más altos en los ochenta, encareciendo y aumentando aún más las deudas de los países pobres.

Paralelamente a estos hechos, a principios de los setenta, Milton Friedman ya imponía su política económica del "shock", y Henry Kissinger a su vez, ya venía imponiendo, años antes, el intervencionismo militar americano a través de golpes de Estado en Latinoamérica y otros países del mundo, que colocaron a varios dictadores militares en los diferentes gobiernos. A partir de esta época (finales de los setenta), se empieza a dejar de lado el intervencionismo estatal originado en los años treinta como el nacionalismo de la España franquista, el peronismo en Argentina, el velasquismo en Perú, el maoísmo en China, el nacionalismo de Getulio Vargas en Brasil; Lázaro Cárdenas, en México, y Muannar Al-Gaddafi, en Libia, etc., solo por nombrar algunos nombres. La gran mayoría de estos gobiernos fueron dictaduras militares que llegaron al poder gracias a un golpe de Estado, patrocinados y financiados por el gobierno de EE. UU. y la banca internacional. Igualmente el socialismo en Francia e Italia, y el laborismo o socialismo en Inglaterra de los cincuenta, sesenta y setenta se apoderaron de los gobiernos. Es decir, era como la "nueva moda" en el mundo y todos los políticos y militares seguían ciegamente esta tendencia, llámese como se llame: nacionalismo, capitalismo, comunismo, laborismo, etc., no importaba, pues todos se caracterizaban por el intervencionismo estatal en la economía. Economía dictada por la banca internacional de Wall Street. Sin embargo, ninguno de estos gobiernos, ni ideologías se atrevieron siquiera a querer obtener el control del dinero y el crédito para el pueblo. Todas fueron pura pantalla para un supuesto "patriotismo" que alimentaba los intereses personales y militares. Y aunque quizás alguno de estos dictadores pudo haber tenido buenas intenciones, su ignorancia del funcionamiento económico y monetario del sistema, los hizo ahogarse en su propio poder para ser simples títeres financieros.

Miles de estos militares en los más altos puestos de los gobiernos fueron adoctrinados desde la década del 40 por las fuerzas armadas estadounidenses y la CIA, en lo que se llamó "La Escuela de las Américas".

ESTA INSTITUCIÓN FUE FUNDADA EN 1946 en Panamá, por el gobierno estadounidense. Popularmente se le conoce también como "La Escuela de Asesinos" o "La Escuela de los Golpistas". Esta institución ha cambiado de nombre en varias ocasiones para ocultar su oscuro proceder. Actualmente tiene el nombre de "Instituto del Hemisferio Occidental para la Cooperación en Seguridad" y está situada en Georgia, en EE. UU. Organizaciones como SOAW, Amnistía Internacional y otras organizaciones defensoras de los derechos humanos, han criticado reiteradamente los cambios de nombre, afirmando que esto solo se trata de "pura cosmética".

En este centro de entrenamiento militar, el ejército y la CIA enseñan a miles de militares y policías latinoamericanos toda clase de técnicas terroristas: guerra psicológica, tortura, extorsión, ejecución sumaria, asesinatos, guerra de guerrillas, manejo de explosivos, intervención política, sabotaje, uso de falsa propaganda, infiltraciones, huelgas en contra del gobierno, etc. Sus egresados se vuelven expertos en el uso de todas estas técnicas subversivas y regresan a sus respectivos países monitoreados siempre por la CIA para cuando se necesite sus servicios en caso se requiera desestabilizar un país, polarizar la población, y a los más aptos para organizar golpes de Estado. El propio Pentágono desclasificó archivos militares en 1996 que daban cuenta de estos actos. Además, varios egresados de la propia escuela y de la CIA han denunciado estos hechos. Tal fue el caso del comandante Joseph Blair y del ex-agente de la CIA Ralph W. McGehee.

Hasta julio de 1999 se graduaron 61.000 alumnos, y aunque no tengo la cifra actual de graduados, sí he podido encontrar una lista de los más conocidos egresados de esta escuela; entre ellos, varios dictadores, golpistas y genocidas moldeados por esta institución, conocidos popularmente en algunos países como los escuadrones de la muerte:

• General Manuel Noriega, excolaborador de la CIA, autor de crímenes de lesa humanidad, y procesado por narcotráfico y lavado de dinero durante su gobierno militar en Panamá.

• Elias Wessin Wessin, militar dominicano que derrocó con un golpe de Estado al presidente democrático Juan Bosch en 1963.

• Juan Ramón Quintana, exministro de Bolivia y uno de los principales participantes en la llamada "Masacre del Porvenir".

• General Héctor Gramajo, exministro de Guatemala y autor de políticas militares genocidas en los años ochenta.

• General Roberto Eduardo Viola, líder del golpe de Estado de 1976 en Argentina, igualmente procesado por varios crímenes de lesa humanidad.

• General Hugo Banzer, expresidente boliviano que llegó al poder mediante un golpe de Estado en 1971. Responsable de numerosos asesinatos, torturas y desapariciones.

• Leopoldo Fortunato Galtieri, dictador militar en el gobierno argentino de 1981, procesado por crímenes de lesa humanidad y miles de desapariciones.

• Roberto D´Aubuisson, miembro del servicio de inteligencia salvadoreño en los años setenta, y acusado de numerosos crímenes, entre ellos, del arzobispo Oscar Romero en 1980.

• Romeo Vásquez Velásquez, militar hondureño líder del golpe de Estado contra el presidente José Manuel Zelaya Rosales en junio del 2009.

• Heriberto Lazcano Lazcano, alias El Verdugo o Z3, considerado en México como el jefe de los Zetas, uno de los mayores carteles de la droga y organismo criminal implicado en la extorsión, robo, secuestros y homicidios.

• Manuel Contreras, jefe de la Dirección de Inteligencia

Nacional (DINA) de Chile durante la dictadura militar del general Augusto Pinochet, y condenado por crímenes contra los derechos humanos.

• Juan Velasco Alvarado, dictador que llegó a la presidencia del Perú mediante un golpe de Estado en 1968, que igualmente reprodujo varias prácticas represivas y acusado de violaciones a los derechos humanos.

• Santiago Martin Rivas, exagente del Servicio de Inteligencia Nacional (SIN) del Perú y jefe del grupo paramilitar "El Grupo Colina". Este escuadrón de la muerte se encargó de numerosos asesinatos y crímenes de lesa humanidad contra supuestos terroristas y otros opositores durante el gobierno de Alberto Fujimori en los noventa; no llevando a juicio a ninguno de ellos, con lo cual se asesinó a muchos inocentes. Este grupo estuvo bajo constante monitoreo de la CIA y supervisada por Vladimiro Montesinos.

• Vladimiro Montesinos Torres, militar colaborador de la CIA y exasesor presidencial. Era el nexo entre el gobierno de EE. UU. y el de Fujimori, para seguir las órdenes respectivas del gobierno americano. Experto en control de masas y psicosociales, así también como responsable de provocar el autogolpe de Estado de 1992. También se le conoció por sus vínculos con el narcotráfico, las Farc y traficantes de armas.

• Ollanta Humala Tasso, exmilitar y presidente del Perú (2011-2016). Lideró un golpe de Estado fallido el 29 de octubre del 2000, el mismo día que "coincidentemente" se producía la fuga del país de Vladimiro Montesinos en el velero Karisma. Sin duda esto no fue una coincidencia, ya que todas las noticias se enfocaron en el intento de golpe de Humala para que Montesinos pudiera escapar sin problemas. Es decir, para muchos especialistas en el tema el nuevo alumno de la escuela de los golpistas se prestó de pantalla para el escape del antiguo alumno Montesinos. También estuvo acusado por la ejecución y desaparición de población civil en Madre Mía, Huánuco, en 1992, con el seudónimo de "Capitán Carlos". Posteriormente, el caso fue cerrado en el 2009 por falta de pruebas. Es decir, a falta de cuerpos no habría delito, el Capitán Carlos hizo un buen trabajo al desaparecer los cuerpos en la inmensidad de la selva.

El expresidente de Panamá, Jorge Ylluca, la llamó "La base gringa para la desestabilización de América Latina".

Hay muchos más egresados de esta escuela de saboteadores y golpistas financiados por el poder financiero internacional para desestabilizar países y cumplir con sus propósitos. Pero qué duda cabe que estos ya mencionados han sido parte importante de una historia nefasta de dictadura, genocidio y conspiración en Latinoamérica. Todos estos líderes militares enarbolaron la bandera del cambio en su momento, en favor del pueblo como supuestos grandes "patriotas". Sin embargo, la triste verdad es que solo estafaron a la gente con mentiras, pues no cambiaron nada; solo sirvieron como simples peones de un poder financiero internacional.

En el plano mundial podríamos nombrar también a otros excolaboradores de la CIA como Gaddafi, en Libia; Saddan Husein, en Irak, y al mismo Osama Bin Laden, en Afganistan; a quienes ciertamente después el propio gobierno de EE. UU. ejecutaría por salirse de lo establecido.

En resumen, todos estos personajes mencionados, militares y políticos; llámense nacionalistas, capitalistas, comunistas, estatistas, etc., son solo parte de un juego político y psicosocial orquestado desde el más alto poder económico en Wall Street, a través de estas escuelas de adoctrinamiento y lavado de cerebro. Y esto se hace con el fin de que los gobiernos ejerzan un pleno control represivo sobre su población para que paguen las exorbitantes deudas, trabajen más, y tengan miedo a ser asesinados si se salen del sistema. Se crea así una cultura del miedo. Y cuando cualquiera de estos nacionalistas, terroristas, capitalistas, o lo que sean, se salen de la ruta marcada, o se desvían del control del poder financiero, entonces simplemente se decide por derrocarlos con otro golpe de Estado en manos de un nuevo alumno, peón o caudillo.

Para prueba de que las diferentes ideologías políticas solo sirven para garantizar el pago de la deuda, está el socialismo y nacionalismo, que hasta principios de los años ochenta acumuló para los diferentes gobiernos, sobre todo en Latinoamérica y África, enormes cantidades de deuda para la compra de armas. Las estatizaciones y nacionalizaciones de los gobiernos militares tuvieron como principal función la socialización de las pérdidas o deudas. Esto fue muy habitual en los años setenta. Consistía en que el Estado figuraba como aval en los préstamos exteriores a empresas privadas; es así que con la insolvencia y quiebra de estas empresas, el Estado asumía automáticamente la deuda y esta pasaba a ser parte de la deuda pública (deuda del pueblo).

Otra fórmula era cuando el Estado estatizaba una empresa privada y luego tenía que pagar una reparación económica a la misma, pero de forma sobrevalorada. De igual forma este pago se volvía parte de la deuda pública. Todo esto solo significó que la deuda de los países tercermundistas se incrementara exponencialmente. Entonces, una vez que todos los gobiernos socializaron las pérdidas o deudas, estos serían los únicos responsables de pagarlos, o mejor dicho, el pueblo estaba obligado a pagar las deudas. Después de realizado este proceso de nacionalización, se inició el segundo paso: hacer efectivo el pago de la deuda con el llamado "shock económico" de Friedman. Es decir, otra vez empezaba un nuevo ciclo de libre mercado como lo fue anteriormente hasta el Crack del 29 con el "Laizze Faire", solo que ahora venía con más fuerza con las privatizaciones a gran escala.

El terrorismo en Latinoamérica que surgió entre las décadas del sesenta y setenta, potenciándose en los ochenta, apareció gracias a estas instituciones como la Escuela de las Américas y a los dictadores militares golpistas apoyados por el gobierno de EE. UU., que tenía como uno de sus líderes al mundialmente conocido Henry Kissinger. Es decir, esta gente fue la precursora del terrorismo, los verdaderos culpables del odio y resentimiento terrorista contra los gobiernos.

Debido a que estos dictadores militares aplicaban un terrorismo de Estado contra la población civil opositora a los militares y con ideologías diferentes como el comunismo, maoísmo y cualquier otro pensamiento en contra del capitalismo, surgió entonces un odio y deseo de venganza entre estos sectores de la población que vieron a sus familiares y amigos ser aniquilados, torturados y desaparecidos por los militares por el simple hecho de pensar diferente y estar en contra del sistema. De modo que fue el terrorismo de Estado (de los militares) lo que verdaderamente originó el terrorismo del pueblo, ya que, esta gente que había perdido a sus seres queridos a manos de los militares, no tuvo más remedio que buscar justicia con sus propias manos, pues se sintió traicionado por su propio gobierno. Por lo tanto, si hay que culpar a alguien por el terrorismo latinoamericano, los primeros en la lista deben ser estos militares dictadores que asesinaron gente inocente sin ninguna justificación razonable, y solo por el hecho de pensar diferente. Y fue ese odio lo que al final se convirtió en terrorismo.

Por ejemplo, la llamada "Operación Cóndor" promovida (según muchos historiadores y criticos) por el Secretario de Estado de EE. UU., Henry Kissinger, provocó el asesinato de más de 50 mil personas y más de 30 mil desaparecidos en Sudamérica. Entonces ¿qué hubiera hecho usted si algunos de sus seres queridos hubieran estado entre estas víctimas? Sin duda también se hubiera vuelto un terrorista para vengarse de los militares en el gobierno. Lo que sucedió despues es historia, la lucha entre estos dos bandos provocó más muertes inocentes. De modo que las Farc en Colombia, el MRTA y Sendero Luminoso en Perú, el FSLN en Nicaragua, el URNG en Guatemala; los Montoneros, FAR y AAA en Argentina, el FPMR en Chile, la Familia en Costa Rica, los Tupamaros en Uruguay, la Liga Comunista en México, etc., son todos hijos producto de los crímenes de los dictadores militares que gobernaron nuestras naciones en los años sesenta y setenta.

El libre mercado y su doctrina del shock

Esta rebautizada política económica surgió en los años setenta, teniendo como máximo exponente al economista judío Milton Friedman. Aunque se popularizó en la década de los ochenta y principios de los noventa, se puede decir que esta reciclada política económica empezó en Chile alrededor de 1975, bajo la dictadura del general Pinochet, y auspiciada justamente por Friedman y sus Chicos de Chicago.

La dictadura militar de Pinochet acababa de llegar al poder en Chile en 1973 mediante un golpe de Estado contra el presidente democráticamente elegido Salvador Allende, a quien asesinaron. Este golpe de Estado fue financiado por la banca internacional a través del gobierno americano y la CIA. Muchos de sus críticos argumentan que fue Henry Kissinger el encargado de ensuciarse las manos y comandar las órdenes para dicho golpe.

Con Pinochet en el poder, Friedman y sus Chicago Boys (egresados chilenos de la universidad de Chicago) tenían el camino libre para instaurar el libre mercado a través del shock económico. Esto consistió en la privatización de miles de empresas estatales, reducción del gasto público, despido de miles de empleados, aumento de impuestos, depreciación de la moneda nacional, reducción de aranceles (menos impuestos a la exportación e importación para beneficio de las transnacionales extranjeras), etc. Todo este paquete de supuesto remedio contra la pobreza y crisis en que se encontraba el país, solo generó más pobreza y una crisis mucho mayor con millones de desempleados, inflación exorbitante, hambre, protestas y más represión a todo aquel que estuviera en contra del gobierno militar.

De esta forma, todos los bienes mobiliarios e inmobiliarios (acciones, títulos, empresas, propiedades, etc.) vieron sus precios y valores desplomarse por los suelos; es decir, este era el shock económico que hacía que la crisis se intensificara aún más. Es así que las empresas transnacionales extranjeras y los banqueros internacionales pudieron comprar a manos de estos antipatriotas militares, las empresas y propiedades chilenas a precios de regalo o remate. En resumen, se creó todo este caos adrede para que los bancos extranjeros se apoderaran de los bienes chilenos a precios ridículos; mejor dicho, se vendió la patria por pedazos y como despojos al mejor postor.

El gobierno militar de Pinochet provocó solo en sus tres primeros años más de cien mil encarcelados y el establecimiento de varios campos de concentración y exterminio donde se torturaba y asesinaba a la gente. Más de cuarenta mil chilenos fueron desaparecidos de esta forma.

En este capítulo en la historia es importante hacer un breve paréntesis para saber quiénes fueron Henry Kissinger y Salvador Allende. El primero quizá considerado como uno de los más grandes conspiradores e instigador de genocidios de la humanidad, y el segundo como el último gran héroe y verdadero patriota incorruptible del siglo XX, que vendió cara su derrota entregando la vida contra su propia gente que lo traicionó.

Henry Kissinger

Este personaje es un político judío estadounidense con gran influencia en la política internacional desde la década del cincuenta hasta la primera década del nuevo siglo. Ocupó los más altos cargos públicos en el gobierno de EE. UU. durante más de cincuenta años, entre ellos como Secretario de Estado y mano derecha de los presidentes Richard Nixon y Gerald Ford, también consejero de seguridad nacional de ambos, director de estudio de armas nucleares, y asesor de George Bush (hijo), etc. Muchos lo consideran como uno de los mayores instigadores de genocidios sistemáticos en contra de la población civil y grupos políticos.

Kissinger promovió el establecimiento de dictaduras militares en muchos países del mundo, sobre todo en Latinoamérica, con el apoyo de la CIA y el financiamiento de la banca internacional, siendo amigo cercano del barón Jacob Rothschild. Kissinger apoyó varios golpes de Estado, así como también favoreció a que estas dictaduras compren grandes cantidades de armas. Muchos de estos militares eran egresados de la Escuela de las Américas, la cual Kissinger era encargado de promover. Así es como se apoyó a los golpistas Velasco Alvarado en Perú en 1968, a Pinochet en Chile, a Jorge Rafael Videla en Argentina en contra de Isabel Perón en 1976, al general Alfredo Stroessner en Paraguay, a Hugo Banzer en Bolivia en 1971, el golpe en Brasil de 1964, y el de Uruguay en 1973, etc.

Kissinger ha sido señalado como el autor de la organización clandestina paramilitar e internacional para la práctica del terrorismo de Estado llamada "Operación Cóndor", organización en complicidad con todos los dictadores militares de Latinoamérica. Esta organización terrorista se encargaba del asesinato y desaparición de todo opositor y critico a los gobiernos militares durante los setenta y ochenta. Fue justamente los crímenes de lesa humanidad cometidos por estos militares en contra de la población civil, lo que alimentó el odio y la sed de venganza de la gente que había sufrido una pérdida. Y ese afán por perseguir civiles (aun no terroristas) con un pensamiento contrario a la dictadura militar y al poder financiero (pensamiento que cualquier ciudadano es libre de tener) fue lo que desencadenó el terrorismo de los ochenta/noventa que todos conocemos. La violencia represora contra la población solo trajo más violencia.

Este fue el legado de Henry Kissinger, galardonado con el "Premio Nobel de la Paz". Ahora se entiende cómo este premio es una burla a la inteligencia humana.

Salvador Allende

SALVADOR ALLENDE FUE UN POLÍTICO Y MÉDICO cirujano, presidente de Chile entre 1970 y 1973. Fue asesinado el 11 de setiembre de 1973, el día que el general Pinochet dio el golpe de Estado. Se dice que el principal motivo para que lo derrocaran y asesinaran, fue que el gobierno de EE. UU. no quería permitir un gobierno socialista o procomunista en América. Sin embargo, esto resulta ser falso, pues ya Fidel Castro con su partido comunista se había instalado en Cuba en la década del 60, y EE. UU. con todo su poder simplemente no quiso derrocarlo. Hay que entender que las razones para querer derrocar un gobierno nunca son políticas, porque la política siempre es manejable. Por ende, las razones son siempre económicas y monetarias, pues ahí radica el verdadero poder.

¿Por qué mataron a Salvador Allende? Allende llegó al poder democráticamente en 1970, asumiendo un país en una severa crisis económica y financiera interna. Allende entonces prometió una serie de cambios económicos que significarían la total independencia financiera del país. Sin embargo, el poder financiero internacional a través de la CIA actuó mediante complots para generar inestabilidad para que Allende no sea proclamado presidente por el Congreso. Así fue como asesinaron a balazos al comandante en jefe del ejército, el general Rene Schneider. A pesar de este acto, el complot de la CIA no prosperó y Allende fue proclamado presidente de Chile.

De inmediato Allende comenzó a nacionalizar algunos sectores claves de la economía mediante un sistema de compra de acciones para de esta forma tomar el control de la producción de estas empresas. En el caso de las empresas mineras, el gobierno les pagaba una indemnización a las transnacionales extranjeras pero restándoles las utilidades excesivas que ya habían ganado durante varios años en complicidad con los gobiernos corruptos anteriores. Es decir, Allende hizo lo que ninguno de los dictadores militares latinoamericanos se atrevió a hacer: pagarle a las transnacionales lo que realmente les correspondía y no el precio sobrevalorado que estas exigían, precio que sí pagaron los dictadores corruptos en los demás países.

Allende denunció en 1972 ante las Naciones Unidas (ONU), que las empresas Anaconda Copper Mining Company y Kennecott obtuvieron ganancias por más de 4 mil millones de dólares en los últimos años en detrimento del Estado chileno, y que por lo tanto, la nacionalización del cobre chileno era totalmente legal. Con este acto, Allende se había ganado un tremendo pleito con las dos familias más poderosas del mundo: "la dinastía bancaria Rothschild" y "la dinastía petrolera Rockefeller", dueñas de las empresas Anaconda y Kennecott. Esto provocó que el presidente de EE. UU., Nixon, y Henry Kissinger (peones de la banca) promovieran un nuevo boicot contra el gobierno de Chile, negándole los créditos externos e imponiendo un bloqueo y embargo comercial al cobre y a las empresas chilenas. En 1975 cuando ya Pinochet estaba en el poder, sí complació a los Rothschild y Rockefeller pagándoles lo que pedían: 250 millones de dólares.

La segunda causa del derrocamiento y asesinato de Allende, que sin duda fue la principal de todas, fue que el gobierno de Allende tomó el control de la impresión y emisión del dinero, así como también el control sobre el crédito a la gente. El presidente aumentó los salarios a todos los trabajadores, pagándoles con la emisión de billetes respaldados por el propio trabajo de un 20% de desempleados chilenos que entraron a laborar en tan solo el primer año de su gobierno (cifra récord nunca vista). Es decir, era el Fiat Money (dinero a base de confianza) que hoy impera en el sistema, solo con una gran diferencia: el dinero de Allende no venía cargado de interés ni deuda con la banca internacional. Es así como el primer año de su gobierno se logró un crecimiento inmejorable del PBI del 8%, y sin generar inflación, pues las emisiones de dinero tenían un lapso de tiempo determinado y estaban basadas en la propia productividad del país. Este hecho significaba un peligro para los intereses de la banca internacional, pues si un país conseguía su independencia financiera, todos los demás países harían lo mismo. Entonces la CIA intensificó aún más su accionar, y con todo el financiamiento bancario a su disposición, comenzó a financiar a gente opositora al gobierno y a infiltrar grupos terroristas como Patria y Libertad, que intensificaron sus actos de sabotaje, barricadas; destrucción de puentes, carreteras, puertos, secuestros, y asesinatos a militares a favor de Allende como Arturo Araya, etc. Estos saboteadores vendidos, destruían y cortaban todo suministro de alimentos básicos como la leche, el azúcar, la harina, etc. De esta forma el dinero ya no valía nada, pues se generó una inflación no por la impresión de billetes, sino por el desabastecimiento de alimentos provocado por estos grupos terroristas, que condujo a que se eleven los precios por una lógica demanda. Paralelamente, la CIA también financiaba a pseudopatriotas de otros partidos políticos que se dejaron comprar por los dólares; así también a diarios, periódicos y medios de comunicación como El Mercurio, La Segunda, La Tercera de la Hora, La Prensa, La Tarde, Tribuna, etc., que atacaron ensañadamente al gobierno de Allende. Además, entraron a polarizar y desestabilizar el país los egresados de la Escuela de las Américas como Manuel Contreras y otros. En pocas palabras, la banca internacional entró a financiar todos los flancos, hasta paros y huelgas de camioneros que desabastecieron de productos al país. En resumen, entraron a Chile cientos de millones de dólares para comprar a todos los antipatriotas saboteadores que vendieron su patria. De esta forma descarada lograron paralizar al país a fuerza de dólares. No se puede negar tampoco que mucha gente honesta salió a las calles a favor del gobierno para protestar y denunciar este terrorismo, generándose batallas campales. Mientras tanto, los militares, entre ellos el general

Pinochet, ya conspiraban apoyados por la CIA para dar el golpe de Estado. Allende, encontrándose casi vencido mas nunca rendido, decidió jugar su última carta y convocar un plebiscito (referéndum) para que el pueblo sea finalmente quien elija el destino económico del país. Allende le comentó este deseo a su todavía general Pinochet el 9 de setiembre, quien decidió traicionar al presidente dos días después y dar el golpe de Estado el 11 de setiembre. En consecuencia, la decisión ya estaba tomada y no se permitiría que el pueblo tomara la última palabra.

El presidente se refugió en el Palacio de la Moneda protegido por el GAP (grupo de amigos personales). Este era un cuerpo de seguridad personal de Allende creado en 1970 a raíz del asesinato del coronel Schneider. A este grado de desconfianza y sabotaje se llegó, que Allende tuvo que formar este cuerpo de seguridad con sus amigos más cercanos, y no le faltó razón. A eso de las 9 de la mañana los militares se contactan con el Palacio de la Moneda pidiendo la rendición incondicional de Allende, además de proponerle sacarlo fuera del país y otorgarle una serie de beneficios; no obstante, el presidente rechazó la oferta demostrando su incorruptibilidad hasta el último momento de su vida. Es en ese momento que Allende transmite vía radio Magallanes su último discurso al pueblo:

> *Amigos míos:*
> *Seguramente esta es la última oportunidad en que me pueda dirigir a ustedes. Mis palabras no tienen amargura, sino decepción, y serán ellas el castigo moral para los que han traicionado el juramento que hicieron.*
> *Ante estos hechos, solo me cabe decirle a los trabajadores: ¡Yo no voy a renunciar! Colocado en un tránsito histórico, pagaré con mi vida la lealtad del pueblo.*
> *Tienen la fuerza, podrán avasallarnos, pero no se detienen los procesos sociales ni con el crimen... ni con la fuerza. La historia es nuestra y la hacen los pueblos. Trabajadores de mi patria: quiero agra-*

decerles la lealtad que siempre tuvieron. *La confianza que depositaron en un hombre que solo fue intérprete de grandes anhelos de justicia, que empeñó su palabra en que respetaría la Constitución y la ley, y así lo hizo. En este momento definitivo, el último en que yo pueda dirigirme a ustedes, quiero que aprovechen la lección. El capital foráneo, el imperialismo, unido a la reacción, creó el clima para que las fuerzas armadas rompieran su tradición, la que les enseñara Schneider y que reafirmara el comandante Araya, víctimas del mismo sector social que hoy estará en sus casas, esperando con mano ajena reconquistar el poder para seguir defendiendo sus granjerías y sus privilegios.*

Me dirijo, sobre todo, a la modesta mujer de nuestra tierra, a la campesina que creyó en nosotros; al obrero que tuvo más empleo, a los profesionales patriotas, a la juventud, a los intelectuales, a aquellos que serán perseguidos…porque en nuestro país el fascismo ya estuvo hace muchas horas presente en los atentados terroristas, volando puentes, cortando la línea férrea, destruyendo los oleoductos y gaseoductos, frente al silencio de los que tenían la obligación de proceder. La historia los juzgará.

Siempre estaré junto a ustedes. Por lo menos, mi recuerdo será el de un hombre digno que fue leal a la lealtad de los trabajadores.

El pueblo debe defenderse, pero no sacrificarse. El pueblo no debe dejarse arrasar ni acribillar, pero tampoco puede humillarse.

Trabajadores de mi patria: tengo fe en Chile y su destino. Superarán otros hombres este momento gris y amargo, donde la traición pretende imponerse. Sigan ustedes sabiendo que, mucho más temprano que tarde, se abrirán de nuevo las grandes alamedas por donde pase el hombre libre para construir una sociedad mejor.

¡Viva Chile! ¡Viva el pueblo! ¡Vivan los trabajadores!

Estas son mis últimas palabras y tengo la certeza de que mi sacrificio no será en vano. Tengo la certeza de que, por lo menos, habrá una lección moral que castigará la felonía, la cobardía y la traición.

Salvador Allende

La incorruptibilidad de Allende era impresionante. El presidente solo quería la gloria para él y su pueblo. Él nunca se vendió, en un momento en que militares, políticos y el propio pueblo chileno vendía su propio pensamiento, su dignidad y su patria a cambio de los dólares de la banca internacional. El patriotismo, la conciencia, pero sobre todo la humanidad de Allende, no tenía precio.

En la mañana del 11 de setiembre, las fuerzas militares atacaron por aire y tierra el Palacio de la Moneda, bombardeándola con tanques y aviones de guerra, y procediendo a tomar el palacio con la infantería. Seguidamente los militares dieron la versión de que el presidente se había suicidado con un disparo a la cabeza. Este era, sin duda, un argumento para desprestigiar al presidente. Sin embargo, los hechos y la determinación de Allende demuestran que lo asesinaron para acallarlo y borrar su legado de la historia.

Finalmente, la banca internacional alcanzó su objetivo de eliminar nuevamente la impresión de dinero libre de interés y deuda; un derecho del pueblo. En seguida se prosiguió a establecer una dictadura militar en Chile por los próximos 17 años.

Salvador Allende será recordado como el último presidente que retomó el control del dinero en favor del pueblo y no de los banqueros, el último que se autofinanció sin deuda y no buscó endeudarse de Wall Street como lo hacían y hacen todas las naciones para beneficio de un selecto grupo de financistas. Fue el último hombre honesto e incorruptible. Gracias, Salvador Allende, por darnos una lección de vida. La gloria será tuya para siempre.

El shock económico en Argentina

Al igual como se experimentó en Chile, el shock económico y social llegó a la Argentina en 1976, cuando el militar Jorge Rafael Videla llegó al poder a través de un golpe de Estado, apoyado por Henry Kissinger y el gobierno norteamericano, en contra de Isabel Perón. De la misma forma que se procedió en Chile, Videla procedió a vender por pedazos los bienes de la patria a las transnacionales financieras extranjeras. Se licuó (mejor dicho, se socializó) la deuda de las grandes empresas nacionales y extranjeras perjudicando así al Estado y al pueblo, quien sería finalmente el que pagara esta deuda. La política de shock social significó la desaparición de unas treinta mil personas, entre ellas muchos niños y madres gestantes. A tal punto llegaría la desvergüenza y descaro por tratar de ocultar estos hechos, que el gobierno militar coludido con la FIFA y el gobierno estadounidense, decidieron entonces ganar cueste lo que cueste la copa mundial para opacar la furia del pueblo y sus protestas contra los crímenes de lesa humanidad de Videla. Es así como se permite que muchos jugadores argentinos jueguen dopados y se amenaza y soborna a futbolistas y técnicos de los equipos rivales. Claro ejemplo de esto fue el partido entre Argentina y Perú, donde Argentina tenía que ganar por cuatro goles o más. En ese escenario casi imposible, el propio dictador Videla junto a Henry Kissinger ingresaron al camerino de la selección peruana antes del comienzo del partido. Algo nunca visto en la historia del fútbol. ¿Qué hacia el hombre más poderoso de Argentina y el máximo representante del cártel bancario internacional en camerino peruano? Sería ingenuo y absurdo pensar que pasaron a desearles buena suerte. Qué duda cabe que la tan sola presencia de estos dos personajes ya denotaba una seria amenaza de muerte a los antipatriotas que se dejaron coaccionar. Efectivamente, los propios jugadores peruanos después declararon que varios de sus compañeros se habían dejado sobornar, pues tomaron actitudes irreconocibles y sospechosas durante el partido. Fue solo entonces que el equipo argentino pudo realizar la "hazaña" y derrotar por 6 a 0 al equipo peruano para pasar a la final y ganarla a costa de la intimidación de la dictadura.

No cabe duda que la obtención de la copa mundial solo sirvió para acallar las voces de 40 mil familias argentinas que imploraban a gritos que encontraran y liberaran a sus familiares desaparecidos por los militares. Sin embargo, la indiferencia provocada por el fútbol enmudeció el grito de dolor del pueblo con un furibundo grito de ¡Gol! Cuán absurda puede llegar a ser el valor de la vida para las masas cuando estas son excitadas. El fútbol sirvió en ese momento, y aún lo sigue haciendo, para un psicosocial de distracción que aleja de la realidad a miles de millones de personas de las cosas verdaderamente importantes como la vida y la libertad.

Estas primeras pruebas en Chile y Argentina habían resultado ser exitosas para los financistas, quienes después potenciarían esta práctica en la década de los ochenta en estos países y en los demás países del continente. El libre mercado y su shock económico traería con fuerza el fenómeno de las privatizaciones a muchos países del mundo, llegando a Inglaterra en 1979 con la elección de Margaret Thatcher como primer ministro, y a EE. UU. en 1982 con Ronald Reagan como presidente.

Crisis de deuda de los ochenta

En la década del 80, la deuda pública y externa de los países tercermundistas, principalmente de Latinoamérica, comenzó a incrementarse y hacerse insostenible debido a que la FED y los bancos centrales mundiales comenzaron a elevar sus tipos de interés referenciales (comenzaba un nuevo ciclo de contracción del dinero), produciéndose en consecuencia una rápida apreciación del dólar. Por ende, las divisas de estos países se depreciaron enormemente, generando inflación y multiplicando la deuda. Esta deuda se incrementó aún más cuando todos los créditos provenientes de la impresión de petrodólares por parte de la FED que fueron a parar a las manos de los dictadores militares se volvieron impagables; es decir, se había utilizado este dinero para fines improductivos como la compra de armas y enriquecimiento personal. Es entonces que la banca internacional exigió el pago de la deuda con los intereses generados por cada día de retraso. Como bien saben los banqueros, el dinero no significaba nada para ellos, pues siempre pueden crear más. Lo que en realidad deseaban era apoderarse de lo que sí tiene valor real, que eran los bienes, propiedades y recursos naturales de las naciones. Y así lo lograron con la ayuda de dos grandes bancos mundiales: el Fondo Monetario Internacional (FMI) y el Banco Mundial. Estos bancos refinanciaron la deuda de los países tercermundistas para ser pagadas en varias décadas; deuda que continuamos pagando hoy en día pues el refinanciamiento solo provocó que la deuda se incrementara aún más y se volviera casi eterna. Aun así, muchos países no pudieron pagar su deuda, con lo cual el FMI exigió que al menos se fuera pagando los intereses generados por esta. Es decir, era el colmo de la usura, pues la deuda seguía intacta sin disminuir en absoluto, haciéndola prácticamente eterna. Los países estaban obligados a pagar estos intereses, ya que de no hacerlo así, recibirían una sanción económica o mucho peor, un incremento de la deuda por mora.

Muy aparte del refinanciamiento perjudicial, el FMI y el BM exigieron a los países deudores la adopción del shock económico de Friedman. Ya sabemos lo que esto significaba: privatizaciones de empresas públicas, depreciación de la moneda local, despidos, eliminación de aranceles, más impuestos, etc. En realidad fue como un dos por uno, ya que no solo les debíamos más dinero a los bancos sino también se quedaban con nuestras propiedades y recursos naturales. La banca Rothschild, por ejemplo, entró a tallar con fuerza en este fenómeno de privatizaciones, adquiriendo una vasta cantidad de empresas. En este escenario, la deuda latinoamericana se cuadruplicó solo en unos pocos años. En 1975 la deuda externa era de solo $75 mil millones, pero ya en 1983 llegaría a los $315 mil millones (el 50% del PBI de la región). Para finales de los ochenta la deuda ya había superado el 100% del PBI en muchos países.

A partir de 1989 con el famoso "Plan Brady", la deuda latinoamericana pasó a negociarse en las diferentes bolsas de valores internacionales a través de la emisión de Bonos Brady que estos países estaban obligados a emitir para conseguir financiamiento de los bancos. Es decir, toda la deuda pasó a las manos de los especuladores de Wall Street, quienes se jugaban el futuro de las economías de estos países, apostando y especulando diariamente con la "prima de riesgo". Esta prima es la diferencia entre el interés que se paga por la deuda de un país y el que se paga por la de otro; o sea, a más riesgo de impago de deuda, el país deudor pagará más intereses por financiamiento. Entonces los banqueros especuladores las vendían y recompraban apostando por el desplome de algún país que les daría más ganancias. Estas apuestas aún se llevan a cabo hoy en día en el casino más grande del mundo, Wall Street. Solo que ahora las primas de riesgo del momento son las deudas de Grecia, Portugal, España, Italia, Irlanda, etc.

El punto de partida de esta crisis de deuda llegó en 1982, cuando México declaró que no podía pagar su deuda pues sus reservas internacionales no alcanzaban para cumplir con las fechas de vencimiento de los pagos a los banqueros. Por lo tanto, el ciclo de expansión del crédito se había acabado una vez más, con las tasas de interés bancarias en alza, la apreciación del dólar, y la depreciación del peso mexicano. En consecuencia, la deuda se incrementó mucho más, y los bancos nuevamente como en todas las crisis provocadas, pedían la devolución de sus préstamos con intereses a toda costa, utilizando para esto al Fondo Monetario (FMI).

Una gran parte de la deuda mexicana era de los bancos privados en México que se habían prestado dinero de los bancos americanos y europeos para represtarlos a los mexicanos. Es en este escenario que el gobierno, coludido con la banca privada, decide estatizar o nacionalizar la banca privada. ¿Acaso EE. UU. se propuso invadir México después de este acto? Claro que no, pues ya sabemos lo que significa la palabra mágica "nacionalizar". En pocas palabras, este acto solo significó que las deudas de los bancos y empresas privadas extranjeras, ahora pasarían a ser deudas de responsabilidad del pueblo, lo que sin duda fue y sigue siendo una jugada maestra de los banqueros, ya que, una vez que están saneadas todas las cuentas, o sea, socializadas y canceladas las deudas, se vuelve a privatizar todo, regresando otra vez los bancos y las empresas a manos de los banqueros. Esto siempre fue así. Pasó antes, pasó en México y sigue pasando hasta ahora.

Igualmente la crisis llegó a los demás países latinoamericanos como una réplica casi exacta de lo que pasó en México, llegando a Brasil, Argentina, Perú, Venezuela, etc. Nada es coincidencia.

A partir de ese momento, los países tercermundistas, emergentes o en desarrollo, como se les llama ahora, se volvieron netos exportadores de materias primas (minerales, petróleo, gas, alimentos) y netos importadores de tecnologías, ya que toda nuestra industria fue hecha pedazos o privatizada. En consecuencia, el empleo actualmente en estos países se reduce a nada más que "ventas". Venta de bienes producidos en su mayoría por multinacionales extranjeras de propiedad de la banca. Para muestra clara de este hecho, a continuación los 20 sectores con mayor demanda de profesionales y trabajadores en Perú, uno de estos países, ahora emergentes, con mayor crecimiento del mundo en relación a su PBI:

1.- Ventas 28,7%
2.- Telemarketing 11,1%
3.- Comercial 8,9%
4.- Banca 6,4%
5.- Seguros 4,7%
6.- Administración 4,5%
7.- Servicios 3,4%
8.- Marketing y Mercadeo 2,7%
9.- Telecomunicaciones 2,3%
10.- Servicio al cliente 2,1%
11.- Gastronomía 1,6%
12.- Operativo 1,5%
13.- Alimentos/bebidas 1,2%
14.- Recursos humanos 1,2%
15.- Computación/informática 1,1%
16.-Organización de eventos 1%
17.- Contabilidad 1%
18.- Crédito 1%
19.- Cobranza 1%
20.-Tecnologias de información 0,9%

Fuente: Universia Perú.

Esta muestra sin duda se podría aplicar a muchos países en desarrollo. Si analizamos cada una de estas áreas laborales, vemos que todas en sí tienen que ver con ventas, lo que arrojaría que somos casi 100% vendedores y revendedores, 0% en ciencias y tecnologías y 0% en creación. Seguro alguien objetará que sí se crean y fabrican objetos tecnológicos en países como Brasil y México, donde General Motors, por ejemplo, fabrica autos; lamentablemente, estas son transnacionales extranjeras ligadas a la banca, que solo se posicionan en estos países para pagar sueldos bajos y menos impuestos. Entonces, analizando los datos y la historia, entendemos que nos han convertido en simples vendedores de mercancías baratas, sin ningún valor científico ni tecnológico, ya que ese privilegio solo lo tienen las empresas transnacionales.

Intento de asesinato de Reagan

RONALD REAGAN llegó a la presidencia de EE. UU. en 1981 con la promesa de campaña de retornar al patrón oro; o sea, dar por terminado el fíat money y volver a la impresión de billetes solo con respaldo en reservas de oro. Así era como pretendía detener el gasto gubernamental exorbitante y detener igualmente la inflación. Para esto, Reagan formó una comisión del oro para hacer factible esta transición. No cabe duda que la vuelta al patrón oro hubiera significado el término de la barra libre de impresión de billetes de la FED, y EE. UU. y el mundo no hubiera llegado jamás a los niveles récord de deuda que hoy posee. Sin embargo, a tan solo dos meses de estar en la presidencia, Reagan fue víctima de un intento de asesinato por parte de John Hinckley Jr., quien le asestó un disparo de bala. Milagrosamente, la bala de carga explosiva que se alojó a dos centímetros del pulmón del presidente, no llegó a explotar. Reagan se recuperó de la herida y nunca más volvió a mencionar siquiera la vuelta al patrón oro. Hinckley fue declarado "demente" y se libró de la cárcel, pues su familia aparentemente tenía estrechas relaciones con los Bush y la banca internacional. Reagan continuó como presidente, pero sin duda aprendió bien la lección de no meterse con los intereses de los banqueros.

Esta acción de asesinar importantes figuras mundiales como presidentes, mediante supuestos locos que actúan por su cuenta, pero que en realidad son sicarios, es una estrategia bien conocida de los financistas como último recurso para mantener su influencia y cambiar la historia a su favor. Mientras tanto, en esta misma década, los financistas especuladores volvían a inducir otra nueva crisis o *crash* desde Wall Street, que transferiría nuevamente la riqueza de millones de personas a las manos de los terroristas financieros.

Lunes negro o crash de 1987

El lunes 19 de octubre de 1987, una nueva crisis especulativa se producía (una nueva transferencia de recursos). Los mercados de valores de todo el mundo se desplomaron repentinamente. Siendo el mayor derrumbe porcentual sucedido en un mismo día en la historia de los mercados de valores. Solo el índice Dow Jones cayó un 22,6% y todas las demás bolsas mundiales cayeron entre 20 y 60%. Fue impresionante como en tan solo un día los pequeños inversores perdieron en Wall Street más de 500 mil millones de dólares.

Este *crash* se originó cuando los financistas especuladores pusieron a vender todos sus títulos de golpe, originando un pánico financiero entre los inversores; entre ellos, mucha gente común que veía cómo se desplomaban sus acciones y comenzaban a vender sin razón. En pocas palabras, no es que los miles de millones desaparecieron como por arte de magia, simplemente pasaron a las manos de la banca, quienes los siguientes días comenzaron a recomprar estas mismas acciones a precios muy bajos. Los especuladores de siempre habían pinchado una burbuja de cinco años de máximos históricos, en donde mucha gente había puesto su dinero. Este fue un claro ejemplo de especulación financiera y robo a través del pánico para que la banca se quede finalmente con el dinero, los títulos y las propiedades del pueblo. En los meses siguientes el mercado se estabilizó y continuó al alza. Es decir, todo fue un simple movimiento especulativo de los terroristas financieros de siempre que juegan impunemente con la riqueza de las naciones.

A la par de este acontecimiento se estaba generando en Japón la burbuja especulativa más grande de la historia moderna.

Burbuja financiera e inmobiliaria de Japón

Esta fue otra grave crisis provocada igualmente por los banqueros especuladores durante la década del ochenta. Todo se inició cuando los financistas y especuladores de siempre comenzaron a especular con los precios al alza al comprar terrenos, inmuebles y acciones para su posterior reventa, así como a dar créditos por doquier para este fin, alimentando la especulación con los precios que llegó a niveles espectaculares. A tal punto llegó la euforia especulativa que solo los bienes inmuebles japoneses suponían en 1989, el 20% de la riqueza mundial; o sea, más de 20 billones de dólares de esa época. Esto era un equivalente a cinco veces el valor de todo el territorio de EE. UU. Es más, solo la ciudad de Tokio valía lo mismo que todo EE. UU., y el Palacio Imperial podía valer tanto como el Estado de California. Era la absurdidez en su punto máximo. Los precios de las tierras se habían multiplicado hasta por más de 50 veces en este periodo; y ni hablar de los precios de las acciones japonesas que se multiplicaron por más de 70. Toda esta especulación se propició en gran manera porque en Japón regía lo que se llamaba el "Sistema de Banca Principal" (Main Bank System) y el "Gobierno de las Empresas". También les llamaban "Los Keiretsus" (grupos empresariales y bancarios). Para ser exactos, este sistema funcionaba similar a como lo hace un *holding* financiero en la actualidad, en la que la banca controla todo el entramado de empresas. Por lo tanto, en Japón se experimentó prácticamente un gobierno de la banca privada con pleno control sobre la economía como nunca se ha visto en la historia. El resultado de esto es un Japón con la deuda pública actual más grande del mundo: más de 10 billones de dólares y aumentando cada día, lo que significa hoy alrededor del 220% de su PBI. Por ende, los japoneses deben más del doble de lo que ganan en un año, con lo cual tienen que prestarse dinero eternamente para pagar las deudas. Están inmersos en un círculo vicioso sin salida, ya que si quisieran tan solo emparejar sus gastos con sus ingresos, tendrían que recortar sus gastos en más de un 50% ($5 billones). Algo catastrófico para la economía.

Con razón hay esta apreciación o idea que aprendí desde chico, que los japoneses son un pueblo muy trabajador y sacrificado. Y es obvio, pues tienen que trabajar y trabajar a fuerza para pagar las deudas sí o sí, ya que todo esto ha vuelto el costo de vida japonés en uno de los más caros del mundo. Entonces hay que preguntarse si realmente queremos un sistema como este en nuestro país. Un sistema que ya llegó a EE. UU. con unos $17 billones solo de deuda pública y al Reino Unido con $10 billones. ¿Queremos volvernos más esclavos del trabajo y de la deuda también nosotros? Basta con mirar la experiencia en estos países para saber que no es el rumbo que debemos elegir, ni ser forzados a entrar.

Uno de los grandes responsables de la burbuja en Japón, fue claramente el banco central de Japón, que alimentó más la especulación con un fuerte incremento de la oferta monetaria (9% anual en promedio entre el 87 y el 90). Hasta 1988 el banco había mantenido las tasas de interés bajas, entre 2 y 2.5%. Pero a partir de esta fecha, las comenzó a subir hasta el 6% en 1990, con lo cual pinchaba la burbuja y otra vez mucha gente común perdía millones que se transferían a las manos de los banqueros. Todo esto trajo consigo una recesión, con desempleo, pobreza, y crecimiento nulo o decrecimiento que continuó por más de una década y que aún hoy, después de más de 25 años, tiene efectos negativos en la economía japonesa.

Crisis financiera asiática de 1997. Los terroristas de la especulación

REVENTADA LA BURBUJA EN JAPÓN y la crisis de deuda en Latinoamérica, la FED decidió nuevamente bajar sus tasas de interés para principios de los noventa, pues la economía de EE. UU. se encontraba en recesión. Los banqueros internacionales que ya habían inundado de deuda a Japón y a Latinoamérica, dirigieron entonces todos sus dólares al sureste asiático, ya que los bancos centrales de estos países mantenían altas tasas de interés, lo que significaba grandes ganancias para los banqueros.

Desde principios de los noventa hasta 1997 se originó un *boom* inmobiliario y bursátil, causado una vez más por la expansión del crédito a interés (usura) y la especulación. A este periodo de *boom* económico, muchas instituciones financieras, entre ellas el FMI y el BM, lo describieron como "El Milagro Económico Asiático". Es increíble el descaro que siempre muestran estas instituciones para alimentar aún más las burbujas y deudas. De igual forma calificaron de "milagro económico" al crecimiento español hasta el 2008; sin embargo, fue igualmente una farsa inflada que se tiró abajo la economía española. Y lo real es que no se trata nunca de un milagro económico, sino de un endeudamiento a gran escala que termina por estallar siempre como lo hizo en Asia en 1997.

Esta crisis afectó seriamente a Tailandia, Corea del Sur, Indonesia, Hong Kong, Malasia y Laos; así también a China, Japón, India, Taiwán, Singapur y Vietnam en menor medida. En los primeros se produjo una deuda descomunal que se vio agravada cuando empezaron los ataques especulativos a sus respectivas divisas, lo que provocó que se deprecien rápidamente. Mucha gente, entre ellas varios jefes de Estado, denunciaron que este trabajo estuvo a cargo del mayor agente especulador de la banca internacional, el judío multimillonario George Soros. Este especulador mundial fue acusado de usar su fortuna y la fortuna de las dinastías bancarias para apostar en contra de las monedas asiáticas y ganar jugosas ganancias. Soros, con una fortuna actual de alrededor de 22 mil millones de dólares, gestiona también las fortunas de las familias financieras más grandes del mundo como los Rothschild, con quienes mantiene una sociedad en el fondo de inversión (Hedge Fund o Fondo Buitre), "Quantun Group of Funds", un fondo especulativo con sede en el paraíso fiscal de Las Antillas Holandesas y Las Islas Caimán en el Caribe.

Soros ya era famoso por provocar la quiebra del Banco de Inglaterra el 16 de setiembre de 1992, cuando apostó a modo de juego varios miles de millones en contra de la libra británica, produciendo en consecuencia un pánico y desplome en el precio de esta, ganando así 1.1 billón de libras con este terrorismo especulativo. Soros y los Hedge Funds pueden desplomar el valor de cualquier divisa, acción, bono, etc., y sacan ganancia de esto a través de las "Ventas en Corto", un mecanismo para, por ejemplo, acaparar préstamos de acciones, vendiéndolos masivamente luego al precio más elevado en el pico de la burbuja para así generar un pánico que las haga bajar de precio, y recomprarlas para devolver el préstamo. Es decir, terrorismo especulativo de alto nivel. Esta gente especula con todo a su disposición: metales, hidrocarburos, granos, cereales, deuda, etc. Por si esto fuera poco, utilizan hasta el propio dinero de la gente de sus fondos de pensiones. Así es, la mayoría de fondos de pensiones son propiedad de la banca privada, con lo cual tu propio dinero es utilizado para alimentar este terrorismo especulativo, ya que con este dinero se compran igualmente acciones, bonos, divisas, etc. Ya ni siquiera te consultan si quieres que tu dinero entre en un plan de pensiones para especular en el mercado bursátil, sino que te lo imponen, ya que el gobierno por ley obliga a las empresas a que te descuenten este dinero de tu sueldo. Es así como los pueblos del mundo financiamos la gran vida de estos banqueros especuladores que no solo nos roban dinero de las comisiones y especulación, sino también cuando desploman la economía de los países cuando les place, como sucedió con los países asiáticos. Uno se puede dar cuenta de este robo a los pueblos cuando ve las multimillonarias sumas de dinero que se les pagan a los agentes y gestores financieros como Soros, James Simons, Ken Griffin, John Paulson, Philip Falcone, Ray Dalio, Carl Icahn, Steven Cohen, etc. Solo el 2008 (año de la crisis sub-prime), James Simons ganó en sueldo $2.500 millones. Es decir, si este dinero se repartiera entre 1 millón de pobres, equivaldría a $2.500 cada uno. O sea, en el sueldo de un año de un solo hombre estaba la riqueza producto del trabajo y la explotación de millones de hombres.

Se cree erróneamente que son los deportistas, superestrellas, o actores de cine, los que ganan más dinero en el mundo. El golfista Tiger Woods ganó en sus mejores épocas alrededor de $50 millones anualmente, el actor Johnny Depp $70, Cristiano Ronaldo $40, pero un gestor de fondos como cualquiera de los mencionados anteriormente puede ganar entre $1.000 y 3.700 millones anuales. Sin duda, cifras realmente astronómicas. Ahora, si esto ganan los empleados top de la banca internacional, ¿se imaginan cuánto ganarán los empleadores? O sea, los dueños de todo; los Rothschild, Rockefeller, Morgan, Goldman, etc. Y aunque nunca encontraremos estas cifras, se puede deducir que cada una de estas familias debe estar ganando miles de millones sino billones.

Finalmente, y continuando con la crisis asiática, a mediados de los noventa, la FED, dirigida por Alan Greenspan, empezó nuevamente a elevar las tasas de interés del 3 al 6% (contracción monetaria), lo que provocó que sea más atractivo para los banqueros invertir en EE. UU. que pagaba más intereses, y por consiguiente, retirar su dinero del sureste asiático que ya estaba muy endeudado. En consecuencia, el dólar subió y se generó una inflación galopante en las monedas locales. Los gobiernos de estos países no pudieron hacer nada para detener la fuga de capitales, ni siquiera subiendo las tasas de interés ni dejando el tipo de cambio fijo al dólar para dejar fluctuar sus monedas libremente. Los financistas saben que no es posible endeudar infinitamente a un país, tienen que retirarse a otras economías saneadas y dejar que el FMI entre a tallar con el ya conocido shock económico, a fin de refinanciar las deudas. Así lo hicieron con estos países asiáticos, obligándolos a pagar sí o sí con dinero, propiedades y recursos naturales. Casi un calco de lo que fue en Latinoamérica.

Esta crisis provocó un efecto dominó en Rusia, donde se produjo igualmente una severa crisis financiera en 1998, producto del endeudamiento, la especulación, y al final una fuga de capitales (los banqueros retiraron su dinero del país) que provocó que el rublo (moneda rusa) se depreciara, generando déficit y más endeudamiento. Aquí entró a tallar igualmente el FMI. Lo demás es la historia de siempre.

Creo sinceramente que la especulación financiera (terrorismo financiero) es una actividad muy peligrosa. Pues el sistema está diseñado para que grandes bancos puedan llevar a la quiebra a cualquier nación. Bastará con que solo apuesten sus billones sistemáticamente en las plataformas de *trading* a la depreciación o baja en una divisa, un metal, al petróleo, al trigo, a los bonos soberanos, etc. Utilizando además el apalancamiento, el cual hace que por ejemplo con solo 1000 millones se pueda apostar 100000 millones o un billón, etc. Es decir, estas plataformas de *trading* permiten especular con más dinero de lo que en realidad uno tiene. Yo mismo estoy apalancado 50 veces en mi plataforma.

Sin embargo, yo mismo —como especulador de pequeña escala— también soy víctima de una estafa porque estas plataformas se anticipan a mis movimientos, ya que cuando ingreso una orden de compra o venta a un precio determinado y hago click al *mouse*, esta acción siempre resulta demorando unos milisegundos para finalmente ejecutar mi orden a otro precio. Y esto se debe a algo llamado "Trading de Alta Frecuencia". Es decir, grandes bancos utilizan lo último en la tecnología de softwares y algoritmos informáticos en súpercomputadoras, establecidas cerca a los mercados financieros, para de esta forma adelantarse a las ordenes (clicks) en solo mili o microsegundos. O sea, sus súpermaquinas se adelantan a la acción de cualquier ser humano, pues obtienen la información de lo que yo he comprado unos microsegundos después de hacer click, para así ellos comprar y revendérmelo a precio más alto, todo en microsegundos. Entre la acción de hacer click y ejecutarse la orden pasan estos microsegundos que son aprovechados por los grandes bancos. En conclusión, todo esto es legal actualmente, siendo por ejemplo el banco norteamericano Goldman Sach uno de los mayores beneficiados de este sistema de *trading* de alta frecuencia.

Crisis Argentina de 1999-2002

NUEVAMENTE LA ARGENTINA era víctima de una crisis donde se endeudó a los argentinos a más no poder. En consecuencia, se incrementó el déficit y se propició el abandono de la convertibilidad con el dólar americano, lo cual significó una depreciación acelerada del peso y la caída en pobreza del 60% de la población.

El único personaje que quiso hacer algo inteligente y honesto para salvar la economía del pueblo, fue el presidente transitorio Adolfo Rodríguez Saá, quien anunció que el Estado suspendería el pago de la deuda, pero aún más importante, anunció la emisión de una nueva moneda no convertible llamada "argentino", con la cual se financiaría planes de vivienda, se otorgarían más de cien mil subsidios al pueblo, y se aumentaría el sueldo y la pensión a los jubilados estatales. Es decir, sería dinero libre de deuda emitido directamente por el gobierno. Sin embargo, los gremios políticos más poderosos, lobbistas de la banca, y grupos empresariales como el Grupo Clarín (con accionariado internacional bancario), presionaron para sacar a Rodríguez de la presidencia tras haber estado solo una semana en el cargo. Con este acto, nada de lo prometido se realizó, para beneficio de los financistas privados. Entre los que más se beneficiaron de todo este desastre financiero y económico, fueron la banca JP Morgan, Credit Suisse, Citigroup, entre otros, que ganaron miles de millones producto del lavado de dinero.

¿Hasta qué punto puede llegar la usura financiera? Con crisis tras crisis, provocadas en todos los casos por el interés y la deuda, se hace difícil encontrar un límite a la ambición. Esta gente utiliza todos los medios para difundir la falsa idea que son crisis económicas normales que tienen que pasar. Cuando la realidad nos indica que todas estas crisis desde el nacimiento de la banca y la bolsa, han sido solamente crisis financieras o de deuda por la ambición de los banqueros. Es decir, solo pienselo, no existen en realidad estas crisis de deuda, solo existen en nuestra imaginación. Nunca fueron ni son crisis reales; esto es solo una ideologia para hacer creer a la gente que nuestro mundo colapsará si no seguimos pagando las deudas. Dese cuenta que ninguna de estas crisis mundiales fueron provocadas por catástrofes o desastres naturales como terremotos, diluvios, sequías, ni nada parecido. Las casas siempre estuvieron en pie (vacías y embargadas), y la tierra siempre dio frutos. Es decir, siempre hubo abrigo y alimento para todo el mundo, pero la ambición y la usura de los banqueros hace que solo ellos acaparen todos los bienes en su poder (en su stock); no importándoles si se pudren los alimentos o que estén vacías las casas. O mejor dicho, que millones se mueran de hambre y frío. De modo que solo basta con observar las señales producto de la manipulación monetaria y sus políticas cíclicas para darse cuenta de la estafa a la que estamos expuestos. Recuerden que en los periodos de crisis la riqueza nunca es destruida, solo es transferida a estas élites financieras de siempre.

Por lo tanto, se puede decir que estas crisis financieras (transferencias de recursos), que simplemente son crisis irreales o imaginarias han sido mas devastadoras que cualquier terremoto, catastrofe o guerra en la historia. O sea, las crisis irreales han sido terriblemente mas catastroficas que las crisis reales. Algo absurdo que solo puede pasar en la mente del ser humano.

Tasas o tipos de interes referencial. Principal instrumento de usura para endeudar naciones

Todo empieza con lo que haga el mayor banco central del mundo, la FED. Luego la seguirán el Banco Central Europeo (BCE), el Banco Central de Japón, el Banco Central de Inglaterra, el de China, y seguidamente los demás bancos pequeños de todos los países. Cuando la FED baja sus tasas de interés lo más cercanas a cero, a este ciclo se le llama de expansión monetaria (del dinero); es decir, un ciclo de expansión del crédito. Este es un periodo con inflación muy baja. Aquí es cuando se comienzan a originar los *booms* y burbujas alimentadas por la deuda barata. Por consiguiente, el dólar se deprecia en relación a otras monedas y los banqueros van en busca de países que les paguen más intereses. Por el contrario, cuando la FED comienza a subir las tasas de interés, da comienzo a un ciclo de contracción monetaria. Los préstamos se vuelven más caros, la especulación mobiliaria e inmobiliaria llega a su máxima expresión, el *boom* crediticio está en su nivel más alto, se deprecian las divisas del resto de países, y finalmente estalla la burbuja. También la inflación va directamente relacionada a la tasa de interés. Cuando la tasa de interés sube, también lo hace la inflación. Y cuando la tasa de interés baja, también baja la inflación.

Por poner un ejemplo: cuando la FED sube sus tasas de interés, quiere decir que el dólar se apreciará con relación a otras monedas, ya que la FED irá contrayendo los dólares de vuelta al banco (habrá más demanda por un dólar escaso); en consecuencia, el sol peruano, el peso argentino y cualquier otra divisa nacional se depreciará (mayor inflación). Esta subida de tasas provocará que cada vez se necesite más dinero (más inflación) para el pago de las deudas y créditos con intereses más elevados, convirtiéndose en un círculo vicioso que es cortado forzosamente por los banqueros con el pinchazo de la burbuja (una crisis). Así los bancos ya no tienen que emitir más dinero, pues te refinancian las deudas a varios años o décadas, no sin antes embargarte tus propiedades y bienes. Y así comienza nuevamente el ciclo; la FED baja la tasa de interés y ya sabes lo que sigue después.

Es importante recordar que cuando la FED baja o sube sus tasas, así también lo hacen los demás bancos centrales mundiales. Esto sucede porque toda la banca esta interconectada mundialmente por los intereses económicos de una pequeña élite. A continuación, presentamos un gráfico de tasas de interés de la FED desde 1991, y otro gráfico de las tasas de interés y su relación con la inflación desde 1970 hasta la crisis sud-prime.

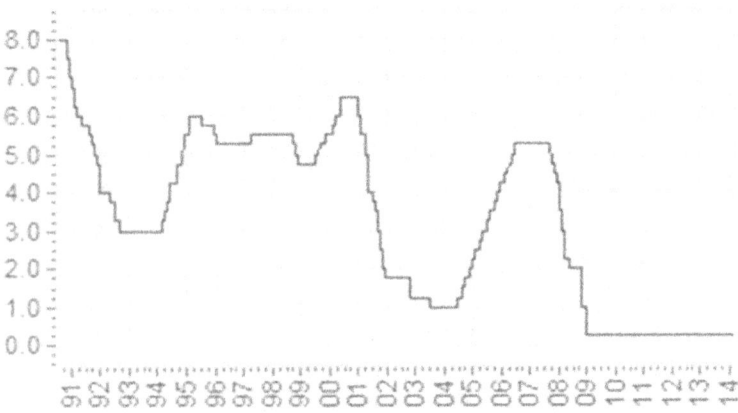

Aquí se observa que el mundo todavía continúa en un ciclo expansionista del crédito. Como nunca en la historia, la FED mantiene las tasas de interés al 0.25% desde finales del 2008. Esto hace suponer que el ciclo contraccionista de dólares empezará pronto cuando se empiecen a elevar las tasas, trayendo consigo una nueva crisis que seguramente no tendrá precedentes.

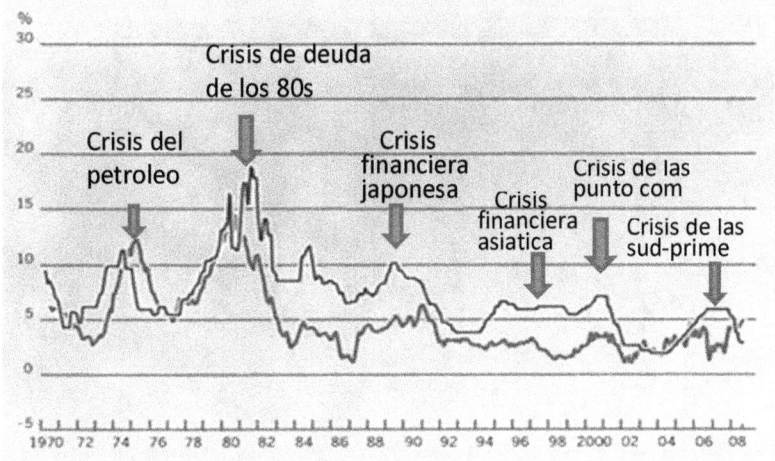

Fuente: Financial Times

En este gráfico se observa la muy cercana relación entre las tasas de interés y la inflación. Además, se señala cómo coinciden siempre los picos o máximos de tasas de interés con las crisis mundiales. Para sacar sus propias conclusiones.

Mucha de esta información solo la manejan los banqueros y especuladores de las bolsas de valores, además claro de algunas personas especializadas en el tema. Sin embargo, la gran mayoría, o mejor dicho la gente común, ignora todos estos datos porque simplemente no les interesa, debido a que no los entiende, y porque los medios de comunicación les restan importancia. A la banca le conviene que la gente continúe en la ignorancia, porque así siguen ganando billones solo especulando con el vaivén de los tipos de interés, en detrimento de los pueblos.

CRISIS DE LAS PUNTO COM. LA BOLSA COMO INSTRUMENTO DE ADQUISICIÓN DE EMPRESAS

CUANDO LOS BANQUEROS Y FINANCISTAS especuladores dejaron el sudeste asiático fundido en deuda y en crisis, decidieron entonces llevar sus billones de dólares de regreso a EE. UU., donde la tasa de interés se estaba volviendo a elevar (a más del 6%). Aquí empezaron a inflar una nueva burbuja, financiando mayormente a seudoempresas vinculadas a Internet, empresas que no generaban ninguna utilidad ni beneficio y solo eran fachada de una especulación a gran escala. Estas empresas cotizaban en las principales bolsas mundiales como Wall Street, entre otras. En estos mercados los especuladores financieros negociaban sus acciones generando un *boom* en el precio de estas. Mucha gente invirtió los ahorros de su vida comprando estas acciones y aumentando más el precio en un periodo de euforia irracional. Cuando la crisis estalló, fue justamente esta gente común la que perdió mucho dinero y se quedó en la ruina.

Esta especulación empezó aproximadamente a finales de 1997, y estallaría en marzo del 2000 con el desplome del índice Nasdaq de la bolsa de valores de New York y su contagio y pánico a las demás bolsas mundiales. Desde 1999 hasta principios del 2000, la FED subió la tasa de interés gradualmente hasta en 6 ocasiones al 6,5% (el máximo en 10 años), con lo cual ya estaba decidido a pinchar la burbuja con una nueva crisis. Como consecuencia, los medios divulgaron que se esfumaron más de 5 billones de dólares. Ahora ya sabemos que el dinero nunca se desvanece, solo cambia de manos. También unas 5.000 empresas tecnológicas desaparecieron, ya sea por haberse fusionado con otras o por haber quebrado. Es decir, la banca obtuvo una cuantiosa ganancia, pero además compró muchas de estas empresas quebradas a precios de remate. De esta manera adquirieron la propiedad total o parcial de empresas como Yahoo, Ebay, Amazon, Priceline, E*trade, entre otras.

Hay que entender que la bolsa de valores es el instrumento más efectivo para que los banqueros se adueñen de las empresas. Y es justamente a través de la compra de acciones que esta gente se adueña del capital y voto de una empresa. Ni siquiera tienen que comprar la totalidad de esta, basta con que adquieran el accionariado mayoritario que puede ser el 15, 20, 30% o más, dependiendo de cuántos accionistas tenga la empresa. Esa es la verdadera trampa del financiamiento a través del mercado de valores, pues una vez que emites acciones, tu empresa pasa a manos de especuladores, quienes con una apuesta a la baja de tus acciones, te pueden llevar a la quiebra para de esta manera apoderarse de tu empresa. Y esto no lo digo yo, basta con recurrir a la historia y a los datos para darse cuenta cómo en todas las crisis los banqueros se han apoderado de miles de empresas en todo el mundo. Es un hecho innegable.

11 DE SETIEMBRE
LA NUEVA GUERRA DEL OPIO Y EL PETRÓLEO

LA HISTORIA OFICIAL DE LOS ATENTADOS del 11 de setiembre del 2001 a las torres gemelas es bien conocida. A modo de pelicula taquillera de Hollywood, cuenta la historia de un atentado terrorista del grupo "Al Qaeda", dirigido por Bin Laden y cometido por 19 de sus discípulos más devotos, quienes lo consideraban un héroe e ídolo, y por eso se suicidaron estrellando unos aviones. Ah, y que también querían morir rápido porque ya querían ir al paraíso con su Dios Alá. Y todo esto motivado por un odio al gobierno de EE. UU. Para muchos un singular cuento algo ingenuo y mal planificado. Sin embargo, si esta gente supuestamente suicida y dispuesta a todo, en verdad hubiese querido infringir un verdadero daño al gobierno, simplemente hubieran destinado los millones que invirtieron, para asesinar a los políticos y al mismo Bush; esta labor hubiera sido muy fácil si eres un suicida dispuesto a todo. ¿Para qué destruir un par de edificios viejos? No tiene lógica. Este acto fue más una escena espectacular de Hollywood para provocar indignación y espanto en los pueblos del mundo, en vez que un verdadero daño al gobierno. Por el contrario, el gobierno se mantuvo intacto y refor-zado, con lo cual el supuesto objetivo de los terroristas nunca se cumplió.

Hay tantas incongruencias y falsedades en este caso que podríamos aplicar la famosa frase: "no hay crimen perfecto". Y es que hay decenas de pruebas que constatan que este atentado fue promovido por el propio gobierno de Bush. Todo lo demás fue un montaje para aterrorizar al pueblo. Es decir, el gobierno y la CIA aplicaron esta vez el terrorismo de Estado contra el propio pueblo norteamericano; el mismo terrorismo de Estado que promovieron contra las naciones latinoamericanas en los años setenta y ochenta.

Cada vez es más la gente que se está dando cuenta del engaño de esta historia, y que la famosa frase de Bush: "guerra contra el terror" solo fue un pretexto para en efecto declarar la guerra a dos naciones árabes, y empoderar el poder del gobierno americano para reprimir más a su población con el falso argumento de la seguridad.

Si en verdad se quiere averiguar la realidad de los hechos, basta con observar las pruebas, los testimonios de la gente y de los bomberos, los videos, y la demolición controlada de las tres torres. Porque hubo una tercera torre, la torre 7 de 47 pisos que se derrumbó sin que ningún avión se estrellara contra ella ese día. El gobierno dijo que esta se vino abajo por los escombros que cayeron del derrumbe de las torres gemelas, que provocaron incendios en algunos pisos de la torre 7. Sin embargo, qué fácil sería entonces derribar un edificio de 47 pisos o cualquier otro con un incendio. ¿Para qué necesitamos entonces contratar expertos en demolición, comprar toneladas de explosivos, y semanas o meses de trabajo para demoler un edificio? Es decir, si se quiere demoler un edificio bastará con provocar un enorme incendio en él para que se derrumbe por sí solo en un par de horas, como ocurrió con la torre 7. Hasta el más ignorante en estos temas puede darse cuenta que esto es totalmente imposible. Lo mismo se aplicó a las torres gemelas, que también fueron objeto de una demolición controlada, ya que muchos testigos relatan que escucharon fuertes explosiones en los pisos más bajos.

No pretendemos seguir con esta historia, pues es muy extensa y la pueden buscar en muchos libros y en la Internet (medios aún confiables y libres que no están intervenidos por el poder financiero). Nos centraremos en los sucesos posteriores que tienen que ver con el ámbito económico y los intereses financieros. ¿Cuáles son estos intereses? Son tres: ganancias del petróleo, ganancias de la guerra, y ganancias del opio con su derivado la heroína. Los tres principales motivos para el autoatentado del 11 de setiembre.

1.-EL PETRÓLEO

HOY EN DÍA SE SABE QUE IRAK posee la segunda reserva de petróleo más grande del mundo después de Arabia Saudita, y quizá pase a ser la primera en algunos años. Entonces fue que el gobierno de Bush ordenó invadir Irak el 20 de marzo del 2003, con el pretexto de que los iraquíes tenían armas de destrucción masiva (armas químicas y biológicas) y que podían caer en manos de Bin Laden. Todo como parte de la llamada "guerra contra el terror". El resultado de la guerra fue 4.500 soldados americanos y más de 1.5 millones de iraquíes muertos. Nunca se encontró ninguna arma de destrucción masiva, ya que estas nunca existieron desde un principio. Sin embargo, lo que sí resultó ser cierto fue el pretexto negado para apoderarse del petróleo, pues las multinacionales petroleras más grandes del mundo entraron a repartirse el botín, empresas como Royal Dutch Shell, Exxon Mobil, BP (British Petroleum) y Halliburton, controlan ahora el petróleo iraquí, generando así miles de millones en ganancias para una élite que controla a todas estas empresas, ya que finalmente son un conglomerado de propiedad de la banca internacional. Y mientras estas multinacionales depredan la riqueza iraquí, el pueblo solo se ha empobrecido más.

Al igual que en Irak, el 8 de octubre del 2001, EE. UU. invade Afganistán con el pretexto de capturar a Bin Laden, quien se encontraba refugiado en ese país. Sin embargo, ya era conocido que Afganistán con sus bastas montañas, tiene importantes reservas de gas que están siendo actualmente explotadas por multinacionales estadounidenses. De igual manera, se encuentran en explotación alrededor de 322 pozos, solo en la cuenca del Amo Darya, donde se estima que hay entre 500 y 2000 millones de barriles de petróleo. Además, Afganistán posee cientos de depósitos minerales y de hidrocarburos probados, que todavía no han sido explotados a gran escala, pues muchos de estos fueron abandonados a medio empezar por los soviéticos cuando perdieron la guerra y colapsó la Unión Soviética.

Hoy en día hay grandes yacimientos de hierro, plata, oro, esmeraldas, cromo, litio, zinc, uranio, cobre, etc., que están siendo adquiridos por grandes empresas multinacionales, como la Metallurgical Group Corporation. También el propio Banco Mundial está financiando diferentes proyectos de extracción.

2.-LA GUERRA

EL SEGUNDO MOTIVO fue para beneficiarse del costo de la guerra. Hasta el 2013 este costo representaba más de 2 billones de dólares en ambas guerras. Sin embargo, muchos especialistas estiman que el costo total llegaría a más de $6 billones, debido al pago de intereses a los financistas, pagos de pólizas de seguro, etc. Los 2 billones representan todo el gasto en armamento y logística desde el primer día que empezaron las invasiones con los miles de toneladas de explosivos producto de los bombardeos, hasta el pago a las diferentes empresas contratistas privadas, como el Grupo Carlyle, un fondo de inversión y una de las contratistas de defensa más grandes del mundo, con 31 oficinas en 21 países. Uno de sus grandes accionistas es o fue el presidente George W. Bush, lo cual también explica su interés por llevar a cabo estas guerras. Por si fuera poco, la propia familia Bin Laden es o fue inversionista en esta empresa, y mantuvo estrechas relaciones comerciales con Bush a través de la empresa Binladin, que fue socia de Arbusto Energy, empresa de Bush.

No cabe duda que las dos guerras con todo el gasto que representa la industria armamentista, beneficiaron a estas dos familias, pero sobre todo a la banca internacional, que no tiene nacionalidad, no tiene credo, ni remordimiento por los millones de muertos. La guerra es beneficio, la paz es pérdida.

3.-El opio

El tercer y quizás el más importante motivo para la farsa del 11-S, fue controlar e ininterrumpir el flujo de miles de millones de dólares que representa el narcotráfico, específicamente, la heroína (producto del opio afgano). Este mercado significa entre 70 y 150 mil millones de dólares anuales en ganancias. Solo el 3% de este dinero se queda en Afganistán para los carteles de la droga, el resto va al sistema financiero internacional, donde se vuelve lícito a través del lavado de dinero. Es decir, el tráfico de heroína es un negocio que genera enormes ganancias a la banca, tanto como las armas. Tomemos en cuenta que el narcotráfico representa alrededor de 600 mil millones de dólares anuales, encontrándose entre los 4 negocios más rentables del mundo junto con la banca, el petróleo, y las armas.

Sin embargo, en el 2001 algo pasó que interrumpió ese flujo constante de miles de millones de dólares a la banca internacional. Los Talibanes en Afganistán comenzaron a erradicar eficazmente todos los cultivos de opio. Tal fue el éxito, que solo ese año produjeron 185 toneladas a comparación de las 2 a 3 mil toneladas que producían anteriormente. Si hoy revisamos los datos, encontraremos que desde la ocupación y protectorado de EE. UU. en Afganistán en 2001 hasta el 2013, la producción de opio aumentó exponencialmente, situándose entre 4 y 6 mil toneladas anuales.

La propia ONU reconoció el éxito rotundo por parte de los Talibanes en su lucha contra la droga, que jamás ningún estado ni el propio EE. UU. ha podido replicar. O mejor dicho, ningún gobierno quiere meterse realmente con el cártel de la droga, ya que este negocio beneficia al cártel bancario. Es entonces que se inventa todo lo del 11-S para invadir Afganistán. Para mayor prueba, basta con ver las cifras de producción de opio y heroína desde los años setenta. Antes de la intervención de la CIA a finales de los setenta, el país no producía heroína, sino solo opio para uso local. El aumento del cultivo del opio fue recién promovido por la CIA durante la década del 80, haciendo de Afganistán el primer productor de opio y heroína del mundo. Ya con la derrota de los soviéticos a finales de los ochenta, el gobierno norteamericano instaló en Afganistán una especie de gobierno de mercenarios o también llamados "Señores de la Guerra". Estos mercenarios a sueldo tenían la finalidad de prolongar la guerra a modo de guerra civil para mantener el sistema económico basado en la extracción y depredación de recursos naturales. Es decir, prolongar indefinidamente la inestabilidad e ingobernabilidad de un país para que las grandes multinacionales extranjeras depreden todo lo que sea posible. Fue así que este gobierno de Señores de la Guerra, patrocinado por EE. UU., se prolongó hasta 1996, llevando la producción de opio a cifras récord. No obstante, a finales de ese mismo año y después de varias luchas armadas contra los Señores de la Guerra, los Talibanes tomaron el poder. Este grupo político-religioso tomó relevancia en 1994, como consecuencia de las atrocidades cometidas por los Señores de la guerra. Entre esos sucesos, se señala la movilización de los Talibanes para capturar a un Señor de la Guerra que había secuestrado a dos adolescentes, les había afeitado la cabeza, y las había llevado a un campamento donde fueron violadas repetidamente. Los Talibanes liberaron a las niñas y ahorcaron al Señor de la Guerra del cañón de un tanque.

Con respecto al opio, los Talibanes, una vez instalados en el poder, fueron indiferentes a su producción, manteniéndose una producción constante de opio durante 4 años, lo que sin duda no provocó ninguna invasión. Solo recién, cuando en el 2001 la producción cayó de lo que era un 80% a menos del 10% de la producción mundial, debido a la prohibición y erradicación del opio por parte de los Talibanes, es cuando se decide invadir ese país. Acuérdense, ya nada es coincidencia. Hoy en día, la heroína que se produce mundialmente proviene en un 96% del opio afgano, donde EE. UU. tiene el control del gobierno y donde nuevamente ha implantado a los Señores de la Guerra para mantener inestable el país y depredar sus recursos. De igual modo, en Irak han implantado a estos mercenarios como también lo han hecho en varios países de África, con el único objetivo de depredar sus recursos naturales. Las cifras no mienten, bajo el gobierno de EE. UU. se retomó la producción de opio llegando a niveles record.

En el gráfico a continuación de Las Naciones Unidas se muestran los diferentes periodos de producción de opio en toneladas, desde 1980 al 2004. Se evidencia claramente como los Talibanes erradicaron la producción el 2001 con menos de 200 toneladas. Y cómo bajo el gobierno de EE. UU. se retomó la producción del opio a un promedio mucho mayor que en años anteriores.

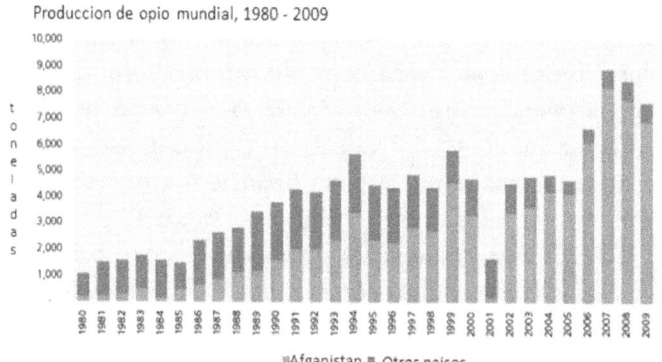

Hemos podido observar en el último gráfico de la Oficina de las Naciones Unidas contra la Droga y el Delito (UNODC), el crecimiento récord de la producción de opio a partir del 2002, cuando EE. UU. tomó control de Afganistán. Además, muestra a cuánto equivale la producción del opio afgano a nivel mundial que destruye las vidas de millones de personas.

En consecuencia, la droga es otra mercancía más que necesita de los billetes de la banca privada para que pueda circular. A más droga, más billetes; más billetes significa más deuda, y por consiguiente más ganancia para los banqueros.

Al igual que la heroína, la cocaína latinoamericana de los 3 principales países productores: Perú, Colombia y Bolivia, no pretende ser nunca erradicada. Se capturan diariamente a las mulas o burriers que transportan minúsculas cantidades de droga en comparación a lo que se trafica a través de cargamentos o containers en barcos y aviones. Por ende, no capturan a los verdaderos capos, ya que estos forman parte en los más altos cargos del poder financiero y de los gobiernos. De modo que solo se utilizan a las pobres mulas para complacer a la opinión pública de que se está luchando contra el narcotráfico. Sin embargo, todo es un simple teatro.

El mercado de la droga tiene unos 280 millones de consumidores hasta el momento; un mercado que crece cada año. Mucha gente no creerá aún que la banca es la mayor beneficiada del narcotráfico a pesar de todo lo dicho. Sin embargo, para mayor prueba, basta con observar las propias cifras de la ONU que indican que alrededor del 70% del dinero proveniente del narcotráfico se lava o blanquea en el sistema financiero y en unos 73 paraísos fiscales. Si tenemos en cuenta que el otro 30%, finalmente y de cualquier forma, termina ingresando al sistema financiero a través de las empresas o cualquier otro medio, podríamos asegurar que el 100% de este dinero ilícito se lava en el sistema bancario.

Hoy en día vemos cómo la banca pretende mostrar una imagen de incorruptibilidad y como la gran benefactora del mundo, y lo han conseguido; han conseguido engañar a miles de millones. Sin embargo, los hechos indican que esta institución está íntimamente ligada al cártel de la droga desde el origen, imprimiendo el dinero que se necesita para comercializarla hasta la protección del mismo en los intocables paraísos fiscales. Para tener una perspectiva más clara, el lavado de dinero ilícito representa entre el 3 y el 5% del PBI mundial, el cual está alrededor de los $80 billones anualmente, lo que significa que unos $4 billones son producto del dinero ilícito anual. Esta es una suma inmensa de dinero que la banca no se puede dar el lujo de rechazar, ya que la avaricia de esta élite es también inmensa.

En conclusión, la guerra en Afganistán que continúa en la actualidad (2016), es una prolongación de las guerras del opio, lanzadas en el siglo XIX contra China, cuando Inglaterra, tras ganarle la guerra, impidió así la liberación del pueblo chino del vicio en que estaba sumido. Prácticamente se obligó al pueblo chino a ser drogodependiente del opio. Lo mismo está pasando con todos los países ahora, no lo duden.

Esta historia data de 1829, cuando el Emperador Daoguang prohibió la venta y el consumo del opio, debido al creciente número de adictos en China. También empezó a confiscar y destruir los embarques de opio traídos por los británicos desde la India británica, con el fin de detener el deterioro de la sociedad china. Una sociedad donde un obrero se gastaba las 2/3 partes de su sueldo para comprar esta droga. Se llegó hasta el punto de enviar una carta a la reina Victoria I del Reino Unido, pidiéndole que no traficara más con opio. Sin embargo, la reina no aceptó. Presionada por las más grandes familias bancarias y comerciantes de opio de la época, como la familia Sasson (familia judía muy adinerada), es que la reina decide declarar la guerra a China enviando su gran flota británica para invadirla y defender su derecho a comerciar con esta droga, de la cual las familias bancarias obtenían grandes beneficios. Cabe resaltar que la familia Sasson tenía estrechos vínculos comerciales y familiares con otra de las más grandes familias banqueras judías, los Rothschild. Albert Sasson estaba casado con Caroline de Rothschild.

Los británicos terminaron por ganar las dos guerras del opio de 1839 a 1842 y de 1856 a 1860, con la ayuda del gobierno de EE. UU. y Francia. Esta derrota significó que China se vio obligada a legalizar el tráfico, venta y consumo del opio, así como también a entregar la ciudad de Hong Kong al control de los británicos como colonia. Es justamente en este importante distrito financiero y comercial que se creó en 1865 la banca y trasnacional financiera HSBC (The Hong Kong and Shanghai Banking Corporation) con el fin de administrar las inmensas ganancias generadas del tráfico de opio. HSBC está actualmente entre los 10 bancos internacionales más grandes del mundo. En el 2012, reconoció descaradamente su culpa por haber lavado dinero de los carteles mexicanos de la droga y otras organizaciones criminales en diferentes países; esto, ante la acusación formulada por el Subcomité Permanente del Senado de EE. UU. Para evitar cargos criminales, aceptó pagar una multa de $1.920 millones. Es decir, con esa pequeña multa, en comparación con las ganancias, se concluyó toda la investigación criminal que podía llevar a la cárcel a los verdaderos capos de la droga en el sistema financiero. Con la complicidad de los políticos, la banca asumió una pequeña pérdida de unos cuantos millones para tapar los billones que obtienen en ganancias del narcotráfico todos los años.

Con toda esta innegable información, podemos decir que los verdaderos capos de la droga son los propios banqueros internacionales, quienes controlan este comercio ilegal y destructivo desde que inundaron China con toneladas de opio y hoy hacen lo mismo con la heroína y cocaína a nivel mundial. ¿Con qué objetivo? Pues con el objetivo de mantener a la gente sumisa, estúpida e ignorante. Distraída en un mundo de ficción y adicción.

Por último, para los que aún creen que EE. UU. es un ejemplo a seguir, donde se respetan las libertades y derechos, el 11-S también sirvió como pretexto para que el gobierno de EE. UU. creara las siguientes leyes: la Ley Patriota, la Ley de Seguridad Nacional y la Ley de Autorización de Defensa Nacional. Con el pretexto de combatir el terrorismo, estas leyes le dan un mayor poder y control al gobierno sobre sus ciudadanos, restringiendo sus libertades y garantías constitucionales. En consecuencia, cualquier persona en territorio estadounidense, ciudadano o no, puede ser detenida indefinidamente en una prisión militar sin antes haberle levantado cargos, sin un abogado, sin juicio, y ser legalmente torturado. También pueden registrar su casa o su empresa sin una orden y sin estar usted en ella; al igual que intervenir su teléfono, su email, cuentas bancarias, etc. Es decir, cualquier ciudadano inconveniente para el gobierno y el poder financiero puede ser sacado de su casa en medio de la noche por los militares, silenciado en una cárcel indefinidamente, y ser condenado por un delito que no cometió, ya que no se necesitan pruebas para esto según estas leyes. Y todo con el pretexto que puede ser un potencial terrorista. Si esto pasa en el país del libre mercado, en el más "libre y justo del mundo", imagínese lo que podría pasar en el suyo. Pues siempre lo que hace la primera potencia mundial es replicada por los demás gobiernos.

El poder financiero ya sabe que mucha gente se está dando cuenta de la estafa del sistema monetario actual, y por ende, están limitando las libertades y la capacidad de reacción y lucha de la gente que los expone y denuncia; gente que quiere el verdadero cambio hacia un mejor sistema, no capitalista, no comunista, ni fascista, ni socialista, ni sionista, ni financierista, ya que todos estos han demostrado funcionar igualmente para la misma élite de siempre.

Crisis financiera mundial de las Hipotecas sud-prime

COMO SU PROPIO NOMBRE LO INDICA, esta crisis fue provocada una vez más por los financistas, los usureros, los banqueros y especuladores de Wall Street. La crisis empezó a manifestarse en el 2007, pero recién mostraría su efecto devastador en el 2008, siendo considerada la peor crisis financiera de la historia, con consecuencias perjudiciales para toda la economía mundial, y con efectos que aun hoy se siguen sintiendo.

Muchos de los economistas más respetados aducen que esta crisis se originó de una mala valoración del riesgo, o mejor dicho de las inversiones de riesgo por parte de la banca, que consecuentemente provocó una severa crisis de confianza. Sin embargo, aunque esta explicación suena muy elaborada, científica y hasta romántica, no es para nada cierta. La realidad es que los banqueros siempre conocieron y conocen el riesgo que implicaba prestarle dinero a millones de personas de bajos recursos en EE. UU., España, entre otros países, que no podrían ser capaces de devolver los préstamos ni tampoco pagar los intereses usureros más altos de entre todos los créditos. Es increíble como estos seudoeconomistas pretenden hacer creer al pueblo que los banqueros son unos "pobres ingenuos" que no supieron valorar el riesgo. Por el contrario, los banqueros saben exactamente cuál es el riesgo y siempre lo han sabido, pues la banca nunca pierde, lo dice la historia. Desde la creación de la banca, el riesgo siempre ha sido su aliada en la obtención de ganancias, ya que han tenido a los políticos y gobiernos comiendo siempre de sus manos. Con lo cual, el riesgo de que el pueblo no les pague ha sido completamente anulado por el poder de opresión de los gobiernos. Para mostrar ejemplos claros: ¿acaso la banca no supo del riesgo que significaba prestarle dinero a altas tasas de interés a los países y dictadores latinoamericanos de los setenta?, ¿acaso no sabían del riesgo en la crisis japonesa?, ¿acaso no sabían del riesgo de prestarles a los asiáticos cuando provocaron la crisis del 97?, ¿o del riesgo en la crisis de las punto com?, y aún más importante: ¿acaso no se les pagó a los banqueros hasta el último centavo de las deudas y los intereses en todas estas crisis? Por supuesto que sí. La banca siempre conoce los riesgos, es solo que esto no le importa, pues el Banco Mundial, el Fondo Monetario Internacional, los gobiernos y políticos garantizan siempre que se les pague hasta el último centavo; además de embargar las propiedades y bienes del pobre pueblo sin reembolsarles ni una sola moneda de lo ya aportado.

Otra cosa a tener en cuenta es que esta crisis como todas las crisis desde la creación de la banca, se originan una y otra vez de los mercados de valores; mercados que son el centro financiero de la deuda mundial desde su creación en 1460 por parte de los banqueros, quienes pasaron de comerciar con productos reales a comerciar con papeles; o sea, títulos, acciones, bonos, letras, futuros, opciones, dinero, etc. Y todos estos papeles no representan nada más que deuda. Es decir, esta gente se dio cuenta que ganaba más dinero negociando con la deuda que con los productos reales, y por eso decidieron crear el mercado de valores y extender su uso a nivel mundial. Por lo tanto, este mercado no nació como una buena idea para beneficiar a los pueblos; muy por el contrario, este mercado nació para beneficiar los intereses individuales de los propios banqueros. En pocas palabras, los mercados de valores actuales solo son mercados de especulación donde se negocia la deuda mundial representada en papeles o títulos de deuda pasada, deuda presente y deuda futura. Y este mercado que tiene unos 6 siglos de antigüedad nunca cambió su funcionamiento, solo se sofisticó más y más; y cuando me refiero a sofisticación, quiero decir que los banqueros han ido creando cada vez más papeles o productos financieros aún más complicados de entender para el común de la gente; productos llamados "Derivados Financieros", que en realidad solo son formas de especulación extrema, bien diseñadas para robarle a los pueblos y clases trabajadoras. Estos derivados calificados también como "Armas de Destrucción Masiva", llegaron al punto máximo de la sofisticación justamente en esta crisis del 2008, cuando los banqueros de Wall Street utilizaron en forma masiva un derivado financiero llamado "Mortage Backed Security" (bono respaldado por hipotecas), también llamado Hipoteca Sud-prime, o mejor conocido popularmente como "Bono Basura", para comercializar con las deudas hipotecarias de las familias pobres; es decir, era el colmo de la usura y especulación en detrimento de la clase más desfavorecida de la sociedad.

Pero ¿cómo empezó todo esto? Para entender bien cómo se produjo esta crisis hay que remontarnos unos años atrás hasta la crisis especulativa de las Punto Com del año 2000. Cuando se reventó esta burbuja, la FED, conducida por Alan Greenspan, comenzó a bajar velozmente las tasas de interés desde el 6.5% al 1% en el 2003, lo que provocó que los banqueros y financistas retiraran su dinero de las empresas tecnológicas para volcarse esta vez a especular en activos inmobiliarios en varios países del mundo. Es decir, la nueva moda o tendencia dirigida por la banca era ganar dinero de la construcción, compra-venta, y especulación en propiedades y tierras. Así comenzaron a prestar dinero sin muchos requisitos pero con altas tasas de interés (mayormente a las clases pobres) para que adquieran hipotecas y compren casas, autos, productos, viajes, etc. Todo al crédito, por supuesto. Una persona que ya tenía un crédito hipotecario para una casa, también podía adquirir un préstamo para un auto, y para un viaje, y lo que sea; o sea, se daban préstamos sobre garantías de otros préstamos. Puro endeudamiento a gran escala. Todo esto generó un *boom* en la construcción en muchos países, pero fue en EE. UU. y en Europa, específicamente en España, donde sus efectos han sido más devastadores.

En el 2002, cuando el presidente Bush dijo que parte de cumplir el sueño americano era tener una casa propia y que en consecuencia el gobierno sería el garante de estos préstamos, los banqueros tuvieron luz verde para prestar a diestra y siniestra a quien sea, imponiendo al pueblo altas tasas de interés, pues si esta gente no pagaba, el gobierno respondería por ellos igualmente. Lo que significaba que la gente de todas formas pagaría a través del pago de más impuestos, del incremento de la deuda pública, y del embargo de los bienes. Fue entonces que los bancos y las empresas hipotecarias privadas patrocinadas por el gobierno, como Freddie Mac y Fannie Mae, empezaron a emitir los famosos Mortage Backed Securities (MBS) para venderlos en los mercados de valores de todo el mundo. Para que se entienda mejor, cuando un banco presta dinero a alguien para una hipoteca, por ejemplo, se genera automáticamente un título que el banco puede vender a alguien más, cediéndole los derechos sobre sus obligaciones con el banco. Esto dio lugar a que los banqueros agruparan varios de estos títulos en paquetes que contenían hipotecas con buenos pagadores AAA, hipotecas con regulares pagadores BBB, e hipotecas con malos pagadores CCC.

Esta artimaña se hizo con la finalidad de poder comercializar los títulos de las malas hipotecas CCC, ya que si las vendían por separado nadie las querría. Entonces con este artilugio financiero engañaron y estafaron al mundo, vendiendo estos paquetes de MBS como si fueran realmente de calificación AAA; calificación máxima que le daban las "prestigiosas" calificadoras de riesgo Moodys, Standard & Poors y Fitch Ratings, que a su vez estaban coludidas con la banca o que son propiedad de la banca. Es así como vendieron millones de MBS a otros bancos, a los fondos de inversión, a las empresas, a los fondos de pensiones, a inversionistas individuales, etc., en todo el mundo.

La gran mayoría no tenía ni idea de lo que estaban comprando. Nadie les dijo que eran títulos tóxicos, o mejor dicho, bonos basura. Para decirlo de una manera más moderada, inundaron el mundo con basura financiera. Pero la historia no acabó allí. En el colmo de querer sacarle el jugo a la deuda de la pobre gente, vendían cada MBS con un seguro llamado CDS (Credit Default Swapt), en castellano "Seguro Contra Impagos". Este seguro era proporcionado por las grandes aseguradoras como AIG (multinacional de la banca). En resumen, vendieron el paquete completo de MBS y CDS, con lo cual recaudaron billones. Para cuando la FED comenzó a subir los tipos de interés hasta el 5.5% en el 2006, la burbuja inmobiliaria ya estaba en sus máximos niveles y los precios de las casas llegaron a niveles históricos en los EE. UU. Ya sabemos lo que significa la subida de las tasas, el pinchazo de la burbuja. Pues cuando se hizo más difícil conseguir los préstamos para pagar los anteriores debido a los intereses más elevados que se cobraban y a que los precios de las casas empezaron a desplomarse, fue entonces que la gente no pudo pagar sus hipotecas y préstamos, lo que provocó que fueran desalojados, y sus bienes embargados sin reembolsarles ni una sola moneda de todo lo ya aportado. Solo en el 2006 se embargaron 1.2 millones de propiedades en EE. UU. Sin embargo, todas estas noticias pasaban desapercibidas como un riesgo real por el mismo presidente de la FED, Ben Bernanke, quien salió a los medios de comunicación en el 2006 y 2007, a decir que no se estaba generando ninguna burbuja ni crisis y que la economía de EE. UU. y el mundo estaba en buen estado; cuando en realidad sabía que se avecinaba una gran crisis mundial. Es entonces que los banqueros de Wall Street empezaron a vender como pan caliente y con más frecuencia sus MBS con el propósito de deshacerse de ellos lo antes posible ante el inminente estallido de la crisis. Efectivamente, en el 2007 muchos bancos del mundo comenzaron a anunciar pérdidas debido a su exposición a los bonos basura, que cada vez eran más indeseables, ya que si la gente no podía pagar sus hipotecas, tampoco los tenedores de los bonos basura podrían cobrar los intereses, ni mucho menos recuperar lo invertido, y a su vez, los CDS tampoco podrían ser pagados. La crisis que en un primer momento se enfocaba en EE. UU., ahora era internacional, pues todo el sistema bancario y financiero estaba inundado con los bonos basura. Hasta el fondo de pensiones del país más remoto de la tierra había comprado los bonos basura.

En el 2008 colapsaron varios bancos, fondos de inversión y empresas aseguradoras. Es entonces que los políticos lobbistas presionaron a los gobiernos para rescatar a los bancos. Solo en EE. UU. el gobierno rescató a Fannie Mae y Freddie Mac con $187 mil millones, a AIG con $85 mil millones, a GM y Chrysler con $80 mil millones, y muy aparte destinó en principio $700 mil millones para comprar los bonos basura de los bancos de Wall Street y así evitar su bancarrota. Hasta el 2013 el gobierno americano habría gastado alrededor de $3 billones en los rescates de la banca generando así la enorme deuda que ahora el pueblo tendrá que pagar sí o sí, pero además, se calcula que el costo real para el pueblo americano sería mucho mayor que el costo de todas las guerras en las que Estados Unidos ha estado envuelto desde su creación.

Como ya he señalado antes, el "Rescate" es igualmente una nacionalización o estatización para socializar las pérdidas de la banca y garantizar sus ganancias. Esta figura se refleja claramente en esta crisis, cuando el gobierno cogió dinero del pueblo para comprar los bonos basura de la banca, y por consiguiente endeudó mucho más al pueblo, porque cada billete que la FED imprime significa más deuda. Es por esta razón que la deuda de este país alcanzó el nivel récord de $17 billones hasta el año 2014, y continuó incrementándose más, ya que la FED siguió comprando bonos basura y otros derivados desde setiembre del 2012 a razón de $85 mil millones mensuales. A finales del 2013 redujo esta compra a $75 mil millones, y prometieron ir disminuyéndola gradualmente. Todo este dinero inundó el sistema mundial con deuda a gran escala. Por si fuera poco, los demás gobiernos y bancos centrales comenzaron a hacer lo mismo y rescatar bancos imprimiendo más dinero con deuda. El momento cumbre que utilizaron los banqueros para que las naciones se endeuden a gran escala fue el 15 de setiembre del 2008, cuando provocaron la quiebra de uno de los 4 bancos más grandes de EE. UU., Lehman Brothers. Varios Hedge Funds (fondos de inversiones) en complicidad apostaron en contra de las acciones de este banco, provocando que se acelere su desplome. Efectivamente, esto desató el pánico mundial, provocando que se impriman más billetes para rescatar bancos y generar la deuda que ya conocemos. Cabe recordar que entre finales del 2007 y el 2008, la FED bajó las tasas de interés del 5,5% al 0,25%, y desde ese entonces continuaron en ese nivel hasta finales del 2015. Por supuesto que todos los bancos bajaron igualmente sus tasas a excepción de los países emergentes, quienes las bajaron en menor medida y las mantienen elevadas para atraer capital extranjero, lo cual será perjudicial en el mediano y largo plazo pues generará una enorme deuda.

Hasta los propios funcionarios de la FED han admitido que estas compras de MBS a través de los Quantitave Easing (estímulos monetarios), no son más que un rescate a la banca de Wall Street como lo afirmó Andrew Huszar, exfuncionario de la FED, al diario Wall Street Journal: "El banco central sigue manteniendo estos estímulos como una herramienta para ayudar a la economía real. Pero el programa es lo que es: el mayor rescate en la historia a Wall Street por la puerta trasera (...) En sus casi cien años de historia, la FED nunca había comprado un bono hipotecario (MBS) y ahora mi programa estaba comprando tantos en un comercio sin guion que constantemente nos arriesgábamos a estrellar la confianza global en los mercados financieros. El programa no estaba ayudando a hacer el crédito más accesible para el estadounidense medio. Al final era Wall Street quien se embalsaba la mayor parte del dinero extra". Cabe destacar un gran cambio en la política de la FED como lo hizo notar Huszar. La FED ahora estaba comprando miles de millones en bonos hipotecarios (MBS), la última y más devastadora arma de creación de deuda. Uno se pregunta entonces: ¿Es acaso esto capitalismo y libre mercado? Claro que no. Es un claro ejemplo de puro comunismo interversor y socialismo al más alto nivel. Ahora se endeuda a la gente, quieran o no, a través del gobierno de forma más tiránica que la del propio Stalin en la Unión Soviética, donde al menos este daba la cara. Ahora en cambio los tiranos son muchos y con más poder... banqueros que se esconden bajo el manto del dinero y utilizan los sistemas a su conveniencia, aplicando prácticas capitalistas o comunistas en los momentos que lo crean conveniente para explotar el trabajo de la gente.

Parece increíble que la gente deje que todo esto ocurra; que los gobiernos rescaten a los banqueros con el dinero del pueblo y no rescaten a la propia gente en bancarrota, a esa gente que les embargan sus casas y bienes.

Solo después de casi seis años desde el estallido de la crisis, y presionados por pequeños inversores estafados, es que la Comisión del Mercado de Valores (SEC) "pactó" con el banco Goldman Sach (transnacional financiera) el pago de una multa de $550 millones, admitiendo así su culpa por haber vendido los bonos basura sin informar a la gente del riesgo al que estaban expuestos. Es decir, el propósito de la multa era poner fin a la demanda y consiguiente investigación que podría develar la gran estafa al pueblo. De igual forma, en noviembre del 2013, el otro banco más grande del mundo, JP. Morgan y el Departamento de Justicia de EE. UU. "pactaron un acuerdo" por el cual el banco pagaría $13.000 millones de multa por vender los bonos basura que provenían de hipotecas irrecuperables. Así de fácil cerraron la investigación y demanda. No hubo culpable ni cárcel para ningún banquero.

Actualmente, varios bancos entre los más grandes del mundo, como Bank of América, Morgan Stanley, UBS, Barclays, Citigroup, etc., están siendo investigados por el Departamento de Justicia de EE. UU. por haber estafado al pueblo con los bonos basura en esta crisis. Sin embargo, el desenlace parece que será el mismo. Llegarán a un acuerdo y pagarán una insignificante multa que solo representa un gasto más de operación, ya que unos cuantos millones en multa valieron la pena para estafar a los pueblos del mundo con billones de dólares en ganancias.

Toda esta información la comparto con la gente con el objetivo de que esté preparada para lo que se viene. Pues vendrán tiempos peores, volverán las crisis una y otra vez, porque no son crisis reales, sino crisis provocadas intencionalmente. Esto no parará hasta que la gente se levante en contra del sistema y tome el control del dinero y el crédito. Mientras tanto, aprendan a reconocer las señales financieras para que no sean estafados por los financistas en un mayor grado. Observen las tasas de interés de los bancos centrales, de la FED sobre todo. Aprendan a reconocer las burbujas; no vaya a ser que compren una propiedad mueble o inmueble (casa, auto, acciones, etc.), o adquieran un crédito o hipoteca cuando la economía se encuentre en una burbuja, ya que no será inteligente adquirir algo cuando sus precios estén elevados o en los niveles máximos. Por el contrario, será mejor esperar que estalle la crisis y comprar cuando los precios se desploman, como lo hacen los banqueros.

Estos hechos se aplican a todo el mundo, desde el país más pequeño hasta el más grande. Mucha gente entusiasta y mal informada cree que su país y economía es intocable y crecerá por siempre. Cegados por su propia complacencia y optimismo, adquieren deudas y propiedades cuando las tasas de interés están altas y la burbuja cerca de estallar. Su ignorancia del sistema les hace cometer grandes errores que después lamentarán. Pues siguen los consejos de falsos profetas o "gurús económicos" (economistas) que salen a decir a los medios que todo va bien, que no hay burbuja, que los precios altos son producto de la demanda y que el empleo seguirá boyante. De modo que cuando observemos a esta gente saliendo a los medios negando las burbujas, sabremos en realidad que esta es una señal que nos indica que ya estamos en una de estas, y que se aproxima una nueva crisis. Tomemos en cuenta que estos seudoespecialistas de siempre se han equivocado una y mil veces a lo largo de la historia. Y solo buscan alimentar aún más el *boom*, pues conocen en realidad cómo funciona el sistema y lo protegen.

Derivados financieros

Un derivado financiero es un producto (papel, contrato) especulativo cuyo valor se basa en el precio de otro activo a futuro (acciones, índices bursátiles, bonos, tipos de interés, materias primas, etc). Hay diferentes tipos de derivados: Forwards, Futuros, Opciones y Swaps. Los CDO, MBS (bonos basura) y CDS que provocaron la crisis del 2008, son un ejemplo claro de derivados. Para decirlo de una forma más sencilla, muy por el contrario a lo que enseñan las escuelas de negocio, un derivado no es una inversión real. Es una apuesta legal sobre el valor a futuro o cumplimiento de alguna cosa. Es como ir al casino o casa de apuestas y apostar a los dados o a los caballos. En las bolsas del mundo los banqueros apuestan los miles de millones de dinero ajeno a qué divisas se depreciarán, qué países entrarán en quiebra, qué alimentos serán asolados por la sequía, a qué guerra subirá los precios del petróleo, o a que una epidemia subirá las acciones de una empresa farmacéutica, etc. Estos especuladores apuestan con todo: materias primas, acciones, bonos, enfermedades, energía, guerra, hambruna, desastres naturales, etc. No tienen límites ni escrúpulos. Hasta este punto ha llegado su barbarie que apuestan el futuro de la gente sin ningún reparo. Y hasta este punto ha llegado la barbarie humana donde las finanzas están por encima de la economía real. Hemos permitido que nuestro mundo se convierta en un mundo "financiarizado" (controlado por los financistas apostadores); es decir, la economía se ha financiarizado, pues la especulación financiera en derivados supone el control total sobre los pueblos. Es el arma máxima por excelencia para la creación de deuda.

Nadie sabe el valor total de los derivados en el mercado mundial. Sin embargo, algunos especialistas argumentan que el dinero que se mueve cada día en términos financieros es 50 a 80 veces más que el dinero que se mueve en intercambios económicos reales. Tomando en cuenta que el PBI mundial está alrededor de los $78 billones, los derivados financieros estarían entre los $3.9 y $6.2 "Trillones". Así es, trillones. Es decir, esta gente sabe que gana mucho más dinero especulando o apostando con derivados que con las transacciones comerciales reales.

Warren Buffet (financista multimillonario) alguna vez dijo: "Los derivados son un arma financiera de destrucción masiva". Y es que después de siglos de burbujas, crisis y recesiones, nunca se pretendió siquiera acabar con este problema. Ha quedado demostrado que la especulación inmobiliaria ha destruido la economía de muchas naciones llevando a la gente a la pobreza. Pero la especulación mobiliaria (en bolsa) ha esclavizado al mundo por medio de una deuda cíclica y eterna.

Algunos de los más grandes operadores de este mercado de derivados son los llamados bancos "Too Big to Fail" (demasiado grandes para quebrar), como JP Morgan Chase, Citibank, Bank of América, Goldman Sachs, Wells Fargo, Morgan Stanley, Barclays, Deutch Bank, Societe Generale, BNP Paribas, UBS, HSBC, RBS, Banco Santander, BBVA, etc. Y solo digo los más grandes, porque en realidad todos los bancos del mundo operan con derivados, sin olvidar a los Hegde Funds.

Desde que se popularizara el término "Finanzas" a principios del siglo pasado gracias a los financistas de Wall Street, esta palabra fue ingeniosamente introducida en el vocabulario de la gente como una rama de la economía, escondiendo su verdadero significado: usura. Es decir, se le enseña a la gente que la economía no puede funcionar si no te financias, o mejor dicho, si no te endeudas con los banqueros privados. Te dicen: no podrás construir tu casa si no te financias con los banqueros privados, no podrás comprar un auto si no te financias con ellos, tu empresa no crecerá si no vas a financiarte a un banco. Nos han llenado la cabeza con estas enseñanzas en los colegios, universidades, y medios. Y nuestra propia ignorancia del sistema nos ha hecho aceptar todas estas enseñanzas como algo normal, como una regla, como una ley. Cualquier otra forma de financiamiento está prohibida y es ilegal, nos dicen. Pero lo fatal es que nos hemos comido el cuento. Nuestra propia pasividad es la culpable de haber vuelto billonarios a estos pocos financistas privados. Les hemos cedido mansamente el poder y derecho de controlar nuestro dinero y crédito.

Por lo tanto, entiende que no es normal que existan estas crisis financieras, no lo aceptes. No es normal que miles de millones se endeuden con unas decenas de banqueros, que lo único que saben es hacer un billete de papel. No aceptes nunca más ser sometido por el poder financiero y sus derivados.

Crisis de deuda europea

DESPUÉS DE LA CRISIS DE LAS PUNTO COM y del atentado del 11 de setiembre del 2001, la deuda mundial comenzó a incrementarse exponencialmente incentivada por las bajas tasas de interés de los bancos centrales y la especulación inmobiliaria. A raíz de este hecho, los países europeos de la zona euro fueron los más perjudicados cuando el BCE empezó a inyectar miles de millones de euros para rescatar a los bancos cuando estalló la crisis financiera del 2008, y por consiguiente a aumentar la deuda privada y pública mucho más. Todo se agravó en mayor medida cuando los gobiernos decidieron nacionalizar o estatizar las instituciones, ya sean bancos y empresas a punto de quebrar que habían especulado con las hipotecas, las propiedades y con los bonos basura. Es decir, la deuda se multiplicó cuando los gobiernos se hicieron responsables de la deuda privada de los bancos especuladores, lo cual originó que esta inmensa deuda privada pase a ser deuda pública, que será finalmente pagada por el pueblo (la clase trabajadora) a través del alza de impuestos, recortes de salarios, recortes de pensiones, recortes de gasto de salud, recortes en educación, etc.; además de privatizar empresas y despedir millones de empleados. Mejor dicho, el famoso "shock económico" de los ochenta que el FMI impuso a los países latinoamericanos, ahora era impuesto a los europeos. Y todo para que los banqueros obtengan al final sus ganancias y no pierdan ni un centavo de sus préstamos e intereses.

La crisis europea estalló en el 2010 con Grecia, cuando el nuevo primer ministro griego, George Papandreau, reveló que el gobierno anterior había maquillado las cifras de su deuda pública mediante derivados financieros con la ayuda del banco Goldman Sachs, en el cual el actual presidente del BCE, Mario Draghi, fue vicepresidente alrededor de esa época. De esta forma lograron esconder la verdadera deuda pública griega que representaba el 113% de su PBI. Fue entonces que las calificadoras de riesgo Fitch, Moodys y S&P empezaron a bajar la calificación de la deuda soberana de Grecia (de sus bonos), lo cual provocó que fuese más caro para el país obtener préstamos en los mercados bursátiles. Ya para el año 2011, los financistas usureros se aprovechaban de las altas tasas de interés que pagaba Grecia; interés que llegó hasta el 29%, cuando lo supuestamente saludable para cualquier país es que sea menos del 5%.

En el 2010, el diario "To Vima" informó que el Centro Nacional de Inteligencia de Grecia (EYP) había descubierto presiones de inversores internacionales sobre la economía griega, mayormente procedentes de compañías financieras estadounidenses, en una investigación sobre los ataques especulativos contra el país. El servicio secreto descubrió que cuatro de las mayores compañías de servicios financieros que actúan en EE. UU. y Europa vendieron de forma masiva en diciembre del 2009 bonos estatales griegos, volviéndolos a comprar a precios reducidos al final de la jornada bursátil. El diario señala que entre estas compañías responsables del ataque especulativo estaban Moore Capital, Fidelity International, Paulson & Co. y Brevan Howard.

Muchos de los más grandes bancos del mundo se estaban beneficiando igualmente con la emisión y negociación de derivados financieros como los CDS (seguro de incumplimiento de pago) emitidos sobre los bonos soberanos griegos. Es decir, vendían miles de millones en estos seguros pues sabían de antemano que Grecia estaba a punto de colapsar. Para tener una mejor idea de cómo funciona un CDS, estos no funcionan como un seguro normal donde alguien compra un auto y le compra un seguro en caso de accidente. El CDS es un seguro que se puede comprar sin necesidad que seas propietario del auto (en este caso del bono soberano griego), en pocas palabras, pueden crearse muchos más CDS que los títulos (bonos) o bienes existentes. Por esta razón es que simplemente estos seguros son considerados una apuesta, pura especulación. Ahora mismo los banqueros continúan apostando y especulando impunemente con la deuda de todos los países a través de estos derivados financieros. Fue así como esta gente se tiró abajo la economía griega, forzándolos a pedir un "rescate" (préstamo de dinero) al BCE y al FMI. O sea, hacerse de una nueva deuda para pagar las anteriores. Es en estos casos donde uno se da cuenta que este sistema de usura no debe existir más.

El BCE y el FMI condicionaron además el préstamo a un programa de "Ajuste Fiscal" o plan de reducción de gasto público que ya conocemos: shock económico. Solo así otorgaron a Grecia 110.000 millones de euros en mayo del 2010. Ante las constantes huelgas y movilizaciones del pueblo griego, y ante la incapacidad del gobierno de conseguir más financiamiento, el BCE y el FMI ofrecieron en octubre del 2011 un nuevo préstamo por 130.000 millones de euros condicionado a más medidas de austeridad y a un acuerdo de refinanciación de deuda, que simplemente significaba extender los plazos de pago a más años y en más cuotas, pero con más intereses. Un refinanciamiento significa solo más deuda a largo plazo. Recién a partir de esto fue que ofrecieron a Grecia una "Quita" del 50% de su deuda. Es decir, condonarle el 50% de su deuda soberana. Cualquiera pensaría: "qué buenos fueron estos financistas, que perdonaron gran parte de la deuda".

Pero no. Ya que el condicionamiento para ello era que los griegos refinanciaran su deuda, con lo cual primero se incrementaba la deuda y después se realizaba la quita. Un gran engaño. Increíblemente, el primer ministro George Papandreau anunció un referéndum para que el pueblo tuviera la última palabra y decidiera si aceptaban el nuevo préstamo y sus condiciones. Sin embargo, esto provocó el enfado de los banqueros de la Unión Europea, del BCE, y el FMI, quienes prácticamente obligaron a renunciar a Papandreau unos días después con un "Golpe de Estado Financiero", algo inédito en la historia. Se tiró a la basura la opinión de millones de griegos, así como también su voto y soberanía. Y a continuación los financistas pusieron a fuerza al banquero Lucas Papademos como nuevo primer ministro (presidente). Este personaje había sido gobernador del banco central de Grecia entre 1994 y el 2002, vicepresidente del BCE y economista senior de la Reserva Federal de Boston. También fue acusado por el propio pueblo griego de haber participado en la falsificación o maquillaje de las cifras de la deuda griega con la ayuda del banco Goldman Sachs. En resumen, los golpistas financieros habían escogido a uno de los suyos para llevar a cabo sí o sí el nuevo plan de rescate y ajuste fiscal. Otro de los escogidos por la banca para ser director general de la oficina de deuda pública de Grecia fue Petros Christodoulou, exempleado de los bancos Goldman Sachs y JP. Morgan.

Finalmente, en julio del 2015 los banqueros internacionales humillaron al pueblo griego obligándolos a aceptar muchos más recortes de gastos, privatizaciones y austeridad agravando la crisis mucho más. ¿Con qué propósito?, con el único propósito de que los banqueros se apoderen de los bienes y propiedades griegos a precios de remate. Es decir, un truco muy antiguo donde se hace pedazos la economía de un país, primero endeudándolo, después negándole el financiamiento y después especulando con su deuda a la baja (quiebra), para fomentar el caos económico y social en complicidad con los políticos, cerrando la entrada de recursos al pueblo. De esta manera se fuerza a la gente a aceptar vender sus propiedades y empresas por despojos para aliviar la deuda nacional. Y es que este truco es aún mucho más viejo; es una copia de las tácticas de guerra cuando se rodeaba un castillo o fortaleza cortando todos los suministros para así cansar y humillar a la población primero para que luego acepten los peores términos de guerra: más deuda.

De igual forma, los banqueros pusieron a uno de los suyos como primer ministro de Italia. Colocaron a Mario Monti en este cargo. Monti había trabajado para David Rockefeller como director del lobby "Comisión Trilateral", fue miembro de la directiva del grupo Bilderberg, asesor de Coca

Cola, del banco Goldman Sachs, y de la calificadora Moodys. La táctica fue la misma que en Grecia. Mediante un golpe de estado financiero presionaron la renuncia de Silvio Berlusconi como primer ministro, a fin de poder llevar a cabo el shock económico en Italia. Posteriormente la crisis llegó a Irlanda, Portugal, Chipre, España y a otros países europeos en menor o igual medida. La historia es la misma, casi un calco de lo ocurrido en Grecia. El shock económico, rescate a los bancos, etc. Es importante resaltar algo en toda esta indignante historia. Los más altos cargos públicos de los gobiernos como los de presidentes, ministros, congresistas, senadores, etc., son siempre ocupados por políticos lobbistas de la banca o aún más descaradamente, por propios exempleados de la banca. Esto ocurre en todos los países del mundo, lo cual indica cuán corrupto es el sistema. Ahí están los casos de Papademos en Grecia, de Mario Monti en Italia, de Mario Draghi (presidente del BCE), quien fue vicepresidente de Goldman Sachs entre el 2002 y 2006; el caso del ministro español de economía, Luis de Guindos, quien fue hasta el 2008 miembro del consejo asesor del banco Lehman Brothers y director de su filial en España y Portugal. También está Robert Rubin, socio senior exempleado de Goldman Sachs y expresidente de Citigroup, quien pasó a ser secretario del tesoro de EE. UU. bajo la presidencia de Bill Clinton. No se puede olvidar a Henry Paulson, quien también salió de la dirección de Goldman Sachs a ser secretario del tesoro del expresidente George W. Bush. En fin, la lista es muy larga. En el libro del respetado economista Simon Johnson (execonomista jefe del FMI) llamado *13 Banqueros. La toma del poder de Wall Street y la próxima implosión financiera*, se describe claramente cómo muchos exempleados de la banca son también los políticos que están en el poder de los gobiernos, donde el sistema funciona como un fenómeno de "puertas giratorias". Es decir, los políticos pasan de trabajar en la banca al sector público, y cuando se acaba su mandato regresan a trabajar para la banca, repitiendo el proceso una y otra vez. Es por esta razón que siempre vemos los mismos apellidos una y otra vez en los gobiernos a lo largo de la historia. Si no son sus hijos y nietos, son sus parientes. Es una élite celosa y bien diseñada para no permitir que nadie más ingrese en su círculo vicioso de poder.

Cuando uno se pone a buscar por cualquier medio, acerca de los principales financistas de las campañas presidenciales de los principales partidos políticos, encontrará que siempre aparecen los bancos como los mayores aportantes. Peor aún, encontrará que los bancos financian a ambos bandos en contienda. Un claro ejemplo de esto fue la campaña presidencial del presidente Barack Obama del 2008 y 2012, donde bancos como Goldman Sachs, JP. Morgan, Citigroup, Morgan Stanley, UBS, etc., financiaron su campaña con varios millones. Pero igualmente financiaron a los otros bandos políticos como Robert Mckenzy en el 2008 y Mitt Roodney en el 2012. Así como en la guerra, los banqueros siempre financian ambos bandos con el fin de asegurar su victoria en cualquier caso. Además, esto demuestra que los políticos no tienen ninguna independencia de los banqueros. Muy por el contrario, forman parte de la misma corrupción financiera.

Mucha gente se pregunta ¿cómo es que países como EE. UU., Inglaterra y Japón, que tienen niveles de deuda más altos que la de los países de la zona euro, no colapsan igualmente? La respuesta es: porque los bancos centrales de estos tres países imprimieron muchos más billetes y lo siguen haciendo, para pagar su deuda de corto plazo. Por el contrario, el BCE no lo hizo así, al menos no en la medida de los otros. Y esto se debe a una muy sencilla razón: los gobiernos de la eurozona adoptaron una política de austeridad y shock porque estos países tienen aún mucho por privatizar. Los hechos indican que la banca internacional y sus multinacionales han estado comprando empresas a precio de remate desde que empezara la crisis.

En cambio, EE. UU., Japón e Inglaterra son ya los países más privatizados del mundo, y hasta se podría decir que casi todas sino todas sus empresas estratégicas y recursos naturales están en manos de la banca internacional. De modo que el shock económico sería inútil en estos países para beneficio de la banca. Por lo tanto, adoptaron una política keynesiana de endeudamiento a través de los "Quantitative Easing" (alivio cuantitativo), que significa endeudamiento a gran escala con la compra de bonos basura (MBS) que crean los bancos y la compra de bonos del gobierno. De esta manera han duplicado la deuda pública de estos tres países desde el 2007. Solo la deuda pública de EE. UU. pasó de los $8.8 billones en marzo del 2007 a casi $17 billones en el 2014. Queda claro que los políticos con Obama a la cabeza han contribuido a que la gente esté cada vez más esclavizada, pues han endeudado a las naciones como nunca antes en la historia. De modo que, cuidado con los falsos profetas o seudoeconomistas como el economista judío de moda Paul Krugman, que apoyan estas políticas keynesianas de híper endeudamiento que solo empeñan el futuro de los pueblos en favor de una élite financiera. Cabe señalar que recién en el 2015, el BCE empezó a emitir más dinero con deuda (más de 1 billón de euros) adoptando una política keynesiana de híperendeudamiento.

El propio ministro de finanzas alemán, Wolfgang Schaeuble, dijo en junio del 2013 que los efectos de la política monetaria ultra expansiva en todo el mundo ha generado preocupaciones sobre la excesiva liquidez y cómo se van a deshacer esas posiciones políticas. "En este momento estamos teniendo enormes problemas con las consecuencias de la política monetaria global". Wolfgang Schaeuble. Es decir, esta gente ya sabe que se avecina una nueva crisis pero simplemente hacen un mero teatro pretendiendo dar una señal de ingenuidad e inocencia.

Para concluir con el tema de las crisis financieras como mecanismo opresor de los pueblos, hay que señalar que la gran mayoría de la gente, sino toda, cree ingenuamente que el sistema económico actual (capitalismo) presenta fallas que se evidencian con estas crisis y que por lo tanto se debe buscar solucionarlas. Lamentablemente, viven engañados. Pues la realidad es que el sistema actual no presenta ninguna falla, ya que este sistema está diseñado para que funcione tal y como lo hace. Desde el nacimiento del sistema capitalista pasando por sus diferentes ramas, comunismo, socialismo, nacionalismo, etc.; las crisis financieras siempre fueron parte del sistema, cumpliendo un papel importante en la transferencia de recursos (propiedades, bienes y dinero) del pueblo (la gente menos preparada e ignorante) hacia los banqueros y políticos (que sí saben cómo funciona el sistema). En resumen, crisis significa transferencia. Transferencia de riquezas del trabajador al banquero. Así se han aprovechado de la ignorancia del pueblo sobre cómo funciona el dinero, y usan las crisis para apoderarse de sus riquezas, ya que no necesitan nuestro dinero en realidad, puesto que ellos mismos ya lo pueden crear. Así funciona el sistema actual, no nos engañemos. Así está diseñado y así ha funcionado por más de seis siglos. Si crees que este sistema puede arreglarse y las crisis detenerse, estás equivocado. Pues tu necedad no te dejará ver que el sistema nació viciado y su origen es corrupto. Solo entonces te darás cuenta de cuál es el verdadero nombre de este sistema, que no es capitalista, sino "financierista" o "bancarista". Este es el sistema que verdaderamente reina en el mundo. Y esta "Era Bancaria" de más de seis siglos continuará extendiéndose en el tiempo a menos que hagas algo para evitarlo.

Después de decenas de crisis no se entiende por qué seguimos dejando el control de la economía mundial y nuestro futuro en las manos de los banqueros, banqueros que han demostrado con sus propias acciones que este sistema de usura no debe seguir funcionando más. Un sistema de usura que solo crea división, conflicto y élites, pues hace que el dinero lo acaparen unos pocos hombres (0,01%) y hace que el resto de la población (99,9%) tenga que trabajar duro para conseguirlo. Y es justamente ese trabajo duro en favor del mal llamado "crecimiento económico" que busca constantemente cómo pagar los intereses de la deuda, lo que está contaminando y destruyendo el planeta.

Contratos de crédito fraudulentos

Seguramente no hay persona en el mundo que no haya ido alguna vez a un banco o financiera a sacar un crédito hipotecario, un crédito en efectivo, un crédito de consumo, o vehicular, etc. Y cuando vamos a firmar el contrato del crédito, muchos de nosotros creyéndonos conocedores del tema exigimos que se especifique bien las tasas de interés a pagar. Ante lo cual los funcionarios o vendedores que simplemente hacen su trabajo nos indican los siguientes términos: TEA = tasa efectiva anual y TEM = tasa efectiva mensual. Sin embargo, ninguna de estas, ni ningún otro término que nos muestren, reflejan verdaderamente lo que los financistas nos están cobrando en intereses. Y es que el truco es tan simple como fraudulento. Ya que al menos deberían decir a la gente cuál es el verdadero interés que se les cobra. En el ejemplo a continuación se puede observar claramente cómo sucede esto:

Digamos que un joven llamado Alan va donde un financista a pedir un préstamo de $10.000 para financiar su microempresa. A continuación, el financista acepta prestarle tal cantidad a una tasa de interés efectiva anual (TEA) del 20%; es decir, Alan tendrá que pagar en un año un interés de $2.000. Además, se acuerda devolver el total del capital en solo un año, con lo cual Alan tendrá que cancelar al financista $12.000 en un año. Hasta aquí todo parece perfecto; sin embargo, es justamente en este acuerdo donde se genera el engaño. Para que se cumpla en verdad el contrato de pagar el 20% de interés anual, tendría que suceder solo dos opciones:

1.- Si le pagamos al financista el capital más el interés al finalizar el año, estaríamos pagando en efecto el 20% anual.

2.- Si le pagamos al financista solo el interés ($2.000) mensualmente (en 12 cuotas), pero el capital ($10.000) al finalizar el año, se podría decir que también estaríamos pagando el 20% anual.

No obstante, ninguna de estas dos situaciones ocurren en la realidad, pues el financista nos fuerza a pagar sí o sí el capital más el interés mensualmente durante el año en curso. Es decir, Alan tendrá que pagar $1.000 mensuales, de los cuales $166.7 son los intereses y $833.33 son el capital. Por lo tanto, si nuestro capital se va reduciendo mes a mes, esto significa que el interés pagado se irá incrementando mes a mes a más del 20%. Entonces es aquí donde radica la estafa. Si el financista quisiera cobrarnos realmente un aproximado al 20% de interés anual, debería sacar ese interés del capital restante mes a mes y no de los $10.000 originales como lo hace en realidad. Si aún es difícil de entender todo esto, observa el ejemplo a continuación:

Capital: $10.000 ÷ 12 meses = 833.33   TEA = 20%   CUOTA = $1.000
Interés: $2.000 ÷ 12 meses = 166.67   TEM = 1.66%

MES		CAPITAL	PAGO MENSUAL	
			capital	interés
1. Enero:	=	10,000	833.33	166.67
2. Febrero	=	9,166.67	"	"
3. Marzo	=	8,333.34	"	"
4. Abril	=	7,500	"	"
5. Mayo	=	6,666.67	"	"
6. Junio	=	5,833.34	"	"
7. Julio	=	5,000	"	166.67 →el financista continua cobra-
8. Agosto	=	4,166.67	"	" ndo el mismo monto en inte-
9. Setiembre	=	3,333.34	"	" rés sobre el capital original
10. Octubre	=	2,500	"	" (10.000).
11. Noviembre	=	1,666.67	"	"
12. Diciembre	=	833.34	"	"

↑
Capital restante

En el ejemplo anterior hemos podido observar como el financista nos cobra un interés mucho mayor al capital restante cada mes. Solo el primer mes pagamos en realidad el 1.66% o el equivalente al 20% anual. Pero no es así los demás meses. A continuación se muestra lo que nos deberían cobrar en realidad en interés. También se muestra el interés que el financista nos cobra demás.

MES	CAPITAL		TEM		INTERES REAL	CAPITAL AMORTIZADO
1. Enero	$10.000	x	1.667%	=	$166.67	$833.33
2.	9,166.67	x	"	=	152.8	"
3.	8,333.34	x	"	=	138.92	"
4.	7,500	x	"	=	125.02	"
5.	6,666.67	x	"	=	111.13	"
6.	5,833.34	x	"	=	97.24	"
7.	5,000	x	"	=	83.35	"
8.	4,166.67	x	"	=	69.45	"
9.	3,333.34	x	"	=	55.56	"
10.	2,500	x	"	=	41.67	"
11.	1,666.67	x	"	=	27.78	"
12. Diciembre	833.34	x	1.667%	=	13.89	"

65,000 ÷ 12 = 5,416
↑
Préstamo promedio anual

$1.083
↑
Interés total
(20%)

$10.000

$5.416 x 20% (TEA) = $1.083

Sucede que en realidad deberíamos pagar $1.083 de interés anual por un préstamo de $10.000; sin embargo, el financista nos cobra $2.000, es decir, $917 de más o el 16,93%. Por lo tanto, por un préstamo promedio de $5.416 hemos pagado un interés del 36,93% anual. Hay que entender que el financista solo nos prestó $10.000 el primer mes, el resto de los meses nuestro préstamo o capital se va reduciendo debido a la devolución del capital al financista en cuotas. Si se promedia cuánto nos prestó en realidad el financista en un año, la cantidad es $5.416; es decir, los $4.584 restantes del préstamo inicial (10.000), los ha cobrado el financista mensualmente y los ha represtado a otra persona ganando aún más intereses.

Ahora, si vamos al plano bancario, la práctica de crédito a interés es mucho más elaborada y sofisticada, empleando una serie de algoritmos, fórmulas y ecuaciones matemáticas para maximizar ganancias y confundir a la gente. Ejemplo: si Alan va al banco y toma un préstamo de $10.000 a pagar por un año al 20% anual, esto será lo que los bancos nos ofrecerán:

MES	CAPITAL	PAGO MENSUAL (cuota 926.35)		
		Interés	capital	
1. Enero	10,000	166.67	759.68	→ pagamos menos capital y
2. Febrero	9,240.32	154.01	772.34	más intereses los primeros
3. Marzo	8,467.98	141.13	785.22	meses, favoreciendo así al
4. Abril	7,682.76	128.05	798.30	banco.
5. Mayo	6,884.46	114.74	811.61	
6. Junio	6,072.85	101.21	825.14	
7. Julio	5,247.71	87.46	838.89	
8. Agosto	4,408.82	73.48	852.87	
9. Setiembre	3,555.95	59.27	867.08	
10. Octubre	2,688.87	44.81	881.54	
11. Noviembre	1,807.33	30.12	896.23	
12. Diciembre	911.10	15.18	911.10	
	66,968.15	1,116.13	10.000	
	÷			

12 = 5,580.68 (Préstamo promedio) x 20% = $1,116.13

Podemos ver cómo el banco procede a cobrarnos los créditos con una fórmula que inventaron con el fin de cobrar mayor cantidad de dinero los primeros meses (a modo de interés), y menor cantidad de capital amortizable los primeros meses. ¿Por qué hacen esto? Muy simple, se aseguran cobrándote mayor dinero producto de los intereses los primeros meses para que, si en el caso no puedas pagar los siguientes meses, o quiebre tu empresa, etc., el banco no se perjudique y gane de todas formas. Pues además le seguirás debiendo la mayor parte del capital. Esto quiere decir que en el caso que no puedas pagar los siguientes meses, te refinancian o embargan descontando solo una pequeña parte del capital que ya has pagado. La fórmula para el cálculo de créditos bancarios que utilizan es la siguiente: =Pago (Tasa, Nper, Va), esta se puede calcular en cualquier cuadro de Excel. En este caso sería =Pago (0.20/12, 12, 10000). Hay que entender que esta fórmula es solo un capricho que la banca utiliza tiránicamente sin que el pueblo tenga voz ni voto para que pagues la deuda como ellos quieren. Además de todo lo ya mencionado, el banco no te cobra en realidad el 20% que te dice, sino más. Utilizando una simple formula se calcula este otro interés escondido a modo de ganancia:

$$\left(1 + \frac{t}{p}\right)^p - 1 \qquad \begin{array}{l} t = \text{tasa} \\ p = \text{periodo} \end{array}$$

$$\text{Entonces} \quad \left(1 + \frac{0.20}{12}\right)^{12} - 1 = 21.94\ \%\ (\text{interés real})$$

Dicho todo lo anterior, ¿por qué la gente no puede elegir entonces pagar el capital amortizable y el interés de manera homogénea; es decir, igual capital e igual interés mensual? Una respuesta lógica es que la banca, al ser un monopolio interconectado mundialmente, no le da la opción a la gente de poder hacer esto. Tomando el ejemplo anterior, si tuviéramos esa opción la forma podría ser la siguiente:

	CAPITAL	PAGO MENSUAL		
		Interés	capital	cuota = 926.35
1. Enero	10,000	93.01	833.33	capital = 10,000
2. Febrero	9,166.67	"	"	interés total = 1,116.13
3. Marzo	8,333.34	"	"	1,116.12 / 12 = 93.01
4. Abril	7,500	"	"	
5. Mayo	6,666.67	"	"	Esta sería una forma más
6. Junio	5,833.34	"	"	justa del pago de la cuota
7. Julio	5,000	"	"	mensual, de modo que la
8. Agosto	4,166.67	"	"	gente que no pueda pagar
9. Setiembre	3,333.34	"	"	en caso de quiebra no se
10. Octubre	2,500	"	"	perjudique aún más.
11. Noviembre	1,666.67	"	"	
12. Diciembre	833.34	93.01	833.33	

Sin embargo, analizando lo mencionado, la realidad es que cada mes se irá descontando S/ 926,35 de nuestro dinero, no importando cuál es el interés y cuál es el capital. Lo único seguro es que mes a mes nuestro dinero se irá reduciendo, no quedando nada para los últimos meses, teniendo que recurrir necesariamente a adquirir más dinero para pagar el interés, el cual se creará producto de otro préstamo a interés por parte nuestra o de otra persona. Además, estos 926,35 mensuales el banco los utilizará para prestarlos a otra persona ganando así más interés producto del interés compuesto (cobro de interés sobre interés). Es decir, por un crédito a tu nombre de digamos $10.000 el banco está ganando el 20% especificado en el contrato más el 1,94% del interés adicional escondido, más todo el interés adicional que cobran por prestar el dinero de tu cuota a otra persona cada mes. De este modo es como el banquero cobra interés sobre interés de manera infinita gracias al interés compuesto y se hace fácilmente rico.

Nuestra total ignorancia del sistema monetario ha hecho que estos financistas se aprovechen de nuestra capacidad como seres humanos, y debido a que no nos enseñan prácticamente nada acerca del funcionamiento del dinero desde que somos pequeños, disfrazan nuestra ignorancia en una forma astuta de tradición y cultura ya establecida, con lo cual nuestra capacidad de reacción ante la injusticia se vuelve casi nula porque nadie quiere ser considerado el "loco" que se sale del sistema.

Esclavos del trabajo

Podríamos decir que la gran mayoría de personas trabaja porque está obligada a obtener recursos para vivir. Dentro de esta categoría está el común de la gente, la clase trabajadora, el pueblo. De modo que primero que todo trabajamos por necesidad y no por placer. Sin embargo, en la era moderna en que vivimos, esto ya no debiera ser así. Ahora, hay algunas personas que dicen ser adictos al trabajo. Hay otras afortunadas que dicen que les gusta su trabajo. Pero hay una gran mayoría que trabaja solo por trabajar o por pura obligación. Dentro de esta gran mayoría podríamos nombrar a los que detestan su trabajo, a los que no saben hacer otra cosa, a los que trabajan solo por el dinero, a los que no estudiaron una carrera, a los que estudiaron una carrera, a los que tienen que alimentar a sus hijos, a los que tienen que pagar deudas, y a los que trabajan para ocupar su tiempo. Y aunque todas estas personas tienen diferentes motivos que las obliga a trabajar, todas a su vez tienen un común denominador que las llevó a este punto de trabajar por trabajar: todas nunca tuvieron la oportunidad de descubrir o desarrollar su verdadero talento, su potencial, lo que en verdad querían ser y les gustaba. La obligación de buscar un trabajo para obtener dinero, ya sea a través de una carrera o no, les hizo dejar a un lado su talento para simplemente convertirse en seres alienantes, robotizados y rutinarios. O mejor dicho, simple mano de obra.

Según la tesis central de *La Riqueza de las Naciones* de Adam Smith (el llamado "Padre de la economía"), la clave del bienestar social está en el crecimiento económico, que se potencia a través de la división del trabajo y la libre competencia. Según esta tesis, la división del trabajo, a su vez, se profundiza a medida que se amplía la extensión de los mercados y por ende la especialización. No obstante, Smith también conocía los peligros que conllevaba su tesis económica. Estaba convencido de que un hombre que pasa toda su vida para completar unas pocas operaciones simples cuyos efectos son siempre los mismos, no tiene tiempo para desarrollar su inteligencia ni para practicar su imaginación. El resultado es la pérdida del hábito de ejercer sus facultades y la alienación del individuo. El propio Smith, que era un defensor del capitalismo, sabía que el trabajo rutinario de producción de mercancías solo embrutecía más a la clase trabajadora; sin embargo, esto se justificaba con el fin de fomentar el crecimiento económico y la extensión de los mercados (Wall Street); es decir, la explotación del hombre se justifica para beneficio de la élite financiera que ya sabemos controla la economía y los mercados.

Pero ¿qué es el trabajo?, ¿cuál fue el origen de esta palabra que denota obligación y no vocación? Si buscamos su significado en cualquier medio encontraremos más o menos lo siguiente: el trabajo es la ejecución de tareas o actividades que implican un esfuerzo físico y/o mental que tienen como objetivo obtener los medios de subsistencia y/o satisfacer las necesidades humanas, por lo cual el hombre tiene que trabajar para vivir o vivir del trabajo de otros. Así es, hay parásitos que viven del trabajo del pueblo. Además, encontraremos que esta palabra proviene del latín trabs, trabis, traba, porque era el instrumento de sujeción del hombre. También se sostiene que se origina del vocablo latino laborare, que significa trabajar, labrar y arar la tierra. El diccionario de la lengua española señala que esta palabra se deriva del latin tripaliare, tripalium, que era una herramienta parecida a un cepo con tres puntas, usada para sujetar caballos y bueyes para así poder herrarlos. También se usaban como instrumento de tortura para castigar a los esclavos y azotarlos. Es así que se asocia esta palabra a tortura, causar dolor, atormentar. Es decir, el trabajo tiene un origen y significado negativo, que durante la mayor parte de la historia humana fue considerado como una actividad despreciable, reservada solo para la escoria de una sociedad; para los esclavos, los siervos, los vasallos. Estos eran el último peldaño de la estratificación social de la época. Entonces ¿podríamos decir que los obreros y empleados de nuestra sociedad moderna son la nueva escoria, los nuevos esclavos y siervos? Prácticamente así es, pero pongámosle algo de marketing moderno y llamémosles la clase asalariada media y baja.

Lo cierto es que esta nueva clase social de hoy en día es heredera de todas las labores que en el pasado fueron obligaciones de los esclavos y siervos. La única diferencia es que ahora nos dan dinero y no nos obligan a trabajar; siendo el dinero un papel que las grandes élites crean sin ningún esfuerzo. La obligación de trabajar va ahora por nuestra propia cuenta, pues si no trabajas te mueres de hambre, ya que en este sistema todo cuesta dinero. De modo que somos herederos del mismo sistema esclavista, solo que con un mejor nombre.

Por lo tanto, este sistema esclavista de trabajo forzado, solo ha cambiado de nombre durante el tiempo. Se les dio una supuesta libertad a los esclavos llamándolos colonos, siervos y vasallos, pero igual heredaron las mismas tareas y siguieron trabajando para los nobles, señores feudales y la élite financiera. Es decir, se cambió a un sistema más productivo y mercantilista donde se les cedieron tierras a los nuevos siervos con la exigencia de cultivar y producir mucho más para pagar a los dueños de estas (los señores feudales y gobiernos), pero además estaban atados contractualmente de por vida a esta labor. En el siglo XIX se dio otra supuesta libertad a los siervos, vasallos y esclavos remanentes por parte de los capitalistas burgueses, quienes habían encontrado un mejor sistema esclavista de producción que los anteriores: "el capitalismo asalariado". Con este nuevo sistema, la antigua fuerza de trabajo esclava pasó a llamarse clase asalariada, clase obrera o proletariado. Este era un nuevo sistema ingenioso pues con la proliferación del papel moneda que controlaba todos los medios de producción, se controlaría así también a las masas; resultando el anterior sistema ya obsoleto para sus propósitos. Y han tenido éxito hasta hoy, pues esta nueva clase social obrera y empleada es mucho más productiva que cualquier otra forma de esclavitud que haya existido en la historia. En consecuencia, los beneficios continúan quedándose mayormente en manos de la misma élite social y financiera de siempre, los financistas y políticos; herederos de lo que alguna vez fueron los reyes, nobles, sacerdotes, señores feudales y burgueses.

Es solo a partir de mediados del siglo XIX aproximadamente, con la "liberación" de los esclavos, que recién el trabajo toma una valoración social positiva por primera vez en la historia, pues el esclavo trabajador sería reemplazado por el trabajador asalariado. Recién a partir de esta época se comienza a llamar a todas las actividades humanas: "trabajo". Y con aceptación y orgullo la nueva clase social toma esta labor como algo digno, pues ha conseguido migajas de libertad y derechos, y con eso se conforma. A partir de entonces el trabajo es promovido por las élites como un símbolo de buena fortuna y admiración, y en consecuencia trabajamos más duro creyendo ciegamente que lo hacemos para nosotros mismos, cuando en realidad seguimos trabajando para la élite de la sociedad. "Hay que trabajar duro", nos inculcan desde pequeños. "Si no trabajas eres un haragán, un vago, no sirves para nada", nos presionan. Nuestra propia sociedad nos discrimina y denuncia si no estamos dentro de su sistema.

En la antigua Grecia, por ejemplo, el trabajo era considerado una ocupación vil e indigna de los ciudadanos, y que solo el ocio recreativo era digno del hombre libre. Asimismo, el trabajo era asociado al castigo y padecimiento en la sociedad griega. Hasta la mitología griega nos da fe de esto por ejemplo en los "12 trabajos de Hércules", donde después de matar a su propia familia, fue castigado a servir como esclavo del rey Micenas por 12 años y realizar los 12 trabajos como reprimenda por su crimen.

De igual forma, en la antigua Roma el trabajo era considerado una contribución forzosa impuesta solo a los esclavos. Aquellos que no obedecían las órdenes eran castigados en el tripalium, es decir, los tres palos. Aquí se amarraba y azotaba al esclavo; surgiendo la palabra tripaliare o sufrir el tormento de los tres palos, y trabajar, asociado al tormento y dolor producido por trabajar tanto y al castigo en el cepo o tripalium si no se trabajaba.

En la Biblia, el trabajo aparece en el origen de la humanidad como castigo por haber desobedecido a Dios cuando Adán y Eva comieron del fruto prohibido. Dijo Dios al hombre: "Por haber escuchado la voz de tu mujer y comido del árbol del que yo te había prohibido comer, maldito sea el suelo por tu causa: con fatiga sacarás de él el alimento todos los días de tu vida. Espinas y abrojos te producirá, y comerás la hierba del campo. Con el sudor de tu rostro comerás el pan, hasta que vuelvas al suelo, pues de él fuiste tomado. Porque polvo eres y al polvo volverás". Génesis, cap.3.

A lo que quiero llegar con el tema del trabajo, es que este ha sido a lo largo de la historia un instrumento para la esclavitud y opresión de los pueblos; ciertamente tomando una forma y valoración diferente en la actualidad, pero que en esencia sigue siendo lo mismo: un mecanismo opresor y esclavista que funciona con la ayuda del dinero. La clase obrera o empleada está obligada a trabajar sí o sí, esa es la realidad. Pero gran parte de ese tiempo y trabajo empleado no debería beneficiar solo a una élite financiera, sino a la propia gente, con lo cual ya no se necesitaría que trabajen demasiado en simples labores de producción, sino en procesos de creación potenciando el talento y la inteligencia.

Si al fin queremos entender que somos víctimas de una gran explotación y engaño, recién podremos hacer algo.

¿Tenemos que dejar de trabajar? Por supuesto que no, bajo este sistema moriríamos de hambre. Pero sí debemos dedicar un tiempo cada día a difundir las verdades. Organizarnos con cada vez más gente y entrar en las instituciones públicas y en los gobiernos. No elegir a los mismos políticos de siempre, ni a sus hijos ni nietos, que están enquistados en el poder de generación en generación y que solo sirven a los poderes financieros. Elegir gente del pueblo con ideas que quieran el verdadero cambio en favor del pueblo; gente que quiera que el dinero esté en poder del pueblo y no de los banqueros. Gente con hambre de gloria y de hacer historia, y no gente con sed de poder y dinero. Pero hagamos algo para cambiar la situación actual, señores; por poco que sea ya será mucho más que quedarse de brazos cruzados, lo cual sí sería una desgracia. La resignación nunca nos llevará a ningún lado, pues esta siempre espera a que alguien más haga las cosas por nosotros. No hay que esperar, es momento de actuar de cada uno. Solo de esta forma lograremos dejar de trabajar tanto y vivir más.

La esclavitud y la usura en la Biblia

Si vamos al plano religioso, podremos encontrar en la Biblia y en otros textos antiguos, que la esclavitud, aunque parezca increíble, es aceptada por Dios y Jesús, lo cual es muy contradictorio con las sagradas enseñanzas. Pues si los mismos israelitas habían sido esclavos del Faraón egipcio y sabían del sufrimiento que significaba ser explotado por otro hombre, siendo la servidumbre una de las peores aberraciones de la humanidad, no se entiende cómo es que en los Diez mandamientos de Moisés no hay un: "No tendrás esclavos". ¿Acaso se le olvidó a Dios? No cabe duda de que este sería un mandamiento más importante que no robarás, no codiciarás, o que cualquier otro. Solo podría estar a la par con no matarás. Al parecer, a Dios no le importaba mucho los esclavos o siervos. Por el contrario, aceptaba y casi promovía tener sus propios esclavos. Así lo manifiesta en los Diez mandamientos: "Acuérdate del día sábado para santificarlo. Trabaja seis días, y en ellos haz todas tus faenas. Pero el día séptimo es día de descanso, consagrado a Yave, tu Dios. Que nadie trabaje: ni tú, ni tus hijos, ni tus hijas, ni tus "siervos", ni tus "siervas", ni tus animales, ni los forasteros que viven en tu país". Aquí se expresa claramente que se les permite tener esclavos (siervos), no generándose, increíblemente, ninguna reprimenda por parte de Dios. En otro de los mandamientos se lee: "No codiciarás los bienes ajenos, no codiciarás la casa de tu prójimo; no codiciarás su mujer, ni sus "siervos", ni su buey, ni su asno, ni nada de lo que le pertenece". Es decir, Dios incentivaba a que tengas tus propios bienes, entre ellos tus propios esclavos, y no estés deseando quedarte con los esclavos de otros. Todo esto puede sonar demasiado perturbador para alguien religioso y devoto a Dios; sin embargo, solo me remito a los hechos.

Asimismo, Dios permitía tener esclavos extranjeros y/o hebreos: "Si quieres adquirir esclavos, los tomarás de las naciones vecinas: de allí comprarán esclavos, también podrás comprarlos entre los extranjeros que viven con ustedes y de sus familias, es decir de los que hayan nacido entre ustedes, esos pueden ser de tu propiedad y los podrán dejar en herencia a sus hijos como propiedad para siempre. Pero tratándose de tus hermanos israelitas, no actuarás en forma tiránica, sino los tratarás como a tus hermanos". Levítico 25, 44-47. Es decir, Dios deja en claro que se puede ser tirano con los esclavos extranjeros pero no con los israelitas. Además, permite hasta heredar los esclavos a sus hijos para siempre, lo cual ya era una tremenda aberración a la humanidad peor que la muerte. Esto es, sin duda, algo que no tiene nada que ver con el amor. En otro pasaje se lee: "Si un hombre vende a su hija como esclava, esta no recuperará su libertad como hace cualquier esclavo". Éxodo 21, 7. O sea, podías vender hasta a tus propios hijos como esclavos. Podríamos ver numerosas evidencias en el Antiguo Testamento acerca de la esclavitud como una condición aceptada por Dios, lo cual es totalmente contradictorio a un Dios bondadoso y misericordioso. Esto nos deja dos posibles conclusiones: o Dios es un tirano o simplemente nos han vendido un cuento, ya que no hay una relación lógica y coherente entre las enseñanzas y los hechos.

De seguro mucha gente dirá como siempre que las enseñanzas del Antiguo Testamento eran parte de la época antigua y que convenientemente "algunas" ya no tienen mucha validez, pues con la llegada de Jesús y su Nuevo Testamento muchas de estas reglas cambiaron. Démosle el gusto a esta gente, supongamos que es así. Entonces ¿por qué no se lee ni en el Antiguo ni en el Nuevo Testamento que se deba prohibir y abolir la esclavitud? Siendo esta peor que matar a alguien, es un hecho que esta era una condición social aceptada por Dios y después por el mismo Jesús. Ninguno de los dos quiso cambiar nunca esta condición laboral esclavista, pues no hay un solo pasaje en la Biblia que así lo demande. Jesús hace mención del esclavismo en numerosas ocasiones en sus parábolas, relatos y en alguna de sus acciones. En sus parábolas hace repetidas comparaciones entre lo que se debe hacer para lograr el reino de Dios y la condición social esclavista. Esto lo podemos comprobar, por ejemplo, en la parábola del trigo y la cizaña, en la del banquete nupcial, en los viñadores homicidas, la del hijo prodigo, la de los talentos o diez monedas, entre otros. En todas estas Jesús se refiere a la servidumbre como algo natural y aceptable. Claro está que él era consciente de este sistema laboral de la época y por eso se refería a él repetidas veces en sus varios relatos, con mucha naturalidad, y como si no le importara ni afectara esta condición humana tan despreciable. Esto lo podemos corroborar en todos sus discursos y enseñanzas, pues no hay una condena a la esclavitud en ninguno de estos. Jesús enseña a no ser adúltero, lujurioso, idólatra, blasfemo, rencoroso; a amarse los unos a los otros y amar a tu prójimo como a ti mismo, etc., pero nunca prohíbe esclavizar a tus hermanos. Es decir, hay una contradicción inmensa en las enseñanzas de Jesús, pues ¿cómo se puede amar al prójimo como a ti mismo si tienes esclavos? Ya el solo hecho de tener un esclavo, por más bien que lo trates o ames, es un gran pecado y aberración. Pues nadie tiene derecho a explotar la vida de nadie para el beneficio propio. Habiendo enseñado y prohibido tantas cosas, suena increíble que Jesús no haya dicho: "No esclavicemos a nuestro prójimo" o "Demos libertad a nuestros siervos". Imaginen si Jesús hubiera condenado la esclavitud. La revolución que trajo consigo el cristianismo en la sociedad hubiera provocado la abolición de la esclavitud en los primeros siglos de nuestra era. ¿Cuánta gente murió, fue torturada y violada a causa de la esclavitud en el transcurso de todos estos siglos? Es inimaginable. Y sin embargo, Jesús no movió un dedo para detener este sistema, sino que lo apoyó en todo momento.

En otro relato Jesús ya mencionaba la usura: "El reino de los cielos es semejante a un rey que quiso ajustar cuentas con sus "siervos". Al empezar, le fue presentado un siervo que le "debía" diez mil talentos. Como no tenía con qué pagar, el señor ordenó que fuese vendido él, su mujer y sus hijos, y todo cuanto tenia. Entonces el siervo se echó a sus pies, y postrado le decía: 'Ten paciencia conmigo, que todo te lo pagaré'. Movido por la compasión el señor de aquel siervo, le dejó ir y le perdonó la deuda. Al salir de allí aquel siervo se encontró con uno de sus compañeros que le debía cien denarios; le agarró y ahogándole, le decía: 'Paga lo que debes'. Su compañero cayendo a sus pies, le suplicaba: 'Ten paciencia conmigo, que ya te pagaré'. Pero él no quiso, sino que lo echó en la cárcel hasta que pagase todo lo que debía. Al ver sus compañeros lo ocurrido, se entristecieron mucho y fueron a contar lo ocurrido a su señor. Su señor entonces lo mandó llamar y le dijo: 'Siervo malvado, yo te perdoné a ti toda aquella deuda porque me lo suplicaste. ¿No debías tú también compadecerte de tu compañero, del mismo modo que yo me compadecí de ti?' y encolerizado su señor, le entregó a los verdugos hasta que pagase todo lo que debía". Mateo 18, 23-25. Aquí podemos ver cuál era el contexto social en el cual vivía Jesús; mencionando palabras como pagar las deudas y vender a los esclavos si no producían lo que debían producir o no pagaban las deudas. Es decir, endeudarse y pagar las deudas era también algo aceptable para Jesús, aunque claro, también menciona que había que mostrar misericordia si alguien no podía pagar una deuda. Pero básicamente el préstamo a interés o usura era totalmente aceptado por Jesús formando parte de su propio vocabulario como algo natural. Hoy en día sabemos que el interés de un préstamo, por más pequeño que sea, siempre generará servidumbre del prestatario hacia el prestamista, con lo cual podemos deducir que Jesús no sabía nada de finanzas, o que no quería meterse con este sistema esclavista, o que simplemente nos han contado un cuento.

En otro pasaje de la Biblia se señala: "Al entrar Jesús en Cafarnoun, se le acercó un capitán de la guardia romana, suplicándole: 'Señor, mi siervo está en cama, totalmente paralizado, y sufre terriblemente'. Jesús le dijo: 'Yo iré a sanarlo'. El capitán contestó: 'Señor, ¿quién soy yo para que entres en mi casa? Di nomás una palabra y mi siervo sanará. Pues yo, que no soy más que un capitán, tengo soldados a mis órdenes, y cuando le digo a uno: vete, él se va; y si le digo a otro: ven, él viene; y si le ordeno a mi siervo: haz tal cosa, él la hace'. Jesús se quedó admirado al oír esto, y dijo a los que le seguían: 'Les aseguro que no he encontrado a nadie en Israel con tanta fe. Yo se los digo: vendrán muchos del oriente y del occidente para sentarse a la mesa con Abraham, Isaac y Jacob en el reino de los cielos, mientras que los que debían entrar al reino serán echados a las tinieblas de afuera: allí será el llorar y rechinar de dientes'. Luego Jesús dijo al capitán: 'Vete a casa, hágase todo como has creído'. Y en ese momento el siervo quedó sano". Mateo 8, 5-13. En este pasaje vemos una vez más que Jesús está de acuerdo con tener esclavos, pues el centurión le confirma a Jesús que tiene un esclavo; algo que no perturba a Jesús para nada. Se esperaría que Jesús le hubiera reprochado por tener un esclavo, y le hubiera demandado que lo liberase una vez curado. Sin embargo, Jesús ni se inmutó por esto. Seguidamente, cuando el centurión le mostró a Jesús su gran fe, dejándolo sorprendido y Jesús hace saber al pueblo que este hombre esclavista era merecedor del reino de Dios, nos confirma que hasta un hombre que esclaviza a otro hombre puede recibir el reino de los cielos. ¿Tiene esto lógica? Que este centurión esclavista sea merecedor del paraíso solo por su fe es totalmente absurdo. Lo cual nos demuestra una vez más que Jesús apoyaba la esclavitud, o que toda esta historia es puro cuento.

También podemos ver un total apoyo a la esclavitud en las enseñanzas de San Pablo en el Nuevo Testamento: "Los que estén bajo el yugo de la esclavitud, procuren ser 'muy respetuosos con sus amos,' no sea que las críticas recaigan sobre el nombre de Dios y su doctrina. Los que tienen amos cristianos no deben perderles el respeto bajo el pretexto de que son hermanos; al contrario, sírvanlos mejor, ya que los que reciben sus servicios son creyentes y hermanos queridos". Timoteo 6, 1-2. "Que los esclavos estén sometidos en todo a sus dueños, que sean complacientes y no les contradigan; que no les defrauden, antes bien muestren una fidelidad perfecta para honrar en todo la doctrina de Dios nuestro salvador". Tito 2, 9-10. En estos dos pasajes se puede comprobar cuán absurda y maligna era esta supuesta doctrina dictada por "Dios". A tal punto de exhortarnos a ser muy respetuosos de nuestros amos y ser "buenos esclavos", totalmente sometidos a nuestros amos, y sin opción de querer buscar nuestra independencia. ¿En verdad esta es una enseñanza de un Dios bondadoso? Más parece una vil maniobra y engaño de una élite para que la gente siga sometida al esclavismo, usando como pretexto la religión y un supuesto "castigo de Dios" si no hacían caso de estas enseñanzas; o mejor dicho, si el pueblo se revelaba contra los esclavistas.

Además, nos dice que si no somos unos buenos y mansos esclavos, se criticará la doctrina de Dios. Hay un viejo dicho: "El pez, por la boca muere". Pues el propio San Pablo pone de manifiesto que la doctrina de Dios es una doctrina esclavista. Y tenía razón. ¿Acaso un Dios sabio y bondadoso no querría que sus hijos sean libres en esta vida y en la otra también? ¿No es contradictoria la esclavitud con el amor al prójimo? Si amas a tu prójimo, no debiera existir la esclavitud; sin embargo, es una gran contradicción que las enseñanzas de Dios no repudien siquiera la esclavitud.

En otras enseñanzas, Jesús hace una comparación muy lamentable y odiosa entre los dones de la gente y el interés como usura: "Un hombre de una familia noble se fue a un país lejano para ser nombrado rey y volver después. Llamó a diez de sus siervos, les entregó una moneda de oro a cada uno y les dijo: 'Comercien con el dinero hasta que vuelva'.

Pero sus compatriotas lo odiaban y mandaron detrás de él una delegación para que dijera: 'No queremos que este sea nuestro rey'. Cuando volvió, había sido nombrado rey. Mandó pues llamar a sus siervos para ver cuánto había ganado cada uno. Se presentó el primero y dijo: 'Señor, tu moneda ha producido diez más'. Le contestó: 'Está bien, siervo bueno; ya que fuiste fiel en cosas muy pequeñas, ahora te confío el gobierno de diez ciudades'. Vino el segundo y dijo: 'Señor, tu moneda ha producido otras cinco más'. El rey le contestó: 'Tú también gobernaras cinco ciudades'. Llegó el tercero y dijo: 'Señor, aquí tienes tu moneda. La he guardado envuelta en un pañuelo porque tuve miedo de ti. Yo sabía que eres un hombre muy exigente: reclamas lo que no has depositado y cosechas lo que no has sembrado'. El rey contestó: 'Por tus propias palabras te juzgo, siervo inútil. Si tú sabías que soy un hombre exigente, que reclamo lo que no he depositado y cosecho lo que no he sembrado, ¿por qué no pusiste mi dinero en el banco? Así a mi regreso lo hubiera cobrado con los intereses'. Y dijo el rey a los presentes: 'Quítenle la moneda y dénsela al que tiene diez'. 'Pero, señor, le contestaron, ya tiene diez monedas'. Yo les digo que a todo el que produce se le dará más, pero al que no, se le quitará aun lo que tiene. En cuanto a esos enemigos míos que no me quisieron por rey, tráiganlos aquí y mátenlos en mi presencia". Lucas 19, 12-27. En resumen, aquí podemos ver cómo en el contexto de la época, es algo común y aceptable para el propio Jesús hablar del préstamo a interés o usura, y hasta utilizarlo para hacer comparaciones en sus parábolas. Además, menciona a la banca mostrándola como una institución benigna donde uno tiene que poner su dinero para ganar intereses, pues se reprocha al siervo por no haber entregado el dinero a los banqueros. Si Jesús dijera este discurso actualmente, seguro terminaría linchado por el movimiento "Los Indignados de España" o por el "Occupy Wall Street", o por los millones que han caído en desahucio y desgracia a causa de la banca. Siendo considerado "El Rey de los judíos", al parecer Jesús apoyaba igualmente a una élite financiera, o no se metía con esta.

En otro relato se lee: Jesús entró al templo y echó fuera a todos los comerciantes y cambistas, derribó las mesas de los que cambiaban monedas y los puestos de los vendedores de palomas. Les dijo: "Está escrito: Mi casa será llamada casa de oración. Pero ustedes la han convertido en una cueva de ladrones". Mateo 21, 12-13. Es decir, esta fue la primera y única vez que Jesús usó la violencia física para expulsar a los especuladores que hacían dinero en el templo de Dios. Calificándolos de ladrones. Ahora, cabe recalcar algo importante: esta acción violenta de Jesús no fue provocada por el oficio en sí de los especuladores y usureros, sino porque estos se habían apoderado del espacio del templo y sus alrededores que estaban destinados solo para la adoración a Dios. Comerciar y especular con el dinero era ciertamente un oficio aceptado en cualquier otro lugar. Y Jesús no tenía intenciones de inmiscuirse en temas financieros, lo cual resulta también muy contradictorio. Pues es justo aquí donde se origina la maldad del hombre. De las finanzas nace la usura, la deuda, la explotación, el esclavismo; o sea, la verdadera maldad del ser humano, que no tiene que ver nada con un demonio o un ser maligno abstracto, sino con algo muy real que es la explotación del hombre por el hombre.

Podemos concluir entonces que Jesús, si es que realmente existió, solo provocó una revolución filosófica y/o religiosa. Sin embargo, más de 2000 años después, seguimos siendo gobernados por los poderes financieros corruptos. Al parecer, nada ha cambiado ni cambiará si no iniciamos una revolución monetaria y financiera. No debemos seguir sometidos voluntaria y mansamente a nuestros amos financieros como nos enseña la Biblia. No seamos unos "buenos siervos" de la élite financiera nunca más. Pero, por sobre todo, no permitas que sigan utilizando la religión y a "Dios" para que continúes ignorante y sometido. Amen.

Propuestas de Reforma Monetaria

Hay Algunas Propuestas de reconocidos economistas que buscan cambiar el actual sistema monetario donde los bancos centrales tienen el control de la emisión de dinero. Y aunque varias de estas intentan cambiar el sistema o mejorarlo, ninguna ofrece una verdadera solución eficaz, debido a que dejan importantes cabos sueltos, o simplemente son cambios en la "política monetaria" (más de lo mismo) para continuar perpetuando el manejo del dinero por parte de los banqueros.

Hay quienes abogan por el regreso al patrón oro o plata como una forma para que los bancos y gobiernos no puedan emitir dinero sin obtener antes oro o plata, y de esta forma no puedan generar tanta deuda e inflación. Sin embargo, el problema con esta medida es que la mayor parte del oro y plata del mundo está en poder de los bancos, lo cual significaría igualmente un monopolio y no una solución. Además, este modelo monetario ya estuvo vigente por varios siglos hasta 1971, y provocó deuda, inflación y crisis. Por lo tanto, es inservible. Entre los que proponen este sistema podríamos nombrar a los economistas de la escuela austriaca como Ludwig Von Mises y Murray Rothbard.

Otra propuesta de reforma monetaria sugiere el reemplazo del sistema de reserva fraccionaria por la emisión de dinero libre de deuda directamente del gobierno. Aunque esta propuesta sí propone una solución al problema de la deuda, esta solo significa una minúscula parte del total de la deuda, pues no se busca detener el control del crédito por parte de los bancos privados, que sabemos son los que crean más del 96% de la deuda al otorgar los créditos. De modo que, aunque los gobiernos emitan el dinero libre de deuda, los bancos privados continuarán generando deuda e inflación. Para que esta propuesta sea efectiva, se tendría que prohibir la banca privada como negocio.

Dentro de estas propuestas ya mencionadas, varios de sus exponentes se oponen a la existencia de los bancos centrales como emisores de dinero con deuda; no obstante, esta medida resulta ineficaz por sí sola pues la banca privada continuaría controlando el crédito.

También hay quienes aseguran que se debería incrementar el requerimiento de reserva fraccionaria (reservas de dinero en los bancos en relación a lo que prestan) al 100% para que los bancos no puedan prestar dinero que no tienen; sin embargo, esta medida resultaría igualmente obsoleta, pues la banca privada seguiría prestando dinero a interés, lo que originaría que siempre se tenga que crear más dinero y deuda para pagar los intereses a los banqueros.

Ninguna de las propuestas ya mencionadas intenta dar el pleno control del dinero y el crédito al Estado para que este pueda utilizar las ganancias verdaderamente en favor del pueblo. Si sigue existiendo la banca privada como negocio legal para ganar dinero producto de la usura, siempre se originarán crisis financieras y económicas a consecuencia de la deuda y especulación. Podemos deducir entonces que esta gente que busca un supuesto cambio de sistema monetario y financiero, que ignora o no las fallas de los mismos, solo están preparando el camino ante cualquier revolución que se pueda dar. Solo entonces se erigirán como supuestos reformadores con las propuestas inservibles ya mencionadas, para hacer creer a la gente que se está cambiando el sistema, cuando en realidad solo lo están maquillando.

El dinero como causa de los crímenes del mundo

¿ALGUNA VEZ SE HA PREGUNTADO cuál es la principal causa de los crímenes de la gente?, o ¿por qué se habla tanto de la inseguridad ciudadana y nunca se llega a una solución eficaz? La respuesta a ambas preguntas es muy simple. Nunca se atacó la verdadera causa u origen del crimen: "La falta o escasez de dinero para los sectores más pobres". Entonces ¿solo necesitamos crear más dinero para esta gente? Claro que no. Esto solo provocaría más inflación y pobreza. A lo que me refiero es a una mala distribución del dinero; es decir, el dinero actualmente está siendo acaparado por un minúsculo sector de la sociedad o élite financiera. Por lo tanto, no necesitaríamos crear nuevo dinero, solo distribuirlo mejor para que llegue al sector más pobre de la sociedad, ya que aquí es donde se originan los criminales comunes que vemos siempre en las noticias.

Si revisamos las estadísticas, encontraremos que más del 90% de los crímenes de la humanidad son a causa del dinero. La gente roba, mata, engaña, estafa, extorsiona, pelea; en fin, hace cualquier cosa por obtener dinero para subsistir. Porque al fin y al cabo, como ellos mismos dicen: "De algo tenemos que vivir". Y no les falta razón, pues muchos están en las cárceles solo por conseguir dinero para poder alimentarse y vivir finalmente. Así empieza todo. Así empieza el ladrón y el criminal desde niño; porque hasta el peor de los criminales tuvo que robar algún día solo para poder comer. Y allí empezó su carrera. Ese niño jamás hubiese delinquido si sus necesidades básicas hubieran estado satisfechas. Esta gente no es culpable por estar en contra del sistema, ya que cualquiera es libre de estarlo y salirse de este y querer cambiarlo. Sin embargo, sí son culpables por hacer daño a la gente que si sigue el sistema, y por eso son juzgados. Aunque no tienen más opción que convertirse en ladrones y criminales, pues de alguna forma tienen que conseguir el bendito dinero. Por esta razón mucha gente los reprocha, ya que no trabajan ni quieren ganarse la vida honestamente. Sin embargo, se equivocan, pues bajo este sistema monetario y financiero es estadística y matemáticamente imposible que todo el mundo tenga dinero suficiente. Es imposible que todos tengan empleo. Si uno mira las tasas de desempleo a nivel mundial, observará que están entre el 30 y 6% en los países más pobres y ricos respectivamente, con lo cual siempre habrá delitos y crímenes, ya que esa gente parada que por simple estadística no podrá encontrar empleo, algo tiene que hacer para conseguir el dinero y vivir. Es decir, siempre hay más hombres que empleos bajo este sistema. Lo que significa que millones en el mundo estén obligados a delinquir para sobrevivir.

Por lo tanto, es inútil que se pongan más policías en las calles, y es inútil que se encierren a cada vez más gente. Estos son esfuerzos en vano para parar la delincuencia porque no se ataca la raíz del problema, que es: la escasez de dinero para las clases más pobres. ¿Quién está acaparando este dinero? Ya lo sabemos. Es por esto que después de la aparición de la banca, surgen los ladrones que atracaban bancos cargando bolsas llenas de dinero; escenas representadas en películas de Hollywood, desde los vaqueros asaltabancos del lejano oeste, hasta los hackers actuales que solo tienen que robar dinero electrónico. En pocas palabras, desde hace mucho la gente sabe que el dinero lo crean y acaparan los banqueros. La pregunta es: ¿por qué tienen ese privilegio?, ¿por qué miles de millones tenemos que comprar sus billetes de papel?

En conclusión, la delincuencia y el crimen se acabará en más del 90% el día que la gente no tenga la necesidad de robar dinero; el día que sus necesidades básicas estén cubiertas. ¿Acaso más policías en las calles le darán de comer a un niño propenso a futuro delincuente?, o ¿acaso más cárcel lo desalentará de seguir robando para comer? La única forma de solucionar este problema eficazmente será tomando el control del dinero y volverlo de propiedad pública, nunca más de propiedad privada. Así todo el mundo podrá tener sus necesidades cubiertas, no teniendo razón para delinquir nunca más.

HEMOS PODIDO COMPROBAR con hechos innegables a lo largo de la historia, cómo el sistema económico y financiero actual a base de deuda solo favorece en gran medida a una élite financiera y política, debido a que se ha dejado privatizar el dinero en manos de los banqueros. Igualmente, hemos aprendido cómo este sistema se fundamenta en la confianza; pero una confianza en que el mundo pague sus deudas a los financistas privados. Cuando se pierde esa confianza es cuando se genera una crisis financiera y económica que es provocada intencionalmente por los propios financistas a fin de reventar las burbujas de deuda y transferir cada vez más recursos y bienes a sus manos. Ya sabemos que estas crisis sistemáticas han provocado una forma astuta de esclavitud sobre los pueblos, pues no se pueden terminar de pagar nunca las deudas, ya que siempre se necesitará más deuda para pagar las anteriores; en consecuencia, generación tras generación reciben esta deuda como herencia eterna. Recordemos que el único que pagó la totalidad de la deuda alguna vez fue el presidente de EE. UU., Andrew Jackson.

Debido a esta barbarie que mantiene a la gente sumisa y esclavizada al trabajo, y a mi humilde conocimiento del funcionamiento del sistema financiero, es que propongo un nuevo sistema a base de pura confianza; es decir, confianza en la acción de la gente y en su trabajo, que es lo que ya existe; lo esencial y lo que mueve al mundo actualmente. La gran diferencia será que esta confianza bajo el nuevo sistema nunca más generará deuda con una élite privada, la cual actualmente esclaviza a las naciones.

El primer paso para lograr un nuevo y mejor sistema será detener y prohibir por ley la emisión y adquisición de deuda privada (la real causa de los problemas del hombre). Con esta medida ningún banquero privado o financista particular podrá beneficiarse nunca más de acaparar y controlar el dinero y el crédito. La creación de dinero y préstamo a crédito no debe ser nunca más privilegio de los banqueros o un grupo privado, sino privilegio del pueblo. Y quien es representante del pueblo es el Estado. De esta forma cada país a través del Estado, creará y emitirá su propio dinero libre de interés y deuda, y lo prestara a la gente a crédito sin usura. Para lograr un manejo eficiente se podrán establecer bancos nacionales que se harán cargo exclusivamente de esta tarea. Algunos se preguntarán ¿cómo se evitará la usura? La respuesta es muy simple. Debido a que el nuevo sistema sería público y no privado, las ganancias y utilidades retornarían al pueblo de varias formas: dinero en efectivo, mejores salarios, proyectos tecnológicos, mejor educación, obras públicas que beneficien al pueblo, etc. Aunque hay otra solución mucho más práctica que acabaría totalmente con el concepto de interés o usura de nuestra sociedad: que el banco del pueblo preste dinero libre de interés; es decir, si el banco presta un millón, que la gente tenga que devolver solo ese millón. Así se evitaría cualquier distorsión del sistema como la inflación, además de borrar completamente de nuestras mentes la usura como medio honesto de ganar dinero. No hay duda de que todo esto facilitaría la vida de la gente en gran medida para que no tenga que trabajar nunca más extensas jornadas laborales, sino por el contrario, que tenga más tiempo para estudiar y crear tecnologías. Solo así la gente podrá explotar su mayor capacidad intelectual.

Hoy podemos observar cómo los banqueros acaparan miles de millones en utilidades y ganancias producto del préstamo a interés, y no lo comparten con el pueblo, sino que se dan una gran vida de reyes a costa del trabajo diario de las clases trabajadoras del mundo. Sin embargo, este gran problema se arregla con la solución muy simple y técnica de dar el control del dinero al banco del pueblo. En pocas palabras, el principio del cambio para lograr un mundo mucho mejor, más justo, humano y verdaderamente libre, será cuando la banca privada deje de existir y el pueblo asuma el control del dinero y el crédito. Hasta que no se logre esto, cualquier otra solución será inútil, pues he dedicado mucho tiempo en pensar en otras alternativas y siempre llego a la misma conclusión: "El dinero lo controla todo". Por ende, si no controlamos el dinero, siempre seremos esclavos de una élite financiera.

No hay duda de que mucha gente dirá que los políticos y gobiernos actuales no propiciarán nunca este cambio; y tendrán razón, pues los políticos también se benefician de este sistema de deuda. Otros dirán que si los políticos a través de los gobiernos de turno se apoderan de la creación del dinero y el crédito, lo usarán para sus propios beneficios y para fines meramente políticos, lo cual también será cierto, pues como ya sabemos, la política es una doctrina obsoleta que solo sirve para crear leyes para intentar solucionar problemas en vez de crear soluciones técnicas. Debido a esta incapacidad política es que necesitamos técnicos en los gobiernos; es decir, gente que sepa de tecnologías para plasmar sus ideas en favor de la humanidad y el progreso. No sirve de nada tener políticos eruditos en las leyes que solo crean más burocracia y no crean soluciones reales y técnicas para el pueblo. Las leyes no crearán comida ni albergue, solo la tecnología puede hacerlo. Por lo tanto, si esta clase política corrupta tomara control del dinero, seguramente tratará de aprovecharse para enriquecerse como siempre lo ha hecho, aunque si así fuera no cabe duda de que esto significaría menos agravio de lo que ya es con el control en manos de los banqueros. Ahora, esto no quiere decir que debamos dejar que los políticos nos sigan robando; para eso el pueblo debe dejar de votar por esta gente corrupta y optar por técnicos e intelectuales que no pertenezcan a los círculos políticos. Para poder conseguir eficazmente el cambio hacia una sociedad mejor y libre de deuda debemos seguir cuatro pasos:

1.- En primer lugar, hay que difundir toda esta información concerniente a cómo funciona el dinero y quiénes tienen el control sobre este. Debemos informar a la gente que se necesita un cambio de sistema con dinero libre de deuda, y denunciar la influencia y poder de la banca. Solo así lograremos que el mundo se entere de la realidad y la estafa a la que ha estado sometida durante siglos. Todo esto provocará la indignación y revolución de los pueblos. Porque es el deber de cada individuo luchar por su propia libertad; no podemos quedarnos callados ante la injusticia por miedo a represalias o al qué dirán, ya que eso es lo que quieren los financistas, que te quedes callado. ¿Cómo podremos difundir esta información? Pues hay que usar todos los medios posibles. Sabemos que la televisión, la radio y los periódicos están controlados en su gran mayoría por la banca, pero tenemos que intentarlo de todas formas. También podremos usar medios más accesibles como la Internet, las redes sociales, las manifestaciones públicas, marchas, foros, etc. Hay muchas formas de publicidad. Es importante agruparse con cada vez más gente y así conseguir más adeptos a la causa. Solo uniéndonos lograremos concientizar a la gente para que se produzca una revolución de la conciencia humana hacia un mejor sistema.

2.- El segundo paso es boicotear el sistema bancario actual. Y cuando digo "boicotear" no me refiero a realizar actos terroristas, ni ir a saquear o asaltar bancos, ni a fomentar el desorden público ni la violencia. Tenemos que ser más inteligentes que eso, ya que solo lograríamos que nos encarcelen, o que el gobierno imponga una ley marcial, o en el peor de los casos que los militares den un golpe de Estado apoyados por la banca, como ya ha ocurrido muchas veces a lo largo de la historia. De modo que, ese no es el camino. Nuestra lucha debe ser pacífica pero eficaz, como alguna vez lo logró Mahatma Gandhi cuando boicoteó a los monopolios de la sal. La inteligencia y astucia es de lejos más eficiente que la fuerza bruta. Entonces lo que debemos hacer es no utilizar el sistema bancario, o al menos reducir su uso al mínimo. Por ejemplo: no utilizar las tarjetas de crédito y débito; sacar nuestros ahorros de los bancos, cajas y financieras; no pedir más préstamos del sistema bancario pues ya sabemos que la deuda e inflación se genera cada vez que hacemos esto; no aceptar que nos paguen con cheques, letras o depósitos, sino solo en efectivo, pues ya sabemos que los bancos controlan más del 95% del dinero electrónico; no sacar ningún bien al crédito sino al contado, porque la banca controla las transnacionales que ofrecen estos créditos; organizar juntas familiares, de amigos o vecinales para conseguir financiamiento para adquirir bienes al contado. Los ahorradores podrán prestar dinero directamente a los emprendedores y empresas que así lo necesiten, sin intermediarios banqueros que ganan por este simple acto. Yo mismo puedo dar fe que esto funciona porque yo lo he hecho. Por supuesto que si queremos que el cambio funcione no debemos prestar el dinero a una tasa igual a la bancaria, sino menor. De todas formas igual la gente estará ganando más que si solo dejara su dinero en el banco al 4 o 5% de interés anual, ya que ellos lo re-prestan a los emprendedores al 20, 30 o 40%. De igual forma estos préstamos se pueden legalizar tal como lo hacen los banqueros, y así la gente tendría confianza en que se devolverá su dinero. Con todas estas medidas se logrará algo importante: detener en gran medida la creación de deuda e inflación. Sin embargo, hay que entender que estas son soluciones temporales de corto plazo para darnos tiempo a realizar los demás pasos. Igualmente son soluciones muy simples y prácticas que no son imposibles de hacer. Si yo lo he podido hacer, seguro tú también puedes.

3.- El tercer paso es boicotear las elecciones presidenciales, parlamentarias y ediles. No debemos elegir más a los políticos de siempre que están enquistados en el poder generación tras generación. Ya sabemos quiénes son; siempre llevan los mismos apellidos, y pueden ser los hijos, nietos o familiares. Ya sabemos que los políticos son lobbistas de la banca que solo buscan perpetuar la deuda sobre los pueblos con leyes obsoletas. Y cuando digo boicotear las elecciones tampoco me refiero a ningún acto violento, ni a no ir a votar; por el contrario, hay que ir a votar para plasmar nuestra voz de protesta votando de manera nula o viciada, y escribiendo frases como: "No más dinero con deuda", "Fin a la banca privada", etc. Solo de esta forma lograremos expandir gradualmente nuestra influencia. Y no hay que desanimarnos si no se tienen los resultados queridos en un principio, pues con constancia todo se puede lograr. Quizás en las primeras elecciones solo haya un 3% de votos viciados, pero sin duda poco a poco se conseguirán más adeptos a la causa y este porcentaje se irá incrementando al 10%, después al 20%, al 40, y finalmente a más del 50%, donde se alcance la mayoría que muestra su inconformidad con el sistema. De esta forma los políticos no tendrán ninguna representatividad para gobernar, siendo este el momento donde se escuche con más fuerza la voz del cambio de sistema. Solo recién sabremos que esta revolución, la más importante de todas, no tendrá marcha atrás y traerá al pueblo su verdadera libertad, la libertad económica-financiera.

4.- El cuarto paso será entrar a las instituciones públicas y gobiernos para reemplazar a los políticos tradicionales. Para lograrlo es necesario que el pueblo, o mejor dicho, la gente técnica y científica entre el pueblo se organice para formar e inscribir sus partidos y candidatos electorales para las elecciones. Solo esta gente con conocimientos de tecnologías y ciencias brindarán verdaderas soluciones a nuestros problemas, y desterraremos para siempre las discusiones políticas ineficaces por las discusiones técnicas eficaces. Pero ¿cómo sabremos que esta nueva gente entre el pueblo no serán corrompidos por el poder financiero y nos engaña?

Para darse cuenta de esto es imprescindible que esta gente se muestre en contra de la banca privada. Es decir, deben expresar pública y enfáticamente su deseo y convicción de hacer que el Estado a través de un banco público sea el único quien tome el control del dinero y el crédito. Si no lo hacen así, quiere decir que los poderes financieros están detrás manipulándolos. Por lo tanto, este último paso será el más importante de todos, ya que todo lo anterior será en vano si no llegamos a los gobiernos. Es importante mencionar que para inscribir un nuevo partido es necesario recolectar una cierta cantidad de firmas en planillones que se pueden conseguir de los diferentes organismos electorales de cada país. Si la gente se une y organiza, lo pueden hacer fácilmente. Solo es cuestión de decidir hacerlo. En la decisión de empezar algo es donde radica el genio de todo ser humano, por más difícil que esto pueda parecer. Así es como nacen los verdaderos líderes.

Mucha gente dirá que la nueva clase técnica que tome el poder, será corrompida igualmente por el dinero de los financistas para que no se cambie nada. En este caso, habrá que apelar a la inteligencia y razonamiento de esta gente. ¿Para qué se conformarían con las migajas de dinero de los financistas si pueden obtener el control total del dinero para ellos y su pueblo? ¿Para qué querrían enriquecerse ellos solos cuando podrían enriquecerse junto con todo su pueblo, y además obtendrían la gloria de ser parte de la historia como los verdaderos héroes de este mundo? Por lo tanto, ¿para qué conformarse solo con las migajas de riqueza de los banqueros Cuando en realidad se puede conseguir ambas: la riqueza y la gloria? Yo, sin ninguna duda ,preferiría ambas.

Me queda una sola pregunta por hacer: ¿Son estos cuatro pasos imposibles de lograr? No cabe duda que estas cuatro soluciones prácticas pueden ser realizadas fácilmente por cada ciudadano del mundo que quiera en verdad, y de una vez por todas, empezar a cambiar el mundo por uno mejor.

Se dice que hay 3 tipos de personas:

- Aquellos que hacen que las cosas sucedan.
- Aquellos que ven que las cosas sucedan.
- Aquellos que se preguntan: ¿Qué pasó?

La gran mayoría de la humanidad se encuentra en las dos últimas categorías. Entonces, ¿quiere seguir siendo parte de un destino impuesto por otros? No lo creo. No se conforme con ser solo un espectador de lo que pasa en el mundo; vuélvase un partícipe de este; haga que las cosas sucedan; forme parte de la historia, justifique su existencia.

Fin de la era bancaria. Desmantelamiento total del sistema financiero privado

UNA VEZ QUE LA BANCA SEA PÚBLICA, funcionando solo en beneficio de los pueblos, se podrá recién continuar a desmantelar todo el aparato financiero privado existente, ya que solo el nuevo banco público será el único privilegiado de financiar a la gente y a las empresas para así evitar la usura por completo como un negocio legal, y por ende, no se explote ni robe más al pueblo. Esta acción provocará la mayor revolución científica y tecnológica, pues nunca más la falta de financiamiento y dinero será excusa para que cualquier persona, por más humilde que sea pero con gran inteligencia, no pueda realizar sus sueños explotando su máxima capacidad creativa.

Esto quiere decir que se deberá desaparecer los principales mercados de usura y especulación: "Las bolsas de valores". Si todo el financiamiento lo otorgará el banco estatal, ya no será necesario que las empresas emitan bonos ni acciones para financiarse. Igualmente toda emisión y negociación de deuda y derivados financieros (bonos hipotecarios, CDS, etc.) deberán ser prohibidas. Con esta medida se acabará eficazmente con las eternas crisis financieras y con los especuladores que usan estos medios para hacerse ricos a costa del pueblo. Todo esto acabará con el mayor mercado de deuda del mundo, dando fin a los mercados ficticios para quedarnos con los reales donde sí se adquieren bienes y servicios, y además mandaríamos a los banqueros a trabajar por primera vez en su vida.

Muchos se preguntarán: ¿Qué pasará con el dinero de la gente que está depositado en el actual sistema bancario privado? La respuesta es que estos ahorros tendrían que ser retirados de los bancos privados que dejarían de existir, para depositarlos en el nuevo banco del pueblo. Esto sin duda provocará un gran pánico y corrida bancaria, pues toda la gente irá en masa a sacar su dinero, lo cual provocará que toda la banca privada colapse y quiebre, pues como ya sabemos, esta banca posee en realidad alrededor del 3 o 4% del dinero real en billetes, lo demás es puro dinero ficticio (electrónico y deuda). En este punto, muchos creerán que esto sería una catástrofe, y eso querrán que se crea los que defienden el actual sistema. Lo cierto es que esta bancarrota generalizada será totalmente necesaria para lograr que el pueblo reciba lo que en verdad le pertenece; que es sus bienes y propiedades. Es decir, como el 96% de la gente se quedaría sin recibir su dinero porque este no existe físicamente, entonces el nuevo gobierno técnico garantizaría por ley que la banca privada tenga que devolver a la gente el valor de su dinero en bienes y propiedades, lo que significaría que el pueblo recobre lo que originalmente siempre fue suyo (sus tierras, sus empresas, su vida). En pocas palabras, el pueblo aplicará a la banca privada lo mismo que esta nos aplica cuando no le devolvemos su dinero e intereses: "el embargo". Hay que entender que son las propiedades y bienes las que tienen valor real, no el dinero en sí. Entonces todo esto provocará que se transfieran millones de propiedades de la élite financiera al pueblo (a quien verdaderamente pertenece), ya que nos las han robado con impunidad a lo largo de más de seis siglos.

Asimismo, los créditos ya otorgados por la banca privada deberán ser transferidos a la banca pública, que se hará cargo de estos hasta su total cancelación, utilizando los intereses para devolvérselos a la misma gente que tomó los créditos. También se cancelarán los contratos de refinanciamiento usureros que son la más grande estafa al pueblo. Para esto se tomará en cuenta todo el monto de interés pagado y se deducirá del capital (como lo hizo Julio César hace más de dos mil años). No obstante, los créditos que hayan sido tomados de entidades extranjeras y bancos extranjeros cuyo dinero representa la deuda externa de un país, sí deberán ser pagados hasta su total cancelación. Pero ¿por qué debemos pagarles a los bancos extranjeros una deuda igualmente fraudulenta? Porque si no lo hacemos tomarán esto como pretexto para influenciar a los gobiernos de las potencias y demás países para invadirnos y declararnos la guerra. Por lo tanto, esta debe ser evitada a toda costa. Una vez pagada esta deuda, nos habremos liberado de la mayor carga esclavizante que un pueblo pueda tener; y en consecuencia, no se volverá jamás a pedir un préstamo de dinero a ningún banco extranjero, extinguiendo así la deuda externa para siempre.

No tengo ninguna duda que el primer país que logre liberarse de la deuda dará un gigantesco paso hacia la civilización; hacia la vanguardia; hacia un nuevo nivel de conciencia e inteligencia humana, que la volverá la nación más rica y próspera del mundo. De modo que esa debería ser nuestra nueva competencia de ahora en adelante entre las naciones: ¿Quién se libera primero de la deuda?

Algunos se preguntarán: ¿Nuestros ahorros depositados en el nuevo banco público continuarán pagando interés? La respuesta es no. Porque si se permite esto, habrá gente adinerada que seguirá acumulando más dinero producto de la usura, lo que provocaría que el banco tenga que imprimir más dinero y generar inflación. Entendamos que el interés que se paga a una persona de la clase trabajadora es casi insignificante a comparación de lo que se paga a uno de la clase rica. Por ejemplo: si una persona de la clase trabajadora deposita $5.000 en el actual sistema, significa que el banco tiene que pagarle un interés anual que está entre el 3 y el 5% a plazo fijo. Esto significaría que se tenga que crear entre 150 y $250 que no existen en el sistema. Por otro lado, si una persona de la clase rica deposita $10 millones, significa que el banco tiene que crear entre 300 y $500 mil para pagar los intereses. Por lo tanto, lo que se paga a una sola persona por concepto de interés significa una gran distorsión en el sistema, pues se tiene que crear mucho más billetes y generar en consecuencia una mayor inflación. Por esta razón no se puede seguir pagando intereses por los depósitos en un nuevo sistema.

Además, hoy en día los bancos le pagan al pueblo un interés anual entre el 3 y 5%, que representa lo mismo o menos que la inflación anual (entre el 4 y 20% dependiendo de cada país), lo cual significa otra estafa al pueblo, pues tu dinero se deprecia igual o mucho más que los intereses que te paga el banco. Por lo tanto, no sirve de nada tener tus ahorros depositados en la banca privada. ¿Acaso crees que las familias financieras tienen su dinero depositado en estas cuentas? Por supuesto que no. Ellos tienen su dinero manejado por los fondos de inversión o Hedge Funds, donde ganan grandes sumas de dinero especulando con la economía del mundo. Por crudo que suene, las cuentas de ahorro bancarias son solo para la clase trabajadora ignorante que cree que gana dinero, cuando en realidad lo pierde. Por ende, para evitar cualquier distorsión que afecte el nuevo sistema monetario, el pago de interés será terminantemente prohibido, ya que este solo representa el robo y opresión a la clase trabajadora. Una esclavitud disfrazada en la legalidad.

A continuación señalaré otras pautas necesarias para el total desmantelamiento de la banca privada, hacia un verdadero libre mercado con total libertad económica libre de deuda:

• Solo se imprimirá dinero por razones demográficas, por emergencias ante desastres naturales, o por la propia productividad del pueblo. Cualquier otra forma de querer imprimir y emitir dinero que no sea para el total beneficio del pueblo deberá ser ilegal.

• Se deberán imponer penas de cárcel efectiva más duras sin ningún tipo de beneficio para los miembros de los gobiernos e instituciones públicas que cometan actos de corrupción y estén robándole al pueblo. Así también el embargo de sus bienes. Esto desincentivará a cualquiera al servicio de la nación a cometer estos actos. Hoy en día vemos cómo esto no se cumple, pues los políticos se protegen entre ellos con sus leyes de inmunidad entre otras. Incluso ya cuando el delito es inocultable y escandaloso y caen en prisión por ello, mantienen a los presos políticos en cárceles doradas parecidas a hoteles 5 estrellas, además de permitirles quedarse con gran parte de lo robado. Entonces ¿qué desincentivo hay para que esta gente robe? Ninguno. Por el contrario, se protegen e incentivan entre ellos que si robas no importa, pues pasarás algunos años en un cuarto 5 estrellas para salir pronto y disfrutar todo lo robado.

• Se deberá realizar auditorías periódicas al nuevo banco del pueblo para así evitar cualquier acto de corrupción y promover una mayor transparencia. Esto es algo que tampoco ocurre en el sistema actual, donde prácticamente no hay ninguna auditoria por parte del pueblo o Estado a los bancos privados ni bancos centrales, ya que si así fuera, desaparecerían los paraísos fiscales en los que va a parar todo el dinero ilícito del mundo.

• El nuevo banco público solo prestará dinero en la moneda local de cada país. De ninguna forma en moneda extranjera, pues este dinero foráneo no es controlado por el banco estatal. Esto evitará eficazmente que un nacional se endeude con dinero de la banca privada extranjera.

• Toda moneda o dinero extranjero que ingrese al país deberá hacerlo a través del banco del pueblo para tener un verdadero control sobre este y saber su destino y procedencia. Esto identificará el dinero ilícito proveniente de otros países. Asimismo, solo se permitirá la entrada de dinero extranjero para turismo e inversiones, no para préstamos ni ningún tipo de especulación, ya que este dinero puede provenir de un país con el actual sistema de deuda. Por ejemplo: el banco central de EE. UU. (FED) inunda siempre el sistema monetario mundial con los miles de millones de dólares que emite, generando de esta forma deuda e inflación en todos los países sin ningún control, lo cual es muy perjudicial para las economías de los países, pues nos venden billetes mas no tecnologías.

• Nadie podrá acumular gran cantidad de dinero que afecte la liquidez del sistema y llegue a tener influencia en este. Como alguna vez lo hizo Julio César en Roma, se establecerá un límite de acaparamiento de dinero, después del cual se tendrá que invertir o gastar el excedente, devolviendo así el dinero al sistema para un flujo o circulación constante.

• No se permitirán los monopolios que afecten la estabilidad de un país. Para esto se fomentará la inversión y competencia entre empresas. Igualmente, el Estado podrá crear empresas en áreas claves de la economía como energía, comunicaciones y tecnología. Todo con el único fin de beneficiar a la gran mayoría del pueblo. Por el contrario, vemos hoy en día cómo los monopolios petroleros, mineros, tecnológicos, etc., solo funcionan para enriquecer a una pequeña élite en detrimento de miles de millones en este mundo.

• Se eliminarían los fondos de pensiones, ya que estos solo representan especulación a gran escala. Es decir, hoy en día todo el dinero de los pensionistas se usa realmente para enriquecer a la élite financiera cuando estos especulan con este dinero en las bolsas de valores. Al igual que pasa con los depósitos en cuentas de ahorro, los fondos de pensiones son otra gran estafa al pueblo, pues entregan una ganancia mínima al contribuyente que es incluso recortada por ley siempre en épocas de crisis, como actualmente sucede en varios países de Europa. Peor aún, te aumentan la edad de jubilación, además de ya haber perdido dinero en tu fondo producto de la propia crisis. En consecuencia, estos fondos no tienen razón de existir, pues entregan una cantidad de dinero insuficiente para vivir una vejez digna. Por lo tanto, con el nuevo sistema libre de deuda y con toda la tecnología liberada del poder financiero, seguramente ningún anciano pasará nunca más penurias. Y no hay que ser ningún sabio para deducir esto, pues si tan solo tomáramos una pequeña parte de lo que se paga hoy en miles de millones en deuda a los banqueros, esto bastaría para satisfacer todas las necesidades de nuestros ancianos.

• Se eliminarán las leyes de patentes monopolistas que solo obstaculizan el libre surgimiento y desarrollo de las tecnologías. No es un secreto que las transnacionales promueven la duración de las mismas por décadas, como ha sido el caso de las patentes para los medicamentos contra el VIH SIDA, las cuales han tenido una duración de alrededor de 20 años, provocando que los precios de las medicinas sean mucho más elevadas de lo que deberían ser, solo para beneficio de las transnacionales farmacéuticas.

Con el nuevo sistema libre de deuda, los miles de millones en impuestos que se cobran a la gente se recortarían en gran medida, debido a que estos se destinan en la actualidad al pago de la deuda externa, funcionando como una garantía para los banqueros. Por lo tanto, sin más deuda que pagar, este dinero podría ser usado para mejorar los servicios públicos como salud, sanidad, educación, etc., contribuyendo así para una mejor calidad de vida.

Como ya sabemos, la inflación es generada en un 98%, más o menos, por la banca privada. Esta inflación actúa eficazmente como un impuesto escondido sobre los pueblos, porque deprecia el valor del dinero que la gente posee para comprar sus alimentos, etc., lo cual genera que la gente necesite aún más dinero de la banca privada siempre.

En consecuencia, bajo el nuevo sistema, donde el banco público mantenga un flujo constante del dinero a través del crédito libre de interés y la devolución del mismo mediante los ingresos de la población en un país con pleno empleo, impulsado tanto por las empresas públicas como privadas, la inflación no tendrá razón de existir. Y por ende, la moneda nacional se fortalecerá beneficiando el poder adquisitivo de la población, tanto en su propio país como en el extranjero.

Hay que entender que la inflación solo favorece a las grandes empresas transnacionales explotadoras ligadas a la banca internacional, pues así es como depredan los recursos naturales de países subdesarrollados o emergentes a menor costo. Esto se comprueba con las políticas de shock económico impuestas por el Fondo Monetario Internacional a los países en crisis, con el objetivo de depreciar sus monedas y privatizar las empresas públicas a favor de la banca internacional.

Solo algo es seguro, la inflación no se evitará si el Estado no controla el crédito. Cualquier otro método derivará de igual modo en inflación. Si el Estado solo controlase la emisión de dinero libre de deuda pero no controlase el crédito, esto terminará depreciando el dinero pues la banca privada seguirá dando crédito y creando la mayor parte de la inflación, ya que siempre se necesitará crear más dinero inexistente en el sistema para pagar los intereses de las deudas. Entonces el gobierno se verá en la obligación de imprimir más billetes.

Por eso es imprescindible que el Estado, a través del banco del pueblo, sea el único emisor de dinero y crédito.

LA CIENCIA Y TECNOLOGÍA POR SOBRE LA IGNORANCIA Y LAS CREENCIAS

EN UN FUTURO, llegará el día en que nuestra capacidad intelectual y física como seres individuales y competitivos, será nuestra capacidad para ayudar y aportar a la humanidad, y no la capacidad para explotar y esclavizar a los menos capaces. Debemos desechar este nivel de conciencia retrógrada en el que vivimos actualmente, de autodestrucción y explotación. Por el contrario, debemos tratar de llegar a un nivel de conciencia humana superior e intelectual. Busquemos llegar al día en que los sabios e intelectuales a la vanguardia de la tecnología sean los gobernantes del mundo, y no los políticos y banqueros, que de sabiduría no tienen nada, ya que solo llegan a los gobiernos gracias al poder del dinero mas no por su sabiduría. Tenemos entonces, como primer paso, quitarles ese poder y dárselo al pueblo. Solo así podremos evolucionar como seres totalmente libres hacia un sistema en el que no necesitemos más el dinero; en el que el intercambio sea producto de la confianza y la voluntad de la gente; donde como en una gran familia no necesitemos pagar con dinero a un hermano por comida, ni pedir dinero por albergue y abrigo; donde nos prestemos las cosas sin tener que pagar interés ni garantías por ello. En consecuencia seremos seres más sabios y bondadosos. A este punto llegaremos solo cuando utilicemos el dinero en favor de la ciencia y tecnología para su desarrollo, ya que el sistema actual está retrasando, coaccionando, reprimiendo y/o utilizando la tecnología en favor de unos cuantos.

Con la ciencia y tecnología liberaremos a la gente de los trabajos monótonos y rutinarios. Como ejemplo podemos evocar la robótica, que podrá suplantar a los humanos en las tareas desgastantes y estresantes en las fábricas de producción, etc. Toda la producción de mercancías deberá ser automatizada y estar a cargo de máquinas y robots inteligentes. Con la ciencia y tecnología podremos crear energías renovables para no depender nunca más del monopolio petrolero, el cual solo contamina el planeta y a nosotros mismos. La energía solar y electromagnética por ejemplo, son las más eficientes, 100% limpias y sobre todo gratuitas, ya que son abundantes en la naturaleza. Con esto a favor y una verdadera distribución de la riqueza y recursos, podríamos tener alimento, energía y agua "gratis" para todo el mundo, sin privilegios para solo una élite. Solo así construiremos un mundo mejor.

Seguro hay y habrá gente que dirá que este mundo mejor es imposible de lograr; que esto solo podría existir en el paraíso o algo así. Sin embargo, no nos dejemos engañar por este pesimismo. Nada es imposible. Creamos en nosotros mismos y en nuestra inteligencia. Vivimos en un universo de posibilidades; de modo que la imposibilidad como tal no existe, ya que solo será cuestión de tiempo hasta que esta idea sea desechada. Solo existe la improbabilidad; y sin embargo, la improbabilidad de algo no quiere decir que sea imposible. En el pasado era improbable que la tierra fuera redonda, pero fue posible. Era improbable llegar al espacio, pero fue posible. La imposibilidad solo existe en la mente de los cobardes y necios.

Entonces ¿es posible lograr el anhelado paraíso en la tierra? Por supuesto que sí. Pero el primer paso fundamental para que eso ocurra será controlar la emisión y el crédito del dinero, ya que sin esto, podrán pasar siglos o milenios hasta que la élite que controla el actual sistema económico-financiero se decida por voluntad o fuerza a cambiar y evolucionar hacia un nuevo sistema más óptimo y justo, si es que se deciden a hacerlo, o si es que la naturaleza y la tierra aún tienen remedio. Tal vez para entonces ya sea tarde y la deforestación, contaminación y explotación basados en la quema de petróleo y energías fósiles ya hayan enfermado y destruido nuestro planeta irremediablemente. Entonces ¿debemos arriesgarnos a que esto pase? Sin duda no podemos dejar el futuro del mundo en manos de la complacencia y voluntad de esta gente que ostenta el poder. No podemos esperar hasta el día en que se decidan a hacer algo por la humanidad y por el planeta. Créanme cuando les digo que esta gente mantendrá en el futuro el actual statu quo, todo el tiempo que les sea posible, sin importar si el planeta se cae a pedazos. Pues viven del poder, de la subordinación de los pueblos. No quieren igualdad de derechos, quieren privilegios.

Seguramente algunos religiosos calificarán estas ideas de "blasfemia", exclamando con horror. Lo cierto es que a esta gente, en los más altos cargos eclesiásticos, no le importa que millones sigan viviendo en pobreza. Pues enseñan, como dice en la Biblia, que los pobres irán al cielo y los ricos al infierno; sin embargo, ellos mismos son ricos y viven con privilegios. ¿Acaso en el Vaticano los obispos y cardenales son pobres? ¿O el mismo Papa? Es una gran contradicción. ¿Por qué viven en palacios y mansiones de oro? ¿Por qué tienen joyas de oro, plata, autos de lujo, y jugosas cuentas bancarias? ¿No deberían vivir como pobres o, al menos, no como ricos? La realidad es que son vividores que se aprovechan de la bondad, fe, sufrimiento e ignorancia de la gente. Y estos eclesiásticos ricos atacarán ferozmente a cualquiera con un pensamiento libre que critique su doctrina, pues son defensores del mismo sistema y statu quo que reina en la actualidad. No quieren el cambio ni el desarrollo de la humanidad, pues esto significaría que ellos también se queden sin privilegios. Ponen como pretexto la "tradición" y la defienden a toda costa. Utilizan el miedo y la represión como tácticas para que la gente no razone. Solo crean en la tradición te dicen; crean y no razonen, no duden; no piensen con lógica, solo crean; no deseen conocimiento pues esto es pecado, te dicen; irán al infierno, te atemorizan.

Ahora sabemos que el conocimiento es cambio, es inteligencia, es crítica, es duda, es lógica, es razonar, es experimentar y es verdad. Pues solo con conocimiento sabremos qué es verdad y qué es mentira. El conocimiento también es amor, pues este nos da entendimiento de nosotros mismos, de los demás, de la naturaleza y de la vida, para cuidarla y amarla. Hay un mandamiento que se le olvidó a Dios: "Amarás a la naturaleza de la cual formas parte". Suena contradictorio entonces que el conocimiento y Dios estén en lados opuestos. ¿No debería el conocimiento ser parte de Dios y viceversa? ¿Por qué se pone la manzana del árbol del conocimiento en oposición a Dios entonces? ¿Acaso Dios no quería que tengamos conocimiento y seamos como animales? Si fuera así, entonces no tendríamos raciocinio y no diferenciaríamos lo que está bien de lo que está mal. Haríamos lo malo e incorrecto y no sabríamos que lo estamos haciendo; es decir, para nosotros estaría bien porque no sabríamos la diferencia, pero en realidad estaría mal lo que hacemos y no tendríamos la capacidad de corregirnos. Y es la realidad lo que en verdad cuenta. Entonces dirán los eclesiásticos: "Dios no quiso que los hombres tengan conocimiento del pecado, del mal, de la vergüenza, de la muerte, de la lujuria, de la envidia, etc". Y esto es completamente cierto, pues en la Biblia dice que apenas Adán y Eva comieron de la manzana de la ciencia y el conocimiento, pudieron entender qué era el pecado y el mal. Es decir, comprendieron la diferencia entre el bien y el mal. Antes solo seguían sus instintos y podían hacer lo incorrecto o malo, solo que no sabían que lo que hacían era tal cosa. La manzana solo les dio el conocimiento, no el mal en sí. Pues no se dice que la manzana contuviera el mal, sino el conocimiento. El mal ya existía en Adán y Eva, solo ignoraban que existía. ¿Podríamos entonces vivir felices en este estado de inconciencia? Por supuesto que sí. Los animales y muchos seres vivos lo hacen, pero nunca seríamos dueños de nuestro destino. Solo seríamos espectadores de la realidad y nunca podríamos cambiarla.

¿Qué es lo que queremos ser?, sería la pregunta. ¿Seres racionales o irracionales? Si dos hombres matan a una persona en la calle y son capturados, uno es un demente sin razón que no diferencia lo bueno de lo malo (un inimputable o loco) mientras que el otro es un ladrón que solo sabe robar para vivir, sin ningún otro oficio, pero sabe que lo que hace está mal; sin embargo, se arriesga por el dinero. El primero va a un centro psiquiátrico y quizá después de un tiempo salga en libertad con medicación, y quizá vuelva a matar sin razón. El segundo va a la cárcel con pena de muerte o cadena perpetua. El ladrón sabía del mal que hacía, el loco no. Entonces ¿a quién preferiríamos en nuestra sociedad? Pues al fin y al cabo los dos hicieron el mismo daño; uno mató a un hombre sin ningún motivo (el loco), y el otro mato por un motivo, que era el dinero (sustento para vivir). Por lo tanto, ¿queremos una sociedad llena de locos irracionales que matan a diestra y siniestra sin ninguna condena?, o ¿queremos una sociedad con ladrones racionales que matan por un motivo? Al ladrón podemos condenarlo, al demente no. Al ladrón podemos quitarle el motivo para robar y matar: "el dinero". Al demente ¿qué motivo podremos quitarle? Ninguno. Mientras que el ladrón tiene cura dándole trabajo bien pagado y sustento, el demente no, ya que su inconciencia del bien y el mal solo podrá ser controlada con drogas. Entonces, es preferible una sociedad racional con problemas que se pueden resolver, a una sociedad irracional donde no se pueda juzgar la maldad del hombre. Continuemos nuestra búsqueda del conocimiento entonces. El hombre ha estado inmerso en esta búsqueda desde el principio, solo que hay poderes que vienen retrasándola constantemente, queriendo ser los únicos privilegiados de ese conocimiento.

Hay que entender que el mal es el resultado de la búsqueda del hombre por hacer el bien. El hombre por naturaleza siempre quiere hacer las cosas bien, pero en el camino se equivoca muchas veces y hace las cosas mal e incorrectas; es decir, aprendemos de lo malo e incorrecto y nos rectificamos, o al menos tratamos de hacerlo. Buscamos hacer el bien, pero lo malo es siempre inherente a este proceso; un proceso de aprendizaje en el que aprendemos de lo incorrecto para hacer lo correcto; de lo malo para hacer lo bueno; de los errores para los aciertos. Las grandes tecnologías y el avance de la humanidad son el resultado de este proceso; del bien y el mal, del error y prueba. La electricidad, el transporte, las comunicaciones y toda la tecnología que hace que miles de millones podamos tener una mejor vida surgieron como parte de este proceso. Millones de personas han muerto producto de los errores, y muchos siguen muriendo a causa de los errores hoy en día. ¿Acaso esto es culpa del mal, o del bien, o del conocimiento? Claro que no. Por el contrario, estas muertes son culpa del desconocimiento; esta ignorancia es la única culpable por la cual cometemos errores o hacemos las cosas mal. Hoy el mundo está corrupto porque la gran mayoría desconoce o ignora lo que se hace con el dinero.

En la antigüedad la gente peleaba, robaba y mataba por alimentos, albergue y tierras; es decir, tenían motivos y no había muchas opciones; por lo tanto, había muchas guerras. Entonces, hoy en día ¿seguiría siendo correcto que haya guerras? Aquí es cuando el mal o lo incorrecto se convierte en "maldad". Cuando hacemos algo mal e incorrecto repetidamente sin capacidad de reflexión ni rectificación, eso es maldad. Esta maldad de seguir haciendo guerras después de haber pasado por cientos de ellas, sin capacidad para reconocer nuestros errores y seguir cometiendo los mismos actos.

Por lo tanto, lo bueno y lo malo son parte tanto de seres racionales como irracionales; parte de nuestro mundo en el cual buscamos conocimiento hacia un nuevo nivel de conciencia y perfección. Tal vez lleguemos al día en que ya no hagamos nada mal, puesto que todo lo haremos a la perfección. Mientras tanto debemos evitar a toda costa la maldad, que es la verdadera causa de perversión, destrucción y sufrimiento de nuestro mundo. Denunciemos la necedad, pues son los necios los verdaderos demonios de este mundo; son gente que no admite sus errores y hace constantemente maldades. Denunciemos la maldad de los financistas, pues saben que se aprovechan del pueblo con el actual sistema usurero pero no les importa cambiarlo.

Uno puede creer muchas cosas, pero no necesariamente todas serán ciertas; uno puede saber muchas cosas y estar seguro de que todas son ciertas. Yo sé que me engaña, pues lo he presenciado con mis ojos. Yo creo que me engaña, pues me han contado y lo supongo. Es decir, la verdad está en el saber y no en el creer. Saber es conocimiento, creer es solo suponer algo. De modo que si hoy en día ya tenemos este conocimiento y queremos adquirir aún más, puesto que Dios (para los que crean en Dios) así lo ha permitido, no nos detengamos en discusiones vanas del bien y el mal, pues ya sabemos que esto es una sola cosa; un solo proceso que se llama conocimiento, o ciencia, o la ciencia del bien y el mal si así queremos decirle; de lo bien hecho y mal hecho.

¿Qué es lo que queda para la humanidad entonces? ¿Debemos continuar aferrándonos al mismo sistema religioso que espera por una salvación? La realidad es que este sistema también ha fracasado por contener la maldad del hombre, esperando por una supuesta salvación de Dios. ¿Nos salvará Dios si solo le rogamos y oramos, y hacemos una que otra buena acción? Puede que sí, pero más seguro es que no. Porque, como dice la Biblia, solo unos pocos se salvarán, ya que si seguimos en el mismo camino donde el dinero y la usura reinan, la humanidad seguirá en la senda de la maldad y autodestrucción. Entonces, si ya sabemos cómo tenemos que tomar el control del dinero y desaparecer la usura como negocio, solo nos queda actuar por el cambio, pues ni los políticos, ni banqueros, ni religiosos querrán ayudarnos, ya que ellos no quieren este cambio, pues viven de este sistema. De modo que, este será el primer gran paso para combatir la maldad del hombre. Y esta salvación vendrá de nuestra propia mano, utilizando lo que Dios nos permitió conservar: "El conocimiento o ciencia". Pues Dios perdonó a Adán y Eva y les permitió conservar este conocimiento. Dios perdonó a la humanidad a través de Noé y le permitió seguir conservando y desarrollando el conocimiento. Igualmente Dios perdonó al pueblo de Abraham y Moisés cuando tantas veces dudaron de él. Y perdonó a la humanidad de nuevo cuando crucificaron a su hijo. Entonces, si Dios perdonó a la humanidad tantas veces por las maldades que hicimos, ¿acaso no nos perdonará con más razón si esta vez nos ayudamos a nosotros mismos? No hay duda de que si esta vez nosotros mismos mejoramos y salvamos el mundo, Dios se sentirá orgulloso de su creación; como cuando un padre se siente orgulloso de su hijo cuando logra algo sin su ayuda y lo premia por eso. Dios verá que el hombre alcanzó un estado superior de conciencia y razonamiento que dirá: "El hombre ha alcanzado superarse por sí mismo, y ha conseguido erradicar la maldad por su propia cuenta; por lo tanto, ya no es necesario un Armagedón o fin del mundo. El hombre ya tiene su paraíso, pues él mismo lo ha construido". Si Dios es sabiduría, entonces preferirá que el hombre se salve a sí mismo en esta tierra y en esta vida, a que espere orando de rodillas por la ayuda y salvación de Dios.

Por lo tanto, no hay que tener temor de equivocarnos o hacer las cosas mal; el mal es parte de cada uno de nosotros, de nuestro aprendizaje, de nuestra búsqueda por hacer el bien. Busquemos el conocimiento de cómo alimentar a los pobres, cómo darles abrigo, cómo crear energías renovables y limpias que no nos destruyan, cómo curar las enfermedades, etc. En el camino cometeremos errores, seguro que sí, pero no nos quedemos de brazos cruzados, ni arrodillados implorando y alabando por una salvación egoísta para otro mundo y para otra vida. Consigamos la salvación en la tierra y en esta vida, con nuestras propias acciones en favor de la humanidad y no para nosotros mismos. De esta forma, si aún crees en la otra vida, serás salvo en ambas, tenlo por seguro. Ahora, para la gente no creyente en Dios o en cualquier otro tipo de divinidad, sin duda les será más fácil suprimir o deshacerse de sus creencias y tradiciones obsoletas, debido a que tienen una mente más abierta y dispuesta al cambio hacia un mejor sistema.

Lamentablemente mucha gente no quiere admitir que las creencias religiosas han causado más fragmentación y conflicto que cualquier otra ideología en la historia. Estas divisiones religiosas han matado igual o más gente que las guerras mundiales. Tampoco hay que ser un genio para darse cuenta que las religiones han fracasado en traer la salvación esperada a la humanidad. Por consiguiente, ahora es tiempo de cambiar nuestras prioridades y dejar nuestras creencias religiosas (que solo nos dividen) en un segundo plano, para unirnos en contra de un problema muy real y terrenal que es: nuestro actual sistema monetario y bancario. Este es el verdadero problema de la humanidad; así que, no pretendo que deseches tus creencias pues cada uno es libre de creer en lo que sea; en Alá, en Buda, en Jehová, en Brahma, en los extraterrestres, etc.; eso yo no pretendo cambiarlo. Pues jamás los 7.000 millones de personas podremos estar de acuerdo en estas cosas. Pero sí podremos estar de acuerdo en las necesidades básicas de la gente: la comida, el agua, el abrigo, el albergue, la energía, la comunicación, la diversión, la educación, la salud, pero sobre todo en la necesidad básica de pensar y crear. Sin estas dos últimas todo lo anterior será frágil y perecible, ya que si no pensamos ni creamos, llegará el día en que nos falte por ejemplo el alimento o el agua, y no podremos hacer nada para evitarlo.

Algo en lo que sí han tenido éxito las religiones, es en crear un consuelo emocional para nuestras penas y angustias. Han conseguido llenar vacíos que dejaron nuestras necesidades básicas insatisfechas. Pero nunca han resuelto nuestros problemas cotidianos. Lo que sí ha resuelto siempre nuestros problemas ha sido la tecnología. Un simple lápiz nos ayudó a comunicarnos mejor; un par de lentes suplió nuestra deficiencia de poder ver; un automóvil acortó nuestro tiempo de transporte. Es decir, la tecnología reemplazó y mejoró las deficiencias humanas, y aún más, extendió nuestras habilidades. De modo que ¿a quién hay que darle gracias por el progreso humano?

Hoy en día vemos que nuestras necesidades básicas han aumentado, pues antes solo se hablaba del alimento, el agua y el refugio. Aun así, hemos dejado de lado una de las necesidades más básicas y que tiene control e influencia sobre todas las anteriores: "El intercambio". Este intercambio nació con el trueque de la gente común y corriente; es decir, estaba en poder del pueblo. Luego pasó a formas de intercambio en piedras y metales preciosos, etc. Pero en algún momento en la historia, este intercambio, que era libre y gratuito, pasó a manos y control de los sacerdotes, reyes y emperadores; es decir, a manos de privilegiados que acumularon riquezas y obtuvieron poder sobre los pueblos. Luego el intercambio pasó a su forma actual de dinero en billetes de papel, pero ahora bajo control de los banqueros. En conclusión, el intercambio nació como una necesidad fundamental de los pueblos, pero ya no le pertenece más; ya no es libre y gratuita; es propiedad de los banqueros ahora. De modo que ya no podemos intercambiar libremente bienes ni servicios sin que nos cueste. Antes de intercambiar (comprar y vender), tenemos que comprar dinero de la banca, porque nada se hace ni mueve sin el dinero de los banqueros. Y estos privilegiados no nos prestan el dinero, nos lo venden, ya que si nos prestaran, tendríamos que devolverles la misma cantidad. Por el contrario, tenemos que pagarles con más dinero, pues nos cobran un interés a futuro que es su beneficio, su ganancia, su utilidad. De este modo es que los banqueros han convertido nuestra principal necesidad básica de intercambio (dinero) en una mercancía, la cual ellos son los únicos "capaces de venderla" y nosotros los ignorantes que la compramos.

¿Qué pasará entonces? ¿Seguirán los banqueros con el control de nuestro dinero? Es aquí cuando empieza la revolución; primero de la mente, después de la gente. La revolución del conocimiento, la revolución científica y tecnológica que enterrará un sistema ya obsoleto con más de 600 años (el financierismo o era bancaria) para dar paso a lo que podría llamarse "Tecnicismo". Una nueva era tecnológica que ha sido, es y será siempre reprimida por el dinero y el credo. ¿Cuántos genios no pudieron realizar sus sueños e inventos a causa de la falta de dinero y a causa de persecuciones eclesiásticas? Miles de inventos no han salido a la luz por falta de financiamiento y a causa del fanatismo inquisidor. El poder detrás del dinero ha comprado y compra actualmente las patentes de los inventos que podrían cambiar nuestras vidas. Tienen en su poder miles de ellas, pero solo desarrollan algunas, las menos relevantes y que solo crean distracción. Los inventos más relevantes nos lo ocultan, pues cambiarían el orden actual. La energía libre por ejemplo; muchos inventos de energía eléctrica y magnética ilimitada alterarían el monopolio del petróleo. Por esta razón coaccionan y reprimen este tipo de tecnologías. Si creas algo relevante para la humanidad, o te lo compran rápidamente o mueven todos los hilos para que no te den la patente, y en el transcurso de este proceso te roban tu invención. La diosa banca decide cuál tecnología puede salir a la luz y cuál no.

Podemos decir entonces que el pensamiento irracional es muy peligroso para la vida misma, de los humanos y la naturaleza. La religión y creencia en Dios o dioses basados en la fe es discriminatoria e intolerante con las nuevas ideas y pensamientos contrarios. Estas creencias en Dios han destruido millones de vidas (humanas y no humanas) a lo largo de toda nuestra historia. En consecuencia, esta misma fe irracional podría traer la destrucción total o fin del mundo solo por el hecho de creer que cumplen los designios de un Dios y sus profecías. De modo que cualquier loco religioso podría apretar el botón y desatar el caos termonuclear con la aprobación de todos los fieles creyentes pues así está escrito. Entonces el fin no habrá venido por la mano de Dios sino por la propia estupidez del hombre ignorante.

Por lo tanto, esta nueva revolución seguro será la más relevante de toda nuestra historia. Ni los banqueros, ni políticos, ni religiosos dejarán de dar batalla por mantener el actual sistema, ya que esta vez estará en juego el control del mundo entero. Una vez más los pueblos y las ideas serán los que puedan romper cualquier paradigma y cualquier sistema.

Debido a que nos cuesta conseguir la moneda de intercambio (dinero), también nos cuesta todas las otras necesidades básicas. Es decir, este costo en el intercambio influye necesariamente en el costo de las demás necesidades, pues si desde el principio del ciclo económico ya tenemos que pagar por obtener dinero, ya que tenemos que devolver la misma cantidad de dinero más un beneficio, ganancia o interés, de igual forma tendremos que vender las cosas para sacar una ganancia para poder pagarle a los banqueros el préstamo más su ganancia. Es decir, siempre en cualquier transacción o intercambio de compra y venta de bienes y servicios, tendremos que pagarle al banquero por el derecho a usar su dinero. Mucha gente, sino el 99%, no saben esto, o lo ignora, o no le interesa saberlo. Por eso es que los bienes y servicios cuestan más de lo que deberían, porque no solo se paga la ganancia del vendedor, sino también la del banquero por usar su moneda. Por este motivo, hoy en día todo es ventas; todo el trabajo del hombre implica vender; ya nada es gratis, todo tiene un precio. Todo tiene un costo y beneficio.

La humanidad pasaría a un nivel superior de entendimiento si solo pagáramos el costo (el costo de hacer las cosas) y no pagáramos el beneficio (que va mayormente a la banca privada). La humanidad pasaría a un nivel aún más superior cuando no paguemos nada por las cosas, ni costo ni beneficio; cuando el dinero no signifique nada; cuando desaparezca la idea de comprar y vender, y exista solo el dar y recibir. Así fue como nació el intercambio en la antigüedad, solo dando y recibiendo; era un instrumento libre y generoso inherente al ser humano. Dabas comida y recibías albergue, dabas abrigo y recibías agua. No había medida ni juicio de valor para esto; uno daba lo que podía dar y recibía lo que le podían dar. Esto fue así por milenios hasta la aparición de las primeras monedas o formas de dinero. Aún hoy en día todavía quedan algunas personas generosas y desinteresadas que dan sin esperar recibir nada a cambio. Personas de buen corazón que dan su ayuda o servicio y/o bienes a favor de las personas necesitadas sin más recompensa que la alegría y gratitud del prójimo. El hombre alcanzará su máximo nivel de inteligencia cuando su competitividad sea medida por el hecho de dar más y recibir menos, no por la competitividad actual donde damos esperando recibir más; o sea, esperamos sacar un provecho de lo que damos (vendemos). Esta mezquindad de dar menos para esperar recibir más es producto de una ignorancia colectiva de la propia capacidad del individuo, que ignora su propia capacidad intelectual de dar más, ya que está muy acostumbrado a sacar un provecho o beneficio de los demás. Solo cuando aprovechemos al máximo nuestra capacidad creativa, ese día dejaremos de competir por ser quien gana más dinero, para competir por ser quien aporta más a la humanidad.

Ahora, si queremos ir al plano práctico de cómo funcionaría una sociedad sin compra ni venta, solo tendríamos que tomar como ejemplo la sociedad en la que vivimos ahora y sacar el dinero. Algunos dirán: "Pues se paralizaría el mundo", y tendrían razón, pues la gente "confía" en el dinero y no moverían un dedo sin este. Ahí está la clave. La gente se mueve y hace por "confianza", no por el dinero en sí, sino porque confía en el sistema; y confía porque los demás también confían en que las cosas funcionan así. Confiarían igual si el dinero no fuera papel y fuera piedras, o tierra, o plástico, o lo que sea. Es decir, el dinero no tiene ningún valor en sí pues este no se puede comer ni beber. Es la confianza lo que en verdad valoramos y lo que mueve al mundo. Entonces hagamos la pregunta: ¿Puede funcionar una sociedad sin dinero y solo a base de confianza? Por supuesto que sí. A la gente solo le importa la confianza en el sistema, no en el dinero que puede ser cualquier cosa sin valor. El mundo se mueve porque confiamos en los demás. La gente toma el bus porque confía en que el chofer lo llevará sano y salvo a su destino. La gente confía en el maestro constructor para que construya su casa y se proteja de las inclemencias de la naturaleza. La gente va al hospital porque confía en que el doctor los curará de sus enfermedades. Por lo tanto, es un hecho que sí podríamos vivir sin dinero. Para hacerlo más fácil, solo imaginemos el mundo actual donde vamos a una tienda por un televisor, un auto, una manzana, o lo que fuera, y nos lo den con tan solo pedirlo. Imaginemos que todo el papeleo y procedimiento es el mismo, solo que no habrá ningún dinero de por medio; nadie nos pediría nada. Absolutamente todos podríamos conseguir lo que quisiéramos, sin ningún tipo de discriminación por tener más o menos dinero, porque ciertamente el dinero discrimina. Entonces seguiría el mundo funcionando con normalidad; no habría razón para que se paralice, pues seguiría imperando el mismo sistema de confianza; confianza en la gente y en su trabajo: en el electricista, en el médico, en el profesor, en el agricultor, etc. Todos continuarían haciendo lo que saben, pero en esta nueva sociedad no habría excluidos por dinero, ni hambruna, ni mala distribución. Sería una sociedad verdaderamente justa sin mayores privilegios. Seguro este podría ser nuestro paraíso en la tierra, y lo único que limitaría nuestro poder de consumo sería la disponibilidad de recursos y productos que el hombre y la naturaleza puedan producir y renovar sostenidamente, sin alterar el equilibrio del ecosistema; y por supuesto, con la ayuda de la ciencia y tecnología.

Mucha gente se preguntará cuál será la motivación del hombre sin la existencia del dinero y su derivado de vender, pues el hombre lo vende todo, no importa si es algo útil o inservible, bueno o malo; todo está a la venta; nuestra vida actual se basa en la venta. Vendes el alimento, vendes el agua, vendes tu cuerpo, vendes tu conciencia, vendes tu dignidad, vendes tu trabajo, vendes tu amistad; todo se vende por dinero, este lo ha corrompido todo, es el mecanismo culpable de la corrupción del hombre. El significado de vender ya denota maldad y explotación: dar algo para sacar un provecho o beneficio del otro; es decir, pagar el costo y beneficio al vendedor. Venderse por dinero, vender tu alma, vender tu voto, etc. No hay ni un solo ejemplo de buena acción con la palabra vender. Esta es una palabra con un origen totalmente corrupto.

Hoy en día, hay ciertos "eruditos" en la materia que pregonan esta acción como: "El arte de vender". Sin embargo, a mi juicio, son simples charlatanes que intentan ganarse la vida. Debo decir que yo mismo fui uno de los pupilos de esta gente hace algún tiempo. A todos nos enseñan a vender desde que tenemos uso de razón, en la escuela, en los medios, en el trabajo, etc. ¿Quién no ha pasado alguna vez por uno de estos centros de adoctrinamiento de ventas? Recuerdo haber caído en una de estas empresas dedicadas y especializadas solo en ventas, donde eran furibundos maestros en el "arte de la persuasión", ya que vendían de todo, desde un lápiz hasta un crédito de dinero. Había varias salas de adoctrinamiento para cada artículo a vender, de donde salían furibundos vendedores de cuello y corbata. Recuerdo que éramos unos sesenta postulantes o más que llenamos un salón donde comenzó un riguroso proceso de selección. Dos profesores en la materia nos daban las primeras pautas para vender. Cada día nos tomaban un examen teórico y práctico en base a lo aprendido y a nuestro propio conocimiento. Aquí se fue a su casa la mayor parte del grupo. Los días siguientes continuó el adoctrinamiento mandándonos a vender sus productos con todas las artimañas bajo la manga y con una amplia base de datos; atacábamos todos los flancos: correo, teléfono, casa y trabajo. Al principio vendía cenas, viajes, tratamientos; después tarjetas de crédito. Al final quedamos solo seis vendedores; los más avezados, los más embaucadores, los más charlatanes. Yo quedé vendiendo programas o cursos para aprender inglés *on line* (por Internet), que supuestamente te permitirían dominar el idioma en unos cuantos meses; o sea, una verdadera estafa, pues además yo hablaba el idioma y sabía que lo que vendía no iba a ayudar a la gente. Pero, en fin, un buen vendedor vende hasta lo que no sirve, nos enseñaban en las clases. Nos volvieron vendedores compulsivos, sin ánimo de remordimiento, pues las capacitaciones eran casi como rituales satánicos de autosugestión y automotivación que nos hacían salir a vender con una fiereza y con todas las testosteronas a flor de piel. Era impresionante cuán grande puede ser el estímulo cuando las masas son excitadas. Solo puedo comparar ese estímulo a cuando alguna vez asistí a una iglesia evangélica. Eran las mismas caras, las mismas emociones, la misma adrenalina como droga. Hoy, todavía me acuerdo de las caras de los pobres infelices que me compraron los cursos de inglés. Cómo me habrán maldecido después los desgraciados.

Retomando el tema de cuál sería la motivación del hombre sin la existencia del dinero y de las ventas, podemos decir que esta motivación ha sido es, y será siempre: "Existir y Vivir". Estas son sus motivaciones fundamentales. Vivir implica satisfacer todas sus necesidades en el transcurso de su vida, y existir implica asegurar la permanencia de su especie en la tierra y el universo en el transcurso del tiempo. Por lo tanto, que no nos engañen cuando nos digan que el mundo colapsará sin el dinero o sin las ventas; que se paralizará todo, que vendrá la madre de todas las crisis, que será el fin del mundo, etc. Ahora sabemos que el mundo no se acabará ni detendrá, pues las dos únicas motivaciones fundamentales del hombre seguirán intactas. Vivir y existir, el hombre podrá vivir con dinero, sin dinero, con monedas o sin ellas, con bancos o sin ellos, vendiendo o regalando, con este sistema o cualquier otro sistema, pues nuestras motivaciones serán siempre las mismas, y estas harán que funcione cualquier cosa que queramos, cualquier sistema; basta con que así lo decida el hombre y confíe en ello. Vivir y existir nos han llevado hasta este punto en la historia, y esta generación puede ser parte de ella, no la desaprovechemos, ya que esta puede ser nuestra única oportunidad de cambiar el mundo y salvarlo. Traigamos el fin a este mundo tal y como lo conocemos, y establezcamos uno nuevo y mucho mejor. Ya sabemos cómo, no tengamos miedo al cambio.

Hacia una sociedad sin trabajo esclavizante

Muchos se preguntan ¿cuál es la motivación de los ricos y millonarios? puesto que ellos no tienen que trabajar para cubrir sus necesidades básicas, pues ya las tienen cubiertas todas para toda su vida y para su descendencia, e incluso las tendrían cubiertas por siglos y milenios si fuera el caso que pudieran vivir más tiempo. Entonces ¿cuál es su motivación? Es la misma de toda la humanidad: vivir y existir. La gran diferencia es que ellos no tienen la obligación de trabajar, nosotros sí. Entonces ¿quiere decir que existe un mundo sin trabajo? Por supuesto que sí, y ellos son la prueba viviente que este sistema de vida existe. Algunos me reprocharán y dirán: "Los ricos sí trabajan, muy poco, pero trabajan al fin y al cabo". La verdad es que la actividad que realiza el hombre para asegurar su sustento es trabajo. El rico no realiza una actividad para asegurar su sustento, pues ya lo tiene asegurado por siglos y milenios. De modo que, lo que realiza no se llama trabajo. Podemos llamarle lo que sea: disfrute, ocio, pasatiempo, pero definitivamente no es trabajo. Trabajo viene de ganarse el pan con el sudor de la frente, pero ellos no tienen que sudar nada pues el pan ya lo tienen sobre la mesa. Ojo que aquí hablamos de los verdaderos ricos: los multimillonarios, los petroleros, banqueros, industriales, los que controlan el dinero y el mundo. No me refiero a los pequeños millonarios que supieron aprovechar el sistema mediante su esfuerzo y trabajo, y que tienen que seguir trabajando por mantener su fortuna. Por lo tanto, el multimillonario realiza sus actividades simplemente porque quiere hacerlo, porque es su voluntad; su motivación por vivir lo empuja a esto. Él no dirá que está trabajando en un proyecto, dirá que está realizando un proyecto. Y lo hará porque le gusta, porque quiere, porque al fin y al cabo, algo siempre tendremos que hacer los seres humanos, ya sea porque nos guste, por aburrimiento, o porque estemos obligados.

¿Cuál es el secreto de este mundo donde no existe el trabajo? Muy simple. Ellos controlan su dinero, ya que el intercambio no les cuesta nada, y porque tienen acceso a lo último en la tecnología que facilita su vida. Con este control del dinero, a ellos nadie les vende nada, pues nada les cuesta un esfuerzo. Por el contrario, ellos nos venden todo: energía, agua, comida, etc. Controlan los mercados de comodities, de acciones, de divisas, y el mercado laboral; es decir, la mano de obra del hombre; ya no por esclavitud, sino por financierismo, ya que la única diferencia es que ahora te pagan con dinero por tu trabajo. Ya ni siquiera tienen que molestarse en azotarte para obligarte a trabajar para ellos, pues ahora tú mismo trabajas por tu propia voluntad creyendo ciegamente que solo trabajas para ti, cuando en realidad sigues trabajando para ellos. En consecuencia, nosotros nos matamos trabajando en producir todas las mercancías para que después, en el colmo de la ilógica, ellos nos las vendan.

La gente continúa ciega, como borregos yendo al matadero todos los días de su vida. Algunos dirán: "Es mentira lo que dices, pues yo tengo mi empresa y no trabajo para nadie; yo soy mi propio dueño y jefe". La triste y dolorosa verdad es que con tan solo el principio de comprar y vender las mercancías; es decir, con el mínimo movimiento ya estarás utilizando y pagando por el dinero de los banqueros en cualquier transacción. Por lo tanto, ya estarás trabajando para ellos.

Para poder entender el porqué del yugo esclavista del trabajo, que hace que el ser humano pase más de la mitad de su vida trabajando, tenemos que entender primero cuál es la primera necesidad por la cual el hombre trabaja y como utiliza su tiempo diariamente. El humano promedio llega a su casa del trabajo alrededor de las 7 u 8 de la noche, y se acuesta alrededor de las 11 o 12 pm, lo cual le deja un promedio de 4 horas de vida útil para hacer lo que él quiera. El humano promedio adulto utiliza estas cuatro horas mayormente para criar a sus hijos y ver televisión u otra distracción, pues está demasiado cansado para querer hacer otras cosas como pensar y estudiar. Entonces, el tiempo del hombre transcurre entre dormir, arreglarse para ir a trabajar, desplazarse al trabajo, trabajar, desplazarse del trabajo, criar hijos y ver televisión o cualquier otra distracción. Además, la principal razón por la que el hombre trabaja y realiza todas las demás actividades relacionadas al trabajo, es para obtener alimentos para él y su familia, pues como ya sabemos todo tiene un precio. De modo que el hombre gasta la mayor parte de su dinero en comprar estos alimentos. Habría que sumar que el hombre ya casi no consume nada natural en muchos países, casi todo es alimento procesado por las grandes corporaciones y multinacionales. Además, lo que queda de natural lo están convirtiendo en transgénico. Este alimento procesado que consumimos por toneladas cada día tiene como principal finalidad que el hombre no pierda tiempo en comer y trabaje más, además de conseguir enormes beneficios para las multinacionales quienes ganan doblemente, pues también nos venden las medicinas que consumimos para curarnos de las enfermedades derivadas como consecuencia del consumo de los alimentos procesados o comidas chatarra. Por solo mencionar algunas, podríamos nombrar la obesidad, la diabetes, el cáncer; enfermedades del corazón, renales, estomacales, etc. Todas relacionadas con la alimentación producto de la comida procesada y chatarra.

¿Cómo liberarnos de la dependencia del trabajo para obtener alimentos, pues esta nos demanda gran cantidad de tiempo de nuestras vidas? Para lograr esto tenemos que entender primero cómo es que la propia naturaleza nos ha provisto de alimentos gratis por millones de años. El hombre no tenía que hacer más esfuerzo que estirar la mano para alcanzar un fruto o agacharse para beber agua del río. Aun hoy todavía existe gente que vive de la naturaleza sin pagar un solo centavo en las selvas amazónicas. Entonces ¿cómo es que no hemos aprovechado este conocimiento de millones de años?, ¿Cómo es que antes las cosas no nos costaban nada y ahora nos cuesta todo? Una respuesta es que el hombre ha aumentado su número exponencialmente y otra es que se ha trasladado a vivir a zonas improductivas y desérticas, o las ha vuelto improductivas de tanta explotación. Un ejemplo claro de autosubsistencia fueron los Incas, porque su economía estaba basada en un intercambio sin dinero a pesar de tener grandes cantidades de oro. Otro ejemplo fueron los indios Apaches, que vivían mayormente de la caza de bisontes; no significando una amenaza para estos animales pues solo cazaban lo que comían. En ambos casos, con la llegada del hombre blanco, quien trajo consigo el dinero y la corrupción, se destruyeron ambos mundos y se llevó al borde de la extinción al bisonte solo por su piel. Es decir, la ambición del hombre por acaparar recursos ha hecho y sigue haciendo que extingamos especies, y que deforestemos bosques hasta un punto de no retorno, donde los expertos calculan que el hombre está consumiendo lo que deberían producir tres planetas tierra. De modo que, tenemos que fomentar la autosuficiencia alimenticia y financiera, a través de una constante renovación de recursos para poder liberarnos del trabajo esclavizante para siempre. Solo el día que el hombre sea autosuficiente renovando recursos sostenidamente sin desperdicios que dañen el ecosistema, recién se podrá decir que es un ser completamente libre.

SERÍA REALMENTE FANTÁSTICO si solo la mitad de los 7.000 millones de humanos se decidieran a no tener hijos. Serían héroes y salvadores de este planeta; y aún más fantástico si la otra mitad decidiera solo tener un hijo. Con esta mínima acción o decisión se le daría un gran alivio al planeta y tiempo para que se renueve, pues se frenaría y disminuiría el número de habitantes que es insostenible para este mundo. Entonces ¿por qué no se hacen campañas a favor de no tener hijos?, ¿por qué los gobiernos no incentivan esto por los medios de comunicación? Un slogan sería: "Sé un héroe, no tengas hijos, salva el planeta y a la humanidad". Es decir, los gobiernos deberían dar incentivos a los que decidan no tener hijos, dándoles por ejemplo educación gratuita para toda la vida en las mejores escuelas y universidades del mundo, y fomentando el estudio de nuevas tecnologías. De esta forma, no solo estas personas ya habrán ayudado al planeta por no tener hijos, sino también ayudarán a la humanidad con el conocimiento que obtengan en nuevas tecnologías. Por lo tanto, el beneficio para el mundo sería doble, ya que esta gente ya no pasaría su tiempo criando niños. Pasaría su tiempo estudiando las ciencias y no trabajando en cualquier cosa improductiva como las ventas solo para alimentar a sus hijos. Pasaría su tiempo creando tecnologías y no procreando ni criando. Es decir, esta gente sin mayor carga y responsabilidad haría que el hombre adquiera mayor inteligencia y sabiduría; que sea autosostenible y que cree una naturaleza verdaderamente renovable.

 Hoy en día solo se ven campañas absurdas que no tienen ningún efecto positivo, un ejemplo de ello es una campaña que dice: "Apaga tus luces, salva el planeta por una hora en el apagón mundial". Realmente ridículo. Como si una hora fuera suficiente para ayudar al planeta. Esto no sirve de nada si las siguientes 24 horas de los 364 días del año que quedan se vuelve a encender todo. Ninguna campaña de este tipo tiene algún valor si no es sostenible en el tiempo; de modo que estas iniciativas son totalmente absurdas e inútiles. Hay que entender que la verdadera causa de la depredación y destrucción del planeta somos los miles de millones de humanos. Nos hemos convertido en la más devastadora plaga devorando todo a su paso. Y seguimos aumentando rápidamente. Por lo tanto, pongamos un freno a esto con una idea tan simple como la sola decisión de no tener hijos. No habrá que matar a nadie, ni promover la eugenesia, ni esterilizaciones forzadas. Bastará con que nosotros mismos, a través de las instituciones y gobiernos, creemos los incentivos necesarios que nos lleven a tomar una decisión libre, y en base a eso esterilizarnos (por ejemplo). No esperemos el día en que la población mundial se duplique, triplique, y recién se quiera hacer algo que seguramente será dramático y forzado.

Solo imaginen poder reducir esta plaga humana que somos hoy en día de 7.000 millones a unos 3.000 o 2.000 millones. Y aunque igual seguiríamos siendo muchos, seguro tendríamos muchos más recursos disponibles para cada persona. No hay duda de que sería una solución eficaz contra el hambre y las enfermedades; contra la pobreza en general. Pero, sobre todo, sería la cura y salvación del planeta, ya que sin este la humanidad dejaría de existir.

Es una realidad que justamente la gente más pobre del mundo es quien más hijos tiene, y esto pasa por diversas razones, de las cuales podríamos señalar las siguientes: la falta de educación, una falsa sensación de felicidad y la creencia de que tener más hijos aumenta la posibilidad de éxito.

1.- Es por falta de educación que adolescentes desde los 13 o 14 años ya se inician en las relaciones sexuales. Y es por falta de una adecuada educación sexual que muchas jovencitas salen embarazadas. Asimismo, muchas mujeres adultas continúan teniendo hijos por falta de conocimiento y acceso a diferentes métodos anticonceptivos. Es por esta falta de educación que la gente no tiene más objetivos en su vida que solo tener hijos y desvivirse por ellos, no viviendo sus propias vidas ni esforzándose para ello.

2.- La gente pobre cree erróneamente suplir la falta de dinero y recursos con el cariño de los hijos y, en el peor de los casos, con una familia numerosa; creyendo ser feliz sin importar las penurias que puedan pasar. Sin embargo, esta es una actitud verdaderamente egoísta, pues sabemos que justamente de esta falta de recursos y dinero se deriva la violencia, los crímenes, las enfermedades, y en consecuencia, la infelicidad. Mucha gente —no solo los pobres— dice no sentirse completa si no tiene hijos; sin embargo, la gran mayoría no se esfuerza un poco siquiera por conseguir la verdadera felicidad que le da alcanzar sus sueños y metas, y justifican su fracaso solo teniendo hijos para sentirse amados y por ende felices. La felicidad es verdaderamente completa cuando uno se siente realizado. Esto sería el mejor ejemplo que les dejes a tus hijos poniéndoles una valla que puedan superar; de lo contrario, solo alcanzarán la mediocridad.

3.- La gente pobre cree erróneamente que teniendo más hijos habrá más posibilidades que uno de ellos la saque de la pobreza; sin embargo, la realidad es que estadísticamente solo hacen que aumenten los pobres. Por crudo que suene, solo aumentan el número de desempleados, de obreros, de ladrones y criminales. Y aunque es cierto que muchos de estos padres se matan trabajando por sus hijos para que sean mejores que ellos, lamentablemente el dinero nunca alcanzará para todos los hijos, ni los recursos de este planeta finito tampoco. A lo mucho lograrán una educación mediocre para una vida mediocre. Esto es matemática y estadística, por crudo que pueda sonar.

La gente pobre, en su gran mayoría, siempre deja y confía su futuro en las manos de sus hijos, con la esperanza que estos tengan éxito en la vida. Les dejan a sus hijos la responsabilidad de estudiar y ser más inteligentes que ellos, cuando en realidad deberían ser los mismos padres quienes debieran asumir esa responsabilidad, no esperanzarse en sus hijos sino en sí mismos. Algo que siempre escucho es: "Yo no tuve la oportunidad de estudiar y tener éxito en esta vida, pero mis hijos sí la tendrán". Con estas palabras siempre excusan su fracaso y no piensan que ellos mismos desecharon esas oportunidades al tener hijos, ya que son forzados a trabajar en cualquier cosa para alimentar niños que trajeron a este mundo, en la mayoría de casos, por descuido y sin planificar. Un hombre o mujer pobre tendrá más éxito si estudia y trabaja para sí mismo; así podrá salir de la pobreza y recién pensar en tener un hijo. Sin embargo, el pobre en su desmérito hace las cosas al revés: primero tiene hijos y después quiere estudiar (si es que le da el tiempo), lo cual en la práctica se hace imposible, pues tendrá que poner una gran parte del tiempo en atender a los hijos y descuidar o dejar totalmente sus estudios. En consecuencia, esta gente solo traerá al mundo criaturas nacidas en pobreza y expuestas al sufrimiento que conlleva una vida de necesidades insatisfechas. Debo decir que mi propia familia nació en la pobreza, siendo yo el último de 9 hermanos; por lo tanto, algo sé de lo que estoy hablando. Mis padres hubieran podido tener más éxito y felicidad en la vida si solo hubieran tenido un hijo. Sus probabilidades de éxito hubieran aumentado si solo hubiesen dividido sus recursos entre solo tres y no entre once como fue el caso. Ciertamente, con cada nacimiento aumentaba más la carga para mis padres y más la pobreza para mi familia. Cada nacimiento posterior quitaba probabilidades de éxito a los primeros, y puesto que yo fui el último, les quité estas probabilidades a mis ocho hermanos; nunca debí haber nacido es seguro. Sin embargo, no fue mi elección. En el caso hipotético que fuera posible, si me hubieran preguntado antes de nacer si yo quería venir al mundo en una familia de 8 hermanos, tengan por seguro que diría que no; preferiría sacrificar mi existencia a quitarles probabilidades de vida y éxito a cada uno de mis hermanos, y esto no es renegar de mi existencia, ni mostrar mi inconformidad con mi familia, simplemente quiero demostrar que no es razonable ni lógico traer al mundo tantos hijos pobres.

Por lo tanto, antes de traer a alguien al mundo pregúntale hipotéticamente a ese ser si quiere nacer en las condiciones en que tú estás viviendo ahora, seguro te responderá que no. Mucha gente ni siquiera se pregunta esto y solo tiene hijos por culpa de un sentimiento egoísta que les indica que necesitan alguien que los ame a como dé lugar para ocupar ese espacio vacío en su vida.

En resumen, cuando una jovencita tiene un hijo, tiene que dar prioridad a la crianza de este niño y pospone o, en el peor de los casos, abandona los estudios. Igual pasa con el varón, que ahora tendrá que trabajar para dar de comer a ese hijo. Es decir, siendo totalmente realistas, criar un nuevo ser nos quita mucho tiempo valioso que podría ser empleado para obtener más conocimientos y tecnologías en favor de la humanidad.

Con todo lo dicho, solo pretendo crear los incentivos para tener una mejor vida con más probabilidades de éxito; además de crear un planeta sostenible donde no seamos más una plaga devorando todo a su paso. Es hora de hacer algo eficaz por el planeta, la felicidad es relativa y no tiene que ver solo con el hecho de tener hijos. Salvemos al planeta de nuestro propio egoísmo de querer ser el único animal que sobrepueble la tierra destruyendo en el camino a miles de otras especies. Y es que la realidad indica que los humanos nos estamos multiplicando desmesuradamente, extinguiendo a su paso a cientos o miles de especies. Ya extinguimos al mamut, al tigre dientes de sable, al tigre de Tasmania, al tigre del caspio, al moa, al delfín chino de río, al sapo dorado, al ciervo de schomburgk, al lobo japonés, al pájaro elefante, al dodo, al canguro rabipelado, al rinoceronte negro occidental y a cientos de otras especies. La plaga humana unida a su estupidez, vicios y avaricia está destruyendo la biodiversidad del planeta. Y esta misma estupidez está extinguiendo en la actualidad a animales como el manatí, el oso polar, el gorila, el rinoceronte, la ballena azul, la ballena gris, la orca, el tigre de bengala, el guepardo, y a cientos de otras especies en peligro de extinción. El ser humano ha eliminado animales magníficos a lo largo de la historia por depredación y por preferir animales insignificantes y sumisos como el perro y el gato por el simple hecho de movernos la cola. ¿Acaso un gato puede ser más magnifico que un tigre? Y sin embargo, estamos eliminando a estos últimos y multiplicando a los primeros. Los números indican que los animales en peligro de extinción se cuentan solo por miles o cientos, mientras que estos animales que hemos adoptado en nuestras casas como perros y gatos se cuentan por miles de millones. Es decir, estos animales han conseguido de alguna forma utilizar al ser humano para multiplicarse de igual forma.

Podríamos concluir que el ser humano, en su búsqueda de la felicidad por conseguir la mayor cantidad de hijos, está devastando la vida misma de otras especies, y además hemos permitido que otras especies más inferiores como el perro, el gato, el pollo, la vaca, la oveja, el cerdo, etc., se multipliquen como una plaga por miles de millones para sustentar la sed de sangre y la falta de cariño del ser humano. A este punto nos ha conducido los credos y las finanzas, pues los miedos y las ganancias en este sistema están por encima de cualquier razón. Se podría decir también que seguramente el ser humano se está esperanzando en que la llegada de su Dios salvará finalmente a todas las especies. Sin embargo, no hemos tomado en cuenta que esperando arrodillados por una salvación que seguro nunca llegará, el hombre ya habrá extinguido a miles de especies más. Y es que el ser humano en su búsqueda necia por encontrar un paraíso de otro mundo y para otra vida, solo ha dejado que una pequeña élite eclesiástica y financiera sean los dioses de nuestro verdadero Paraíso (el planeta Tierra).

Hacia un nivel de autosuficiencia alimenticia

APARTE DE SABER cómo nuestro creciente número hace insostenible el planeta, provocando que los recursos no alcancen para todos y que se destruya la naturaleza, la otra razón por la cual la naturaleza ya no provee alimentos gratis al hombre es porque este se ha mudado a zonas improductivas como desiertos o las ha vuelto improductivas por depredación. El ser humano se olvidó de su pasado cuando vivía muy bien con una gran variedad de alimentos cuando era cazador y recolector, ya que simplemente no tuvo cómo recordar y grabar esta vida pasada. En su afán por adorar dioses y tener una mejor vida con algo más de trabajo, solo terminó trabajando mucho más para vivir menos y criar más descendencia. De esta forma el número de seres humanos se multiplico rápidamente, pues ahora estaban establecidos en un solo lugar cerca a sus templos religiosos y por ende tenían que trabajar más para subsistir pues los nuevos alimentos (trigo, maíz y arroz) eran pobres en vitaminas y nutrientes y necesitaban de mucho cuidado y atención (el hombre se volvió esclavo del trabajo en estos alimentos), por esta razón el hombre tenía que consumir mucho más trigo, maíz y arroz que cuando era cazador y recolector y consumía diversos alimentos sin mayor esfuerzo. Además, en la actualidad el hombre ha reemplazado en gran medida los alimentos naturales por alimentos transgénicos, procesados y/o chatarra, que tienen un precio de venta y son producidos por empresas transnacionales de propiedad de la banca internacional. Estos alimentos chatarra son las principales causas por las que sufrimos de enfermedades, obesidad, malnutrición y adicciones. Muchos países han reemplazado en gran proporción los alimentos naturales y orgánicos por este tipo de alimentos, dañando irremediablemente la salud de sus habitantes. No es novedad que transnacionales como Monsanto están produciendo todo tipo de alimentos transgénicos, cuyas semillas son modificadas genéticamente haciéndolas estériles para solo crear una dependencia y monopolio en favor de estas empresas, ya que los agricultores siempre tienen que volver a comprar estas semillas una y otra vez.

Según la FAO, todavía en la actualidad el campesinado alimenta al 70% de la población mundial con tan solo un cuarto de las tierras fértiles del mundo, mientras que el 40% de la producción de las empresas transnacionales se pierde por descomposición. Esto grafica la mezquindad y avaricia de estas corporaciones que prefieren que sus productos se pudran en vez de alimentar a los millones que mueren de hambre. Asimismo, se señala que el 90% del mercado mundial de granos está en manos de solo cuatro transnacionales: ABC, Bunge, Cargil y Dreyfus. Además, la transnacional Monsanto domina el 27% del mercado mundial de semillas, controlando también más del 90% del mercado de agrotóxicos junto a otras nueve corporaciones. Se puede entender entonces cómo este monopolio agroindustrial está destruyendo la biodiversidad y los mercados locales, así como estarían favoreciendo el trabajo esclavo y la contaminación mundial.

Una prueba innegable de cómo estas transnacionales comercializan estos alimentos perjudiciales para la salud con el favor de los políticos lobbistas, son los cables diplomáticos americanos dados a conocer por Wikileaks, de Julián Assange, donde se devela cómo el gobierno de Estados Unidos presionaba a la Comisión Europea en favor de los intereses de la trasnacional Monsanto, apoyados por el gobierno español del entonces presidente José Luis Rodríguez Zapatero.

A pesar de toda esta corrupción que destruye el mundo, aún estamos a tiempo de solucionar el problema, pero solo cuando el pueblo obtenga el control sobre el dinero.

Solo entonces, y con la ayuda de la tecnología existente, el hombre será capaz de llevar agua hasta cualquier rincón del planeta, tan solo aprovechando de manera eficiente el agua de las lluvias. Y no desaprovechará más los miles de toneladas en desperdicios orgánicos e inorgánicos que el hombre bota a los ríos y mares, contaminando de esta forma el planeta. En el mundo hay unas siete mil millones de personas y este número continúa creciendo a un promedio de 210 mil personas por día. Cada persona en promedio genera 1 kg de desecho por día; es decir, estamos generando 7 mil millones de kg de desechos diariamente. Toda esta basura orgánica e inorgánica podría ser totalmente reutilizada con la ayuda de las tecnologías, generando un ciclo perpetuo y sostenible de consumo. Sin embargo, esto no se hace, o mejor dicho, no se quiere hacer, pues están en juego los intereses de las poderosas multinacionales. De modo que no se quiere que cada hogar sea autosostenible, ni que cada pueblo sea autosostenible, ya que si se lograra la independencia alimenticia de la gente, nunca más compraríamos los productos de la élite financiera.

 Sin tener que llevar muy lejos nuestra imaginación y conocimiento, podríamos abonar grandes extensiones de tierras improductivas con estos millones de toneladas de desechos orgánicos, y producir así toneladas de alimentos sin un mayor costo y prácticamente gratis si utilizamos la tecnología disponible, así como las nuevas, que ayudarían a que el hombre disponga de más tiempo libre y no sea un esclavo del trabajo. De igual modo, todos los productos inorgánicos podrían ser totalmente reutilizados deteniendo la contaminación del planeta.

 Es una pena que los gobiernos no se interesen ni promuevan estos proyectos; por el contrario, pareciera que no quisieran que el hombre se independice de la industria alimenticia, una industria que solo le interesa comerciar con los alimentos, que no le interesa que haya abundancia pues no obtendrían ganancia. Ya podemos entender entonces cómo los grandes poderes detrás del dinero nos controlan con la escasez de alimentos, generando de esta forma una dependencia de sus industrias, y mientras más aumente al número de habitantes, mejor aún, y si están hambrientos y enfermos, aún mejor, más consumidores de sus productos. No olvidemos una real y cruda realidad, a las industrias privadas solo les interesa obtener ganancias, esa es su razón de existir; la rentabilidad está muy por encima de cualquier otro motivo.

Por lo tanto, el hombre tiene que alcanzar un nivel de autosuficiencia alimenticia que le permita lograr su total independencia de las industrias privadas con fines de lucro. Solo de esta manera la humanidad podrá reducir drásticamente las horas que dedica al trabajo con el fin de conseguir alimentos, para dedicar esas horas a actividades mucho más productivas como el estudio de las ciencias y tecnologías. Es ilógico que en pleno siglo XXI con toda la tecnología disponible, el hombre tenga que desperdiciar tiempo trabajando igual o más que en civilizaciones ancestrales solo para conseguir alimentos. Mucho peor aún, que en este tiempo tengamos que comprarlos, pues fácilmente podrían llegar a ser gratis.

En conclusión, una vez lograda la independencia y control sobre el dinero, el segundo paso debería ser la independencia y control sobre los alimentos, pues como reza una frase: "Con el dinero se controla el mundo, con los alimentos se controlan pueblos". Y aunque este cambio no será fácil de conseguir, tampoco será imposible. Sería más fácil si nos desacostumbráramos de comer tanta porquería procesada y chatarra que solo daña nuestra salud, y comiéramos solo alimentos naturales. Lamentablemente, las multinacionales nos bombardean con publicidad todos los días, por todos los medios desde nuestra infancia, lo cual hace que seamos consumidores adictos a sus productos.

Hacia una sociedad con energía libre ilimitada

Otro de los grandes yugos esclavistas es la dependencia de energía. El ser humano trabaja miles de horas durante toda su vida para conseguir energía para su hogar, su auto y todas sus actividades. No obstante, esta energía podría ser gratis, ya que el planeta y el universo están llenos de energía ilimitada y renovable totalmente a nuestra disposición. Sin embargo, después de unos 150 años, aún seguimos dependiendo de la energía de hidrocarburos (petróleo y gas). Cabe preguntarse: ¿Cómo es que después de tanto tiempo, y de avances tecnológicos en todas las materias, no se avanzó nada en el tema energético? ¿Quién está retrasando y coaccionando el desarrollo de nuevas tecnologías energéticas renovables e infinitamente más eficientes? La respuesta es obvia. A los dueños del dinero y de las multinacionales petroleras no les interesa que surjan otras nuevas formas de producir energías, mucho menos ilimitadas y gratis, pues si así fuera se acabaría su monopolio, poder e influencia, y no obtendrían ganancias. También es cierto que ya existen y siguen surgiendo nuevas formas de producir energía renovable e ilimitada. Lamentablemente, muchos de estos inventos por parte de grandes científicos e inventores, están siendo comprados, coaccionados y desechados por parte de los grandes poderes detrás del dinero.

La banca compra o copia las patentes de estos genios. Así fue, por ejemplo, con el caso del genio olvidado más grande de todos los tiempos, Nicola Tesla. Tesla creó, descubrió y desarrolló los inventos más significativos en la historia de la humanidad, entre ellos el motor de inducción de corriente alterna, la radio, la lámpara fluorescente, la corriente alterna, la transferencia inalámbrica de energía eléctrica, el control remoto, el desarrollo del radar y los rayos X, etc. Solo la corriente alterna que desarrolló Tesla, hoy llega a cada hogar del mundo, permitiéndonos tener una mejor vida. Además, creó una torre (torre Wardenclyffe) capaz de obtener electricidad de la ionosfera terrestre; es decir, energía gratis e ilimitada que fluye a través del aire sin necesidad de cables. El principal objetivo de Tesla era proveer de electricidad gratuita a todo el mundo. Sin embargo, la banca JP Morgan compró muchas de sus patentes y no permitió que Tesla desarrollase este invento, ya que como era obvio perjudicaba sus intereses monetarios. A su muerte, el gobierno de EE. UU. incautó todos los documentos de su despacho, en los que constaban sus estudios e investigaciones.

De modo que los inventos más relevantes para la humanidad fueron ocultados por el poder financiero para no ser desarrollados jamás. Desde entonces la banca JP Morgan se adueñó del monopolio de la generación de electricidad ganando multimillonarias utilidades. Este es el más claro ejemplo de cómo un banquero coaccionó y reprimió la tecnología solo para usarla en beneficio propio. Y esta represión continúa aún hoy, pues los financistas tienen enorme poder e influencia sobre las instituciones y gobiernos a través de los políticos lobbistas.

Muchos otros genios inventores de tecnologías relacionadas a la energía libre fueron igualmente coaccionados, amenazados de muerte y asesinados por el poder financiero. Entre los casos más resaltantes podríamos nombrar el de Eugene Mallove, quien fue un científico y escritor que realizó numerosos estudios y experimentos relacionados a energías alternativas fuera del control del poder financiero como la fusión en frío. Mallove alegaba haber tenido éxito en producir energía de manera mucho más eficiente y menos costosa, pero fue asesinado en el 2004 en su casa. No cabe duda que fue silenciado por los financistas detrás del monopolio del petróleo. El científico canadiense John

Hutchison, fue constantemente asediado por los militares, quienes requisaron su laboratorio llevándose varios componentes esenciales de su invento relacionado a la energía libre. La misma acción represiva sucedió con el inventor e ingeniero eléctrico Thomas Henry Moray, quien en 1930 reportó que él y su familia eran víctimas de constantes amenazas e intentos de asesinato, habiéndose salvado de varios disparos de bala. Su laboratorio fue requisado para detener sus investigaciones en energía libre y sus demostraciones públicas. Moray desarrolló un dispositivo para extraer la energía radiante proveniente de las ondas de energía del universo de manera ilimitada.

Otro inventor hostigado por el poder financiero fue Viktor Schauberger, quien estuvo desarrollando la generación de energía utilizando el agua para crear vórtices en ciclo cerrado. Murió en 1958 después de estar en una constante lucha con una transnacional americana que quería apoderarse de sus patentes. Así también el inventor americano Stanley Meyer, quien había creado un motor que funcionaba a base de agua, utilizando el hidrógeno como combustible, fue intensamente hostigado por las autoridades y por los monopolios energéticos quienes querían apoderarse de su patente, siendo procesado por fraude y al final asesinado por envenenamiento en 1998 después de cenar en un restaurant con unos supuestos inversionistas. Los testigos y su hermano indicaron que Meyer se levantó del asiento gritando que lo habían envenenado.

De igual forma, el ingeniero americano Paul Pantone fue intensamente hostigado. Él había inventado un motor que funcionaba con una mezcla de agua (80%) y un hidrocarburo (20%); debido a esto, fue presionado muchas veces a vender su patente, siendo sus negocios y propiedades vandalizados por su negativa a vender, además fue condenado por las autoridades por el delito de fraude, llevándolo a la ruina por defender su inocencia en una batalla legal interminable. Finalmente, en el 2005 fue encarcelado y luego declarado loco para ser recluido indefinidamente en un hospital mental del Estado de Utah, donde lo maltrataron y prácticamente querían borrarle el cerebro. Sin embargo, después de una ardua movilización de sus familiares, amigos y seguidores por casi 4 años, Pantone fue liberado, comprobando que era un hombre cuerdo. Después de ver todos estos casos, uno se pregunta ¿por qué el hostigamiento, la persecución y asesinato en contra de estos inventores y científicos si supuestamente son considerados por las autoridades unos farsantes o locos? No cabe duda que el poder financiero es capaz de todo con tal de defender sus intereses.

¿Cuál es la solución entonces para obtener nuestra independencia de las energías fósiles y de hidrocarburos? Para que esto sea posible, primero debemos conseguir nuestra independencia y control del dinero. Al igual que con los alimentos, cualquier otra solución o invento será inútil si no conseguimos esto primero, ya que cualquier intento por inventar mecanismos relevantes para la humanidad está siendo constantemente reprimido. Una vez conseguido este control sobre el dinero, todo lo demás podrá conseguirse con facilidad. Con este control en favor de los pueblos y no solo en favor de una élite, podremos impulsar una revolución científica y tecnológica como nunca en la historia de la humanidad. Los estados podrían ser capaces de financiar los proyectos tecnológicos que permitan independizar a los pueblos del monopolio petrolero, en el cual está basado toda la producción de mercancías. Aquellos que saben algo de estas tecnologías de energía renovable, entienden perfectamente que ya existen los medios para conseguir energía ilimitada y gratis de la luz solar, del electromagnetismo, de la electrostática, de la ionosfera, etc. Por lo tanto, la humanidad no debe seguir quemando desechos fósiles para depender de esta energía en manos de una élite.

No debemos seguir contaminando el planeta ni generar cambios climáticos bruscos en el transcurso de solo años o décadas por efecto de estos gases. Hay mucha gente que argumenta que es mentira que la quema de combustibles esté generando este cambio, pues el planeta siempre ha estado en constante cambio. Y tienen razón solo en parte, pues lo verdaderamente cierto es que el planeta ha experimentado estos cambios climáticos de altas y bajas temperaturas a lo largo de toda su existencia en muchas ocasiones, pero esto solo ha ocurrido en el transcurso de miles, cientos, o millones de años; nunca en el transcurso de años ni décadas.

De modo que, esta contaminación producto de la avaricia, está generando un brusco cambio climático, poniendo en peligro la naturaleza y la vida misma de muchas especies. Cada día estamos respirando petróleo quemado; nuestros cuerpos y células están absorbiendo gases tóxicos, y todo esto pasa, por absurdo que suene, solo por obtener ganancias. La humanidad está pagando un precio terriblemente caro por la obtención de ganancias en favor de un minúsculo grupo financiero.

Aunque parezca imposible o irreal, es posible obtener energía gratis para nuestros hogares, para nuestros autos, para nuestras máquinas, y para nuestra producción. Todo es posible con la ayuda de la tecnología, hasta lo que uno pueda creer hoy que es imposible. Solo piensen que hasta hace algo más de cien años, la gente creía imposible que llegaran a existir aviones que nos transporten a cualquier lugar del mundo, naves espaciales capaces de llevarnos a la luna, dispositivos móviles capaces de comunicarnos con otras personas en cualquier lugar del planeta. Cualquiera que tan solo hubiera hablado de esto en esa época habría sido considerado un loco, o poseído por algún espíritu maligno. De modo que lo irreal hoy en día será posible en el futuro si así lo deseamos y hacemos. No nos conformemos con las migajas de tecnologías que nos lanzan bajo la mesa; tecnologías que solo nos mantienen entretenidos y distraídos de la realidad. Estas tecnologías solo generan una falsa realidad de la vida, puesto que no es tu vida la que muestran, sino la vida de alguien más; una vida en la cual tú eres un simple espectador sin ningún poder de influencia en esa vida ni en la tuya, pues tu inacción observando una vida ajena ya te hace parte del mismo show, una "realidad ficticia".

Hay que dejar en claro que el uso de la tecnología solo para fines de entretenimiento y distracción como sucede hoy, es una tecnología inútil e ineficiente. En la actualidad se puede observar cómo cada día aparecen nuevos y modernos celulares con diferentes aplicaciones y juegos que nos mantienen enviciados en un mundo ficticio. Por el contrario, lo que hay que promover es el uso de la tecnología para reemplazar el trabajo del hombre, con el fin de satisfacer sus necesidades básicas sin tener que desperdiciar tantas horas de su vida por conseguirlas. Aprovechando de una mejor manera estas horas disponibles para el estudio de las ciencias y tecnologías, podríamos dejar que las máquinas y robots se encarguen del trabajo rutinario, aburrido y esclavizante que mantiene cautivo nuestro pensamiento y razón. Estas máquinas inteligentes trabajarían por nosotros para satisfacer nuestras necesidades básicas de alimentos y energías, por ejemplo, dejándole a la humanidad tiempo para que solo se dedique a pensar y crear. Entonces esto ya no se llamaría nunca más trabajo, pues no se llama trabajo algo que amas hacer. De modo que, si ya no estamos obligados a trabajar para comer y abrigarnos, ya no estaremos nunca más condicionados a esta labor como medio de subsistencia. Las actividades que realicemos en adelante podrán ser calificadas como creación, producción o diversión. Y nuestra capacidad de crear, producir y dar más que otros será recompensada por nuestra propia dicha de sentir y ver que estamos haciendo mucho más por la humanidad. En este escenario, el dinero ya no tendría ningún valor ni función, pues nuestras necesidades ya estarían cubiertas por las tecnologías, y en consecuencia, nuestras actividades no tendrían nunca más un precio, pues estas estarían en función de lo que nos gustará hacer. Y todo esto en base al mismo sistema de confianza que impera hoy, solo que esta no estará nunca más condicionada por el poder del dinero.

La sociedad hoy nos condiciona solo a saber una determinada cosa y no avanzar más allá. La gente solo es educada para conseguir un empleo. No nos incentivan a crear, solo a trabajar en lo que ya sabemos y ser buenos en eso con el objetivo de ser más productivos. No incentivan a un electricista a crear electricidad, ni a un mecánico a crear nuevos autos. Solo se le enseña a la gente a reparar cosas, no a inventar cosas, porque si a la gente se le enseñara a crear, dándoles todas las herramientas para ello, serían autosuficientes y no dependerían jamás de las multinacionales financieras que controlan el sistema. Por lo tanto, el principal objetivo de la educación debiera ser el desarrollo mental y la motivación de cada persona para alcanzar su mayor potencial.

Es totalmente imprescindible que la tecnología y la lógica se erijan por sobre las leyes políticas. Solo de esta forma, por ejemplo, en vez de imponer papeletas infructuosas que no desincentivan a sobrepasar los límites de velocidad en las pistas y que causan tantas muertes, se solucionaría este problema simplemente con que los gobiernos coordinen con las empresas productoras de automóviles para que no se fabriquen más autos que excedan los límites de velocidad permitidos, o que cada auto sea fabricado con un chip que controle estos límites automáticamente. De esta forma, ya no habría razón para crear más leyes y prohibiciones absurdas, y se acabaría eficazmente con las papeletas y muertes provocadas por querer depender siempre de las decisiones políticas. Por lo tanto, es imprescindible que consigamos nuestra independencia energética.

En conclusión, el ser humano en la actualidad con sus 30.000 millones de toneladas anuales de CO_2 vertidas al aire y atmósfera, producto de la quema de combustibles fósiles, está generando una contaminación y calentamiento global sin precedentes en la historia que terminará por destruir el planeta y con él a miles de especies, ya que según los cálculos de los especialistas, en unos 50 o 60 años o quizá menos, el clima del planeta entraría en un punto irreversible que acabaría por desolar la vida misma en el futuro cercano. Y esto no es ninguna exageración, pues los casquetes polares del ártico y el antártico van reduciéndose año tras año dejando expuesto a la erosión grandes áreas de tierras sedimentadas por millones de años que contienen materia orgánica que se está descomponiendo en el mar generando así más $CO2$ y, peor aún, grandes cantidades del peligroso gas metano, contribuyendo así a acelerar el calentamiento global. Nadie se atreve a detener esta estupidez humana porque solo nos conformamos a vivir el día a día, dejando siempre los problemas para el futuro. Y sin embargo, este será el mundo que le dejemos a las futuras generaciones. Por ende, es crucial que consigamos nuestra independencia energética con fuentes de energía ilimitadas, limpias y renovables, utilizando la tecnología para este fin y así liberar a los pueblos de la opresión financiera, pero sobre todo, salvar al planeta y a la vida misma de la autodestrucción.

OTRA DE LAS SOLUCIONES TÉCNICAS para construir una mejor sociedad sin tanta explotación humana, tanto tiempo malgastado, y tantos recursos desperdiciados, es ponerle fin a la llamada "Obsolescencia Programada" de las cosas. Esta obsolescencia es la programación predeterminada del fin de la vida útil de un producto o servicio, para que tras un periodo de tiempo calculado de antemano por el fabricante, este se vuelva obsoleto o inservible. En pocas palabras, las multinacionales fabrican sus productos para que se malogren o deterioren adrede después de un determinado lapso de tiempo o uso. De esta manera te ves obligado a volver a comprar alguna parte o la totalidad del producto, lo cual resulta perjudicial para el pueblo y el planeta, pero que resulta beneficioso para los avaros financistas que se aprovechan de la ignorancia y la necesidad de la gente.

¿Quién alguna vez no ha comprado un producto que se malogró o falló al poco tiempo de haberlo adquirido y que ni siquiera habíamos terminado de pagar? Todos hemos sido víctimas alguna vez de esta estafa. Pues las cosas no se están deteriorando por su ciclo natural de vida, sino por el capricho y la avaricia de una élite que así quiere que sea.

La obsolescencia programada se torna evidente cuando vamos al técnico con el objetivo de que repare nuestra impresora, computadora, auto, o cualquier otro artefacto, y este nos dice que nos resulta más barato comprar uno nuevo que reparar el que ya tenemos, pues la mano de obra y las nuevas piezas costarán más o igual que si compráramos uno nuevo, o que simplemente la multinacional fabricante ya no produce estas piezas. En consecuencia, compramos un producto nuevo y alimentamos las ganancias de las multinacionales, tirando el viejo producto para alimentar la contaminación del planeta. Se le engaña a la gente haciéndoles creer que las cosas no pueden hacerse más durables y reutilizables, cuando en realidad la durabilidad y la reutilización de las cosas se pueden lograr fácilmente. Pero los que controlan la economía no lo quieren hacer.

Los autos, las computadoras, las baterías, las refrigeradoras y hasta los medicamentos son manipulados para deteriorarse intencionalmente en tan solo meses. Sin embargo, esto no siempre fue así. En el nombre del consumismo desenfrenado, se ha ido acortando la vida útil de las cosas. Por ejemplo, en la década de los noventa las computadoras tenían una vida útil entre seis y siete años. Hoy te las ofrecen con una garantía de solo un año. Los autos, entre ellos el Volkswagen escarabajo, podían durar décadas sin averiarse; sin embargo, hoy cualquier auto ya presenta averías a menos de dos años de uso. Otro ejemplo claro son las impresoras, las cuales dejan de imprimir por orden de un chip, instalado solo para este propósito tras haber contabilizado un cierto número de impresiones. Pero, sin duda, el más escandaloso ejemplo de esta obsolescencia programada son las bombillas de luz o focos, las cuales hoy tienen una durabilidad de 1000 horas; sin embargo, hace más de 100 años ya existían bombillas que podían durar décadas, sino siglos, como es el caso de la bombilla de Livermore, que fue producida en 1901 y encendida ininterrumpidamente las 24 horas desde ese entonces. Esta bombilla, con más de un siglo de vida, continúa funcionando en una estación de bomberos en Livermore, California. A modo de comparación, las bombillas actuales de 1000 horas solo durarían 41 días encendidas si es que no se queman antes.

En 1924, los banqueros que controlaban las compañías eléctricas Osran, Phillips, General Electric, entre otras, se reunieron en Ginebra, Suiza, para fundar el cártel "Phoebus" y monopolizar la fabricación y venta de bombillas. Su principal objetivo fue limitar la vida útil de las bombillas a mil horas. Es decir, este es el más claro y nefasto ejemplo de cómo el poder financiero no solo obstruye el avance tecnológico, sino aún peor, lo lleva en retroceso en favor de sus intereses monetarios. Han pasado más de cien años y esta gente avara y mezquina no quiere compartir las verdaderas tecnologías con el pueblo, ya que para ellos la eficiencia, durabilidad y la abundancia son enemigas de las ganancias.

El término obsolescencia programada fue introducido por primera vez en 1932 por el financista y especulador inmobiliario judío Bernard London. Él propuso terminar con la gran depresión económica de esa época, lucrando a costa de la sociedad con la obsolescencia programada impuesta por ley. Y aunque este proyecto nunca llegó a ser ley, London sí logró que este fuera un consenso a modo de ley entre las corporaciones fabricantes.

Después de la Segunda Guerra Mundial, en la década de los cincuenta, la publicidad suplantó a la obligatoriedad que London pretendía. Es decir, ya no se pretendía obligar con una ley al consumidor, sino seducirlo. Esto se logró con una de las formas de obsolescencia programada: "La Obsolescencia Psicológica o de Deseabilidad", también llamada "Obsolescencia Percibida". Esta permite cambiar el diseño de los productos como una forma de manipular a los consumidores para que compren el mismo producto en repetidas ocasiones. Es decir, con estrategias de publicidad y diseño se crea la ilusión de cambio y mejoramiento en las cosas, solo para inducir a la gente a comprar más cosas supuestamente nuevas e irrepetibles, que en realidad tienen la misma función que las antiguas. Se crea entonces el concepto engañoso de "Moda" solo con el fin de incentivar al pueblo a comprar por impulso.

Mucha gente dirá que esta sociedad de consumo de comprar, tirar y comprar cosas es el estilo de vida de la época, lo cual es cierto, pero en realidad no es un estilo propio, sino impuesto. Desde que nacemos somos bombardeados con publicidad para comprar cosas a través de todos los medios de comunicación. Además, se nos enseña erróneamente que a más consumo habrá más crecimiento económico. Los seudoeconomistas, o mejor dicho, los falsos economistas nos enseñan que el producto bruto interno (PBI) de una nación debe crecer ilimitadamente para traer el progreso a los pueblos. Lo cierto es que esta gente solo engaña a la gente para que compren los productos de la banca. No se puede ser necio e irracional para pensar que con este sistema podemos consumir y crecer infinitamente en un planeta finito. ¿Acaso se les puede llamar a esta gente economistas? ¿Enseñan a economizar o a desperdiciar? ¿Economía no significa acaso economizar, preservar, eficiencia y reducción de desperdicios? Sin embargo, esta gente supuestamente inteligente y con títulos académicos que no sirven de nada, solo defienden el sistema diciéndonos que mientras más consumo, mejor estará la economía; o sea, mientras más desperdicios generes, más próspero serás. Nos han convertido en una sociedad desechable que consume-tira-consume en favor del mal llamado "Crecimiento Económico", cuando en realidad debería llamarse "Crecimiento Antieconómico", pues no economizamos nada en absoluto. Si se quisiera que el sistema fuese realmente económico ¿tendría lógica gastar más tiempo, dinero, materiales y energía en producir algo pobre y desechable para volver a hacerlo de nuevo en un corto tiempo? Sin duda es la estupidez más grande de la humanidad, pues no solo desperdiciamos recursos naturales sino también nuestro valioso tiempo, fabricando las mismas cosas una y otra vez como esclavos solo para beneficio de una élite que lo financia todo. Es una locura total seguir fomentando el crecimiento económico, cuando en realidad se debería fomentar el "Sostenimiento Económico". Por lo tanto, no se puede continuar con el mismo sistema derrochador, donde los 7 mil millones de personas consumimos lo que deberían producir 3 planetas tierra. No se debe seguir permitiendo que las transnacionales tiren su basura electrónica en países tercermundistas como Ghana, vendiéndolas como si fueran productos de segunda mano.

No hay que dejarse engañar por los financistas, políticos y economistas que alegan que la obsolescencia programada y el consumismo favorecen a la clase trabajadora brindando más bienestar y trabajo. Pues lo único cierto es que te dan más trabajo, pero trabajo inútil e improductivo que solo te mantiene ocupado y mal pagado para producir cosas que se malograrán rápido y que tú mismo comprarás, ya que la clase trabajadora es justamente la mayor consumidora de estas mercancías obsoletas; mercancías que esta sociedad rentista y usurera nos coacciona a comprar compulsivamente. De la televisión a los centros comerciales, esa es la actual ruta del entretenimiento que alimenta el despilfarro.

Además, en este sistema corrupto es difícil saber si alguien dice la verdad o le engaña. Por ejemplo: cuando su auto se avería y lo lleva al mecánico para que lo repare, está expuesto a que le engañen porque no sabe si su auto tiene una falla grave o simplemente el mecánico se está aprovechando de la situación para ganarse el día. En cualquier caso, tendrá que confiar en su palabra. Es decir, en este sistema monetario el deterioro y la escasez de recursos provocarán que la corrupción sea el pan de cada día, lo cual evidencia la falla y obsolescencia del sistema. Entonces la ética no es suficiente para darle de comer a la gente, y la corrupción surge como un mal necesario.

Lo cierto es que el día en que los nuevos gobiernos técnicos asuman el control del dinero y el crédito, la obsolescencia programada podrá ser prohibida y desechada como mecanismo opresor y despilfarrador. En su lugar se establecerá una "Eficiencia Programada" que será la ausencia de desperdicio en tiempo y recursos. Solo así podremos hacer las cosas más durables y de mejor calidad que beneficien realmente a la gente. Pero sobre todo dará más tiempo disponible a la clase trabajadora para el estudio de las ciencias, acortando las horas laborales que esta emplea en la producción de mercancías obsoletas. Además, con la automatización del trabajo con tecnologías mecánicas y robóticas, se podrá lograr la total independencia del hombre del yugo financiero multinacional. De modo que no hay razón para pensar que habrá desempleo y que las cosas dejarán de producirse, ya que en realidad todo seguirá produciéndose pero con mucha más eficiencia y sin desperdicio de nada, lo cual acabaría eficazmente con la pobreza de mucha gente en el mundo. "El mundo es suficientemente grande para satisfacer las necesidades de todos, pero siempre será demasiado pequeño para satisfacer la avaricia de algunos". Mahatma Gandhi.

El Imperio inca como ejemplo de sociedad futurista

Cuando uno oye hablar de los incas, se sorprende de lo avanzado que fueron como civilización. La historia nos enseña de sus magníficos logros arquitectónicos como la fortaleza de Sacsayhuaman, el templo de Coricancha, y la espléndida ciudadela de Machu Picchu. Sin embargo, casi nada se enseña de sus logros económicos, pues lo único que se resalta es que era una sociedad basada en la agricultura y que tenían el trueque como medio de intercambio. Peor aún, nada se ha aprendido de su sistema económico. Un sistema que perduró entre 100 y 300 años desde su fundación en el siglo XIII (aún por confirmar) hasta el siglo XVI cuando fueron invadidos y conquistados por los españoles.

La magnificencia inca solo podía compararse con el antiguo Imperio Romano, o el antiguo Imperio Egipcio. Sin embargo, hay algo que hizo a los incas muy superior a estos dos imperios y a cualquier otra gran civilización en la historia hasta la actualidad. La sociedad inca no se basó en la esclavitud como sí lo fue con los romanos y egipcios, e incluso con nuestra civilización moderna. Y esto se debió a un factor clave: los incas fueron la única gran civilización que no desarrollo ninguna clase de comerciantes; por ende, no existían los mercados, y en consecuencia, no existía la moneda o dinero. En la sociedad inca no existía la compra ni venta, ni tampoco la idea mercantilista del lucro y el acaparamiento de bienes, ni mucho menos la usura o interés como mecanismo de negocio. Por lo tanto, no había necesidad de esclavizar a nadie, pues como ya sabemos, el dinero es el principal instrumento para esclavizar a los pueblos. Es este desarrollo superior de la conciencia humana, lo que hizo del pueblo inca el más humano que cualquier otro en la historia, ya que no existía la usura ni la explotación de sus hermanos en el corazón de este pueblo. Pero sí, en cambio, la ayuda desinteresada al prójimo y el repartimiento equitativo de los bienes. La pobreza y el hurto eran prácticamente inexistentes en esta sociedad. ¿Alguna otra civilización antigua o moderna podría vanagloriarse de haber conseguido todo esto? Ninguna. Lógicamente, si las necesidades básicas están satisfechas, el robar para comer y vivir no tiene razón de existir.

Cabe señalar que los incas incorporaban al imperio a los pueblos vencidos y conquistados. No los esclavizaban como sí sucedía en todos los demás imperios de la historia. La esclavitud como tal no existía, pero sí había pequeños grupos de prisioneros de guerra que no aceptaron anexionarse al imperio, o prisioneros por delito de rebelión contra el Inca y el imperio que eran llamados "Piñas". Estos personajes eran llevados a trabajar en cultivos en zonas selváticas. A diferencia de otras maravillas como las pirámides de Egipto o las construcciones romanas y griegas, las maravillas incas (Machu Picchu, etc) no fueron construidas por esclavos. Esa es una gran diferencia.

La economía inca estaba basada verdaderamente en la "reciprocidad" y "redistribución", esta era su moneda y su sistema. La reciprocidad funcionaba como un intercambio de trabajo (mano de obra) entre los miembros de un mismo Ayllu (comunidad), que estaban unidos por lazos de parentescos no necesariamente sanguíneos ni maritales, sino también amicales y culturales. Es decir, cuando alguien necesitaba ayuda para satisfacer necesidades como el cultivo de alimentos, la construcción de una vivienda, el pastoreo de animales, etc., los otros miembros de la comunidad colaboraban con él con su mano de obra, para de la misma manera recibir ayuda en un futuro cuando lo necesitaban. De esta forma no había necesidad de un pago o sueldo por el trabajo de la gente. Todo estaba basado en un sistema de confianza que movía su mundo, pues sin esa confianza ninguna persona hubiera hecho nada por ninguna otra, y no hubiera habido intercambio ni progreso. En pocas palabras, fue el mismo sistema de confianza que existe en nuestro sistema actual, donde el mundo se mueve porque confiamos en el trabajo de la gente.

Porque si no existiera el dinero, o un pedazo de papel, o metal, o lo que fuera, la gente continuaría produciendo igualmente; ya que no es necesario un pedazo de papel para estimular la confianza y la acción de la gente. Así lo entendieron los incas y así lo hicieron por décadas, siendo un éxito. Por lo tanto, ¿qué sociedad fue y/o es más primitiva: los incas, que no necesitaron de un pedazo de papel para construir una de las civilizaciones más avanzadas y admiradas del mundo, o nuestra sociedad moderna, que es supuestamente más inteligente pero que depende estúpidamente de un pedazo de papel para comer y vivir con dignidad? La respuesta parece obvia; y nuestra estupidez aumenta aún más si agregamos que, en el colmo de la absurdidez, tenemos que pagar por el papel que usamos (deuda).

    La sociedad inca era verdaderamente solidaria, y esto quedaba demostrado también en su sistema tributario, donde el pueblo era convocado a trabajar las tierras o empresas del Estado para beneficio comunal. Por ejemplo: construir un depósito, un puente, caminos, una ciudadela, cultivar las tierras, etc. Esto lo hacían en forma rotativa solo algunas veces al año, y los excedentes de todos los bienes producidos se guardaban en los almacenes (colcas) distribuidos por todo el imperio. Estos almacenes servían para la segunda base económica inca que era la "redistribución de la riqueza" (bienes como ropa, alimento, artesanías, etc.) Los encargados de esta redistribución eran los Curacas, algo así como un alcalde moderno. Estos personajes se encargaban de la administración de estos excedentes para redistribuirlos a los diferentes pueblos, dependiendo de las necesidades en diferentes épocas, como en las de sequía. De esta manera acabaron eficientemente con la hambruna y pobreza, pues nadie tenía derecho a acaparar los recursos naturales que le pertenecían a la colectividad y no a un grupo privilegiado como sucede hoy en día.

    En pocas palabras, la productividad inca se debió a una correcta administración de la mano de obra y a su eficaz redistribución de los excedentes. Así fue como muchos de los pueblos conquistados por los incas se adaptaron rápidamente a la nueva sociedad debido a que no eran esclavizados, sino acogidos como parte de una nueva comunidad (Ayllu).

Muchos historiadores se quedan sorprendidos con el tamaño del Imperio Inca, que comprendió casi todos los países de Sudamérica, con una extensa red de redistribución y caminos interconectados (Capac ñan). Y sin embargo, todo esto lo lograron sin un medio de transporte rápido, pues esta sociedad no contaba con veloces caballos como sí fue el caso con los europeos y asiáticos. La lenta llama y los incansables Chasquis (mensajeros caminantes) fueron los encargados de extender el incanato, y lo lograron con éxito a pesar de la clara desventaja. Los incas tampoco desarrollaron un sistema de lenguaje escrito, como sí lo hicieron otras grandes civilizaciones. Solo desarrollaron un sistema contable y a modo de escritura llamado "Quipu", que les permitió almacenar información, pero que aun en nuestros días nadie ha podido descifrar.

Es consenso entre los especialistas que el éxito inca se debió a la optimización para evitar el hambre y la pobreza, en lugar de fomentar el comercio mercantilista que hace ricos solo a los comerciantes en detrimento de los pueblos. Y si revisamos la historia, fueron justamente esos comerciantes mercantilistas los primeros banqueros, cambistas, y especuladores financieros usureros, que eran expertos en el corrupto oficio de prestar dinero a interés. También es cierto que el Imperio Inca no era perfecto, pues era una especie de dictadura encabezada por el Emperador Inca, la nobleza y los sacerdotes. No obstante, estos gobernantes sin duda demostraron ser más humanos y civilizados que cualquier otro en la historia.

Además de todo lo mencionado, el pueblo inca solo necesitó de unas cuantas leyes básicas para fomentar el orden de la sociedad, lo cual demuestra que el éxito en la satisfacción de las necesidades del pueblo, hace prácticamente inexistente los conflictos sociales, y por ende, no se necesitan más leyes; haciendo de esta una sociedad más civilizada. También prueba que un gobierno con un gran número de leyes solo demuestra su incapacidad para satisfacer las necesidades básicas que todo pueblo necesita, y que cuando no son satisfechas, se originan los conflictos (robo, crimen, etc.); como consecuencia, el gobierno solo tiene el recurso de crear más leyes para reestablecer un orden efímero e inestable, ya que no ha sabido solucionar la verdadera causa del problema que es la insatisfacción de necesidades. Es decir, sociedades con mayor número de leyes como la actual, solo significan un mayor descontento y descontrol que se busca controlar con condiciones y prohibiciones (leyes) que no son más que políticas inservibles, cuando en realidad se necesitan soluciones técnicas. Justamente, una de estas soluciones técnicas incas fue no adoptar un sistema monetario (con dinero y deuda).

Es esta misma solución técnica la que haría que abandonemos el sistema financista actual, para recomenzar con uno nuevo y eficiente. Muy por el contrario, una solución política solo busca reparar superficialmente algo ya establecido, mas no busca cambiarlo, sino continuar con él; y utilizan las leyes como su principal munición porque no tienen idea de qué más hacer. En consecuencia, jamás lograrán una sociedad justa, sin pobreza, ni crímenes, pues los problemas humanos son totalmente técnicos, no políticos. Por lo tanto, necesitamos muchos técnicos y ningún político. Sin embargo, nuestra sociedad está actuando al revés, con los políticos en los gobiernos hablando de más protección y seguridad para los ciudadanos, lo cual solo significa más control sobre el pueblo, más división, desunión, prohibición y leyes. Cuando en realidad se necesita todo lo contrario, más creación, unión, libertad y progreso.

La humanidad no avanzará al siguiente nivel de conciencia si sigue dividida, pues esto solo generará conflictos y guerras. No necesitamos seguridad, sino unidad. La seguridad solo la piden quienes tienen miedo de perder algo (poder y dinero); la unidad solo la piden quienes están gustosos de dar todo (inteligencia y ayuda desinteresada). "Coincidentemente", son los banqueros y políticos quienes siempre salen a los medios a exigir más seguridad, pues son los que más tienen que perder; y perturban a la gente diariamente con noticias de crímenes y robos, coaccionándola a que pidan lo mismo que ellos, cuando en realidad solo buscan restringir cada vez más tus libertades.

Cada día que pasa, el mundo está más privatizado por una pequeña elite, y cada vez son menos las libertades de la gente común, que cree ignorantemente que más seguridad y leyes arreglarán sus problemas. La simple verdad es que ya muchos banqueros y políticos saben que hay gente como este servidor, que se han dado cuenta de la estafa del sistema y denuncian esta realidad corrupta. En consecuencia, están preparando todos los mecanismos y leyes para acallar a cualquiera que los exponga y quiera el verdadero cambio.

Para terminar con la historia de los incas, su imperio terminó cuando el dinero y la usura llegó a América en 1492 de la mano de Cristóbal Colón. Los invasores impusieron entonces el dinero, la usura y el esclavismo en el pueblo inca, saqueando y explotando sus riquezas.

Después de todo lo estudiado, podemos deducir sin duda alguna que el sistema económico inca fue un sistema futurista muy adelantado a su época. Su extraordinario progreso fue y/o es la prueba innegable de que no se necesita comercio mercantil, ni mercados, ni dinero, ni usura para el desarrollo humano y de las tecnologías. Su redistribución de la riqueza reemplazó al comercio; su reciprocidad reemplazó a los mercados, y su mano de obra basada en la pura confianza reemplazo al dinero. Siendo lógicos y razonables ¿acaso creemos que una civilización avanzada y futurista usará dinero para intercambiar cosas? Seguro que no. Si los incas lograron construir una gran civilización sin dinero hace más de 500 años, ¿por qué nosotros no podríamos? Por supuesto que podríamos, pues incluso hoy en día tenemos conocimientos y tecnologías superiores a las que ellos tenían. Entonces no necesitamos comprar ni vender nada, pues esa es una falsa idea de progreso que nació con el dinero. La realidad es que de esta operación solo se benefician un pequeño grupo de grandes vendedores que son las grandes corporaciones y multinacionales financieras que venden al pueblo casi todos los bienes y productos que la propia mano de obra del pueblo produce. Algunos críticos argumentarán que el pueblo también se beneficia de las ventas, ya que ellos también son vendedores. Sin embargo, y para ser exactos, la mayoría de gente entre el pueblo que se dedica a las ventas, no son más que simples revendedores y distribuidores, y por ende, también compradores y consumidores de los insumos y productos de las grandes corporaciones.

Entonces, es un hecho que se puede conseguir un mundo mejor; no es un sueño, ni algo inalcanzable, o que se necesitaría siglos para lograrlo. Todo esto es totalmente posible hoy en día, pues solo basta con tomar decisiones técnicas para lograrlo. Y esa simple decisión técnica es que el Estado, a través de un banco del pueblo, asuma el control del dinero y el crédito, sin necesidad de tener que pagar a ningún banquero por el dinero. Solo entonces los dividendos retornarían al pueblo y nunca más a los banqueros. Como pueden ver, esta es una solución lógica y razonable que no significará ninguna catástrofe para la humanidad. Mejor dicho, la única catástrofe será para los banqueros y políticos que ya han explotado suficiente a la clase trabajadora (el 99%).

En conclusión, antes de conseguir una sociedad casi perfecta sin dinero, debemos pasar por una transición donde el pueblo controle el dinero y lo convierta en dinero libre de interés y deuda. Solo cuando esto ocurra, la humanidad será capaz de dar el salto evolutivo más grande de su historia. Y ese nivel de razonamiento, conciencia e inteligencia, llevará al hombre al conocimiento de un universo ilimitado. En este punto ya no existirá el dinero, pues la plena libertad del hombre, sin nada que lo esclavice a hacer trabajos rutinarios e insignificantes para cubrir necesidades muy básicas y que mantienen su mente ocupada, lo llevará a su máximo potencial de creatividad, porque nuestra verdadera divinidad se encuentra en nuestra capacidad de crear. Aquí es cuando el hombre se vuelve un completo creador para dejar su pasado destructor. Creará y renovará recursos, en lugar de solo depredarlos. Entonces y solo entonces el ser humano podrá lograr hasta lo que parece imposible, vencerá a la vejez y a la muerte y vivirá en su paraíso eternamente. Recién entonces dejaremos de ser homo sapiens para pasar a una nueva categoría de ¿dioses?

Mientras tanto, lo que no debemos hacer es conformarnos con nuestra realidad. No aceptemos con resignación que nos impongan un sistema fraudulento que solo llena los bolsillos de una élite financiera. Esta élite solo busca siempre inculcar el miedo al cambio, y han tenido éxito pues han logrado provocar en la población una tendencia a aferrarse a un sistema de creencia sin cuestionarse si están equivocados. Es decir, en esta sociedad del dinero, la gente cree que porque un sistema tiene varios siglos y es tradición, ya es intocable e irreversible. Entonces lo protegen a toda costa porque creen erróneamente que perderán su identidad y confort, o que al mundo le irá peor si hay un cambio. Sin embargo, no hay que resistirnos al cambio. No tengamos miedo a recibir nueva información y conocimiento incluso si "amenaza" nuestras creencias y sistemas. Porque las creencias son inciertas, pero el conocimiento es certeza. Debemos tener siempre la mente abierta y no marginar al individuo que se sale del sistema y no sigue la norma impuesta, ya que estos son los visionarios de siempre que buscan el cambio para bien y no se contentan con una realidad opresora. Hay que recordar que el universo es un sistema en constante cambio y esto es justamente lo que lo hace evolucionar. Absolutamente todo tiene que cambiar y no quedarse estancado; esa es la propia naturaleza de la vida. Propiciemos entonces el cambio de nuestro sistema económico y evolucionemos hacia una mejor vida.

Funcionamiento del actual sistema monetario

En la actualidad el interés anual promedio que cobran los bancos está alrededor del 26%. Si se suma el interés que se cobra por un préstamo hipotecario (un 10%), un préstamo empresarial (25%), un préstamo de consumo (45%), entre otros préstamos, podríamos decir que el interés anual promedio que se cobra a la gente está alrededor del 26%. Me podría estar quedando corto si se suman las refinanciaciones, las moras, comisiones, gastos de cobranza, etc. Sin embargo, para fines didácticos diremos que es el 26% a fin de presentar a continuación gráficamente cómo funciona el sistema monetario actual.

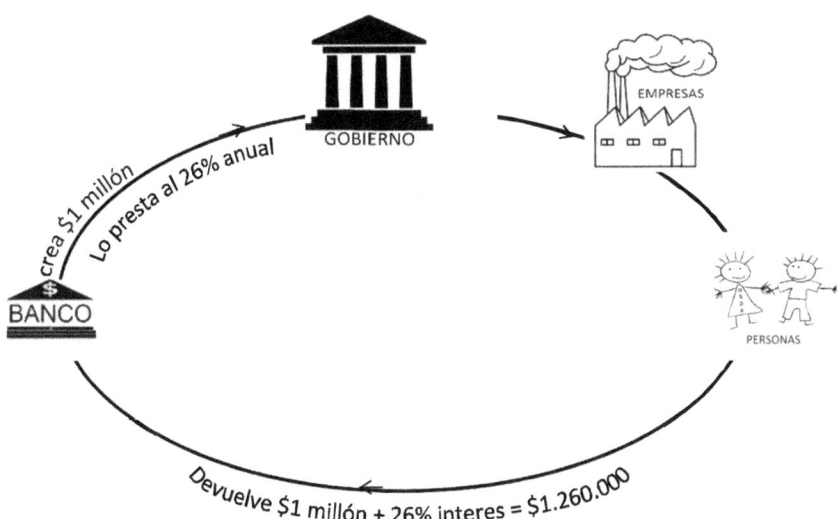

El dinero siempre retorna al banco. Pero el banco solo creó $1 millón. Los $260 de interés no existen. ¿Cómo se paga entonces el interés? Solo hay dos formas:

1.- El banco crea más deuda para pagar las anteriores; es decir, el banco tendrá necesariamente que crear más dinero con más intereses (deuda) para cancelar los intereses anteriores que no existen en el sistema (dinero que se crea cuando la gente pide más préstamos). Por lo tanto, no existe otra manera de pagar los intereses con dinero, ya que siempre se necesitará más dinero con deuda, creándose así un círculo vicioso de deuda eterna.

2.- La segunda forma de pagar los intereses es con tus bienes (propiedades, tiempo y mano de obra). Esto se debe a que en el momento en que la deuda se ha incrementado demasiado, haciéndose insostenible por el interés perpetuo, el pueblo tendrá que pagar con sus bienes, que es lo que en verdad tiene valor y lo que la banca quiere. Es así como el pueblo, que ya no puede conseguir más dinero por estar sobre-endeudado, les paga a los banqueros con más trabajo esclavizante, con el embargo de sus propiedades y con su valioso tiempo empleado en el pago de las deudas. Un claro ejemplo de cómo los bancos roban tu tiempo y mano de obra es cuando refinancias una deuda, ya que alargan tu deuda a más años para que malgastes tu tiempo trabajando más horas y más duro, con el fin de que pagues la deuda. Así es como consiguen esclavizarte silenciosamente, pues este es un círculo vicioso de deuda eterna. Mientras tanto la gente se matará trabajando por construir más empresas y propiedades que podrán ser nuevamente embargables. Así está diseñado el sistema. En pocas palabras, en este sistema no existen las matemáticas. En esta ecuación económica no existe una armonía que nos lleve a un solo resultado. Muy por el contrario, es una ecuación caótica y sin solución, donde el resultado es producto de la fuerza bruta y la imposición por medio de crisis y embargos para "solucionar" el problema. Nada en el universo puede funcionar eficaz y eternamente si no hay una armonía matemática.

En el siguiente gráfico observaremos cómo el sistema bancario tendrá que crear necesariamente el próximo año $260.000 para cubrir los intereses (26%) que no existen en el sistema, generando así inflación y más deuda.

Ya que no existen los 260 mil, el pueblo tiene que pedir un nuevo préstamo o refinanciar los antiguos para que pueda existir este nuevo dinero en el sistema. No existe otra forma de obtener dinero.

El ciclo de deuda eterna vuelve a comenzar, ya que del interés antiguo se cobra un nuevo interés: 260.000 + 67.600 (26%) = 327.600. Este mecanismo provocará que siempre se tenga que crear más deuda para pagar las antiguas.

En el siguiente gráfico se podrá apreciar algo que no ha sido mencionado aún: "la ganancia de los banqueros". Este dinero simplemente lo guardan en paraísos fiscales y lo utilizan para la especulación en los mercados bursátiles.

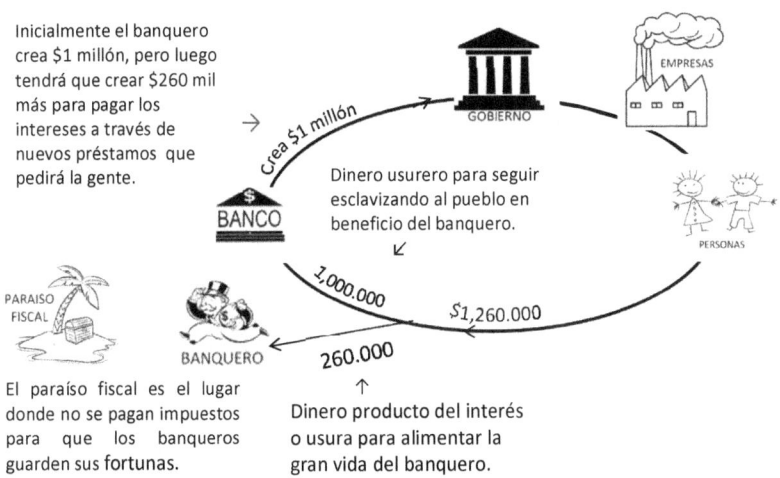

Inicialmente el banquero crea $1 millón, pero luego tendrá que crear $260 mil más para pagar los intereses a través de nuevos préstamos que pedirá la gente.

Dinero usurero para seguir esclavizando al pueblo en beneficio del banquero.

El paraíso fiscal es el lugar donde no se pagan impuestos para que los banqueros guarden sus fortunas.

Dinero producto del interés o usura para alimentar la gran vida del banquero.

El gráfico a continuación muestra cómo el banquero decide que ya no necesita más dinero, sino tus bienes. Entonces en vez de crear los $260 mil que se necesitan para que el pueblo pague los intereses, solo crea $100 mil (como ejemplo); lo cual provocará que una gran parte del pueblo tenga que pagar con el embargo de sus bienes sí o sí, pues no existen los $160 mil restantes en dinero en el sistema.

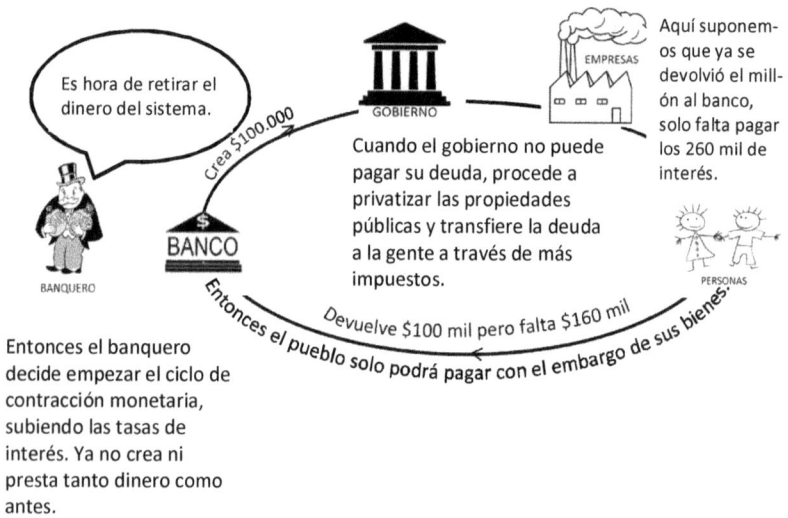

En este sistema, los banqueros se van apoderando silenciosamente de los bienes del mundo. En realidad no quieren tu dinero, ya que ellos mismos lo pueden crear. Lo que no pueden crear son los bienes, y por esta razón utilizan a la clase trabajadora para crearlos por ellos. Todo esto nos deja una sola reflexión: el dinero con interés es un simple mecanismo que utilizan los financistas para esclavizar a los pueblos del mundo; en consecuencia, el actual sistema es tan esclavista como lo fue el feudalismo y el esclavismo antiguo. Solo que ahora nos hacen creer astutamente que somos libres cuando en realidad no lo somos, pues nos lavan el cerebro día tras día con discursos de democracia y libertad de expresión que son inservibles en una sociedad sin libertad monetaria, financiera y económica. Además, no puede existir libertad de expresión sin antes existir la libertad del pensamiento. Si nuestra libertad de pensar está siendo coaccionada y corrompida desde que somos pequeños, entonces nuestra libertad de expresión no tendrá ningún valor, pues lo que expresamos estará equivocado y solo favorecerá a los que manipulan el sistema.

    Se nos ha enseñado desde pequeños a seguir el sistema, a mantener el orden actual, a defender el sistema bancario privado enarbolando la bandera de la democracia, del libre mercado y de la libertad de expresión, contra cualquiera que ose desafiar el sistema. Pero ¿acaso existe la libertad del pensamiento? Claro que no. Solo nos han lavado el cerebro para nosotros mismos defender nuestra propia ignorancia de creer que somos totalmente libres. Una falsa libertad que se desbarata cuando cada día dependes del dinero que tienes que comprar a los financistas. ¿Acaso puede un niño, al que se le enseña a hacer la guerra, ir en contra de esta? ¿Puede un niño, al que se le enseña a robar, hacer otra cosa que no sea robar? ¿Puede una sociedad, a la que se le enseña endeudarse con los banqueros, no querer endeudarse con ellos? La gente hará siempre lo que se le enseña desde pequeño qué es correcto y cierto, aunque esto pueda ser un total engaño. Entonces la libertad de expresión será solo un remedo para defender lo ya establecido (statu quo) e ir en contra de la libertad del pensamiento que amenaza el sistema.

    Hemos podido comprobar cómo el actual sistema monetario con más de seis siglos de antigüedad es insostenible. Sin embargo, se ha hecho sostenible a la fuerza, a punta de crisis y embargos. Y esto ha ocurrido siempre, ya sea bajo el feudalismo, monarquismo, capitalismo, nacionalismo, comunismo, socialismo, etc. Ya no se trata de averiguar cuál de estos sistemas es mejor porque todos son lo mismo; todos son una misma forma de sistema esclavista y explotador que podría llamarse sistema bancarista o financierista.

Entonces podriamos concluir lo siguiente: nuestro sistema actual de deuda hacia los banqueros es solo una idea en nuestra imaginación. Es decir, es una ideologia subjetiva (inexistente) bien arraigada en el ser humano que nos hace pensar que el sistema existe como una realidad objetiva. Y esto ocurre porque hemos recibido esta idea como herencia siglo tras siglo, desde hace mas de 6 siglos con el nacimiento de la banca moderna establecida por ley. Haga usted una pausa, vuelva a leer este ultimo parrafo y medite sobre esto. Luego piense: si el sistema es solo una idea, esto quiere decir que facilmente podriamos dejar de creer en esta idea obsoleta y a su vez crear una nueva idea que reemplace la antigua. Supongamos que un presidente de una nación declare un decreto ley que diga que el dinero y el credito ya no será creado por bancos privados, sino que este privilegio estara ahora a cargo uniccamente de un banco del pueblo, o banco publico. Automaticamente, todos creerian en la nueva ley y confiarian en ella, pues se rechazó una idea antigua y obsoleta por una nueva más razonable. Es decir, esto seria muy facil, y el mundo seguriria funcionando pero mejor. Pues el unico cambio seria nuestra idea de como debe funcionar el dinero. Solo piense que en el transcurso de la historia los humanos hemos cambiado de ideologias cientos de veces. Dejamos de creer en la idea de adorar espiritus naturales y animales (animismo), luego cambiamos a la idea de adorar diversos dioses (politeismo), despues al monoteismo, y ahora ultimo, con la ciencia como aliada, a no creer en dioses (en un creciente sector de la población). Pasamos de creer en sistemas reinados por sacerdotes, luego por reyes, despues emperadores, militares, politicos y banqueros. Entonces, quizas ha llegado la hora de una nueva revolución de las ideas que nos indica que es tiempo de un nuevo cambio, para bien del planeta y la vida.

Funcionamiento del nuevo sistema monetario

CON EL NUEVO SISTEMA DE BANCA ESTATAL y dinero libre de deuda bajo el control de un gobierno técnico, las crisis financieras y el robo de bienes al pueblo dejarían de existir, debido a que el dinero circularía libremente sin especulación ni acaparamiento por parte de una élite financiera. El gráfico a continuación muestra cómo funcionaría el nuevo ciclo económico.

En este gráfico se puede apreciar la armonía del ciclo monetario sin distorsiones, deuda, crisis, ni embargos. Se observa como 1er paso la creación de una cantidad de dinero prestada al 5% de interés. Como 2do paso el banco creará el dinero que representa el interés para otorgárselo al pueblo a través de obras públicas. Entonces no será necesario producir más dinero e inflación debido a que la misma cantidad prestada originalmente y el mismo interés volverán siempre al banco para volver a prestarlo y continuar con el ciclo sin ningún problema ni robo al pueblo.

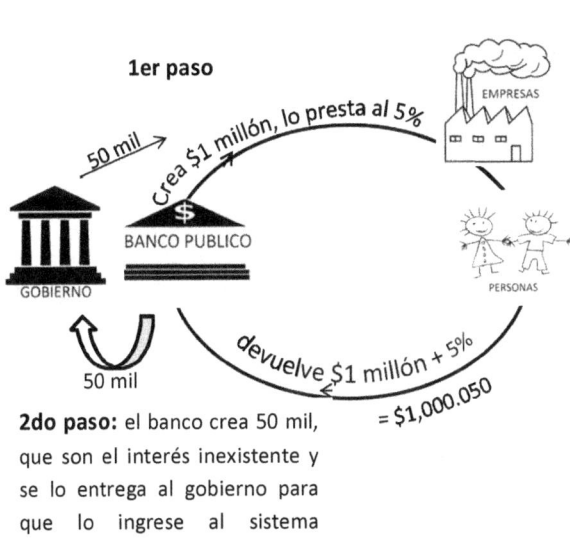

2do paso: el banco crea 50 mil, que son el interés inexistente y se lo entrega al gobierno para que lo ingrese al sistema mediante el empleo en obras públicas.

Vemos cómo este sistema podría funcionar casi perfectamente. Sin embargo, hay algunas pequeñas distorsiones que a la larga podrían ser un problema. A continuación presento un mejor sistema donde se corrigen estas distorsiones y se desaparece por completo el cobro de interés. En pocas palabras, es prácticamente el mismo ciclo pero sin el préstamo a interés, lo cual significa que siempre se prestará y devolverá la misma cantidad de dinero con cero posibilidades de usura y especulación.

En este ejemplo el banco tiene un total de $2 millones. $1 millón lo destinará para préstamos, el otro millón para obras públicas del gobierno, sobre todo para el desarrollo de tecnologías. Este último millón lo recaudará después a través de los impuestos.

El límite a las empresas podrá depender de la cantidad de trabajadores y/o de su volumen de comercio.

Hoy en día cuando una empresa quiere financiar un gran proyecto, tiene que recurrir a endeudarse con los banqueros. Pero con el nuevo sistema las empresas podrán financiar sus proyectos prestándose del banco público sin ningún interés o usura. Volviendo al ejemplo, si una empresa quisiera ejecutar un proyecto de más del límite permitido ($100 mil) y necesite $500 mil; podrá pedir prestado este dinero al banco público, acreditando el costo del proyecto tal y como sucede con la banca actualmente.

Es importante recalcar que lógicamente este es un gráfico a pequeña escala; por ende, la cantidad de dinero en circulación dependerá del tamaño de la economía de cada país. Por ejemplo, en una economía de miles de millones, algo más cercano a la realidad sería que a las personas se les ponga un límite de acumulación de dinero de alrededor de $100 mil, podría ser más, o podría ser menos. Y a las empresas se les permitiría acumular, por ejemplo, hasta $5 millones. Este límite a la acumulación o acaparamiento es realmente crucial, porque sin este límite algunas empresas y personas podrían acumular lentamente mucho dinero del sistema, lo que originaría una falla y crisis, pues habría menos dinero para las otras empresas y personas. Por lo tanto, este límite es muy importante para evitar que ocurra esto, y también para evitar que el banco público tenga que crear más dinero, generando así inflación.

Creo que está claro que no queremos seguir viviendo bajo el sistema actual de banca privada, donde menos del 1% de la gente acapara la mayor parte del dinero sin necesitarlo.

Lo que se obtendría con el nuevo sistema es que el dinero fluya libremente sin que nadie lo acapare ni obstruya su camino de generar riqueza para todo el pueblo y no solo para una élite. Hay que entender que la gente podrá enriquecerse adquiriendo bienes y propiedades de una manera más fácil con el nuevo sistema, pues el dinero tendrá la única función de generar progreso para la mayoría sin ningún tipo de atesoramiento. El dinero en sí no tiene ningún valor si está guardado, su valor se obtiene solo cuando está en circulación. Por esta razón se deduce también el fracaso del sistema actual, ya que el dinero no circula como debe ser.

Para tener un control del dinero en circulación, cada ciudadano con mayoría de edad tendría por derecho un número de cuenta bancaria de la misma forma que tiene un número de identificación. De esta manera toda la gente utilizaría formalmente el nuevo sistema y se identificaría a aquellos que estén acaparando dinero más allá del límite permitido.

Todo el dinero estaría conformado por dinero electrónico y billetes. Estos últimos podrían llevar un chip o una especie de código de barras que pueda ser leído por el propio sistema a través de un software u otras tecnologías (algo similar como con las tarjetas de crédito y débito). De este modo se acabaría eficazmente con el robo de dinero, pues cuando esto ocurra, las personas podrán denunciar el robo y de inmediato el propio sistema se encargaría de bloquear e identificar la ubicación del dinero. Por ejemplo, esto ya ocurre hoy, cuando alguien denuncia el robo de sus tarjetas y estas son bloqueadas. Por supuesto que hoy en día igual te roban tu dinero de las tarjetas, debido a que son las tarjetas las que se pueden bloquear, más no el propio dinero. Por lo tanto, si se usara la tecnología de las tarjetas en el propio dinero, el robo sería prácticamente un oficio en extinción. Es aquí donde te puedes dar cuenta de cómo el poder financiero privado está bloqueando las tecnologías, ya que si se usara la tecnología en el dinero, se podría identificar y retener todo el dinero proveniente del lavado de activos, del narcotráfico, y de la corrupción; porque en realidad los verdaderos y más grandes ladrones son aquellos banqueros de traje y corbata que esconden el dinero ilegal en los paraísos fiscales, no los micro-ladrones que roban un celular, una cartera, o un auto para sobrevivir.

Podemos concluir entonces que el nuevo sistema monetario acabaría eficazmente con las crisis, desahucios, embargos, inflación, deudas, y robos; y por ende, con el 99% de los crímenes de la humanidad, pues estas tienen que ver directa e indirectamente con el dinero. Pero aún más importante, se acabaría con la pobreza en el mundo. ¿Acaso tendríamos que necesitar una infinidad de leyes para lograr todo esto? Por supuesto que no. Las únicas dos leyes que se necesitarían serían otorgar el único control de la creación del dinero y el crédito al Estado, y otra para establecer un límite a la acumulación de dinero. Todo lo demás es puro tecnicismo simple y eficaz. Por lo tanto, no hay que dejarse engañar con el cuento de siempre del radicalismo y extremismo, pues esto lo argumentan siempre los mismos políticos y economistas lobbistas de la banca internacional.

Conclusión

ANTES DE ESCRIBIR ESTE LIBRO, me hice preguntas que de seguro mucha gente también se hizo: ¿Por qué hay pobreza en el mundo?, ¿por qué existe el crimen?, ¿por qué el sufrimiento?, ¿por qué las crisis?, ¿por qué las enfermedades?, ¿por qué las guerras?, ¿por qué el hombre explota al hombre?, ¿por qué dependemos miserablemente de un pedazo de papel para tener una vida digna? y ¿por qué, si Dios existe, no nos ha ayudado? Solo cuando comprendí cómo funciona el dinero, recién pude responder estas preguntas y me di cuenta que en realidad no se necesita un dios para conseguir salvar este mundo corrupto. Porque la solución es mucho más simple y real que la ayuda de una divinidad. La salvación de la gente y del planeta está en las propias manos del pueblo; en no dejar nunca más que una élite controle su dinero y los esclavice con deuda; en no conformarse con la ignorancia, sino buscar el conocimiento. Puedes creer en un dios, en varios dioses, o en lo que sea, pues no pretendo obligarte a cambiar tus creencias. Lo que sí pretendo es brindarte información para que tú mismo razones y formes tu pensamiento. He comprendido que el hombre debe ayudarse a sí mismo como también a otros hombres, porque ningún dios hará por un hombre lo que el hombre debe hacer por sí mismo.

No entraré en discusiones vanas sobre la existencia o no de dioses, pues estas discusiones solo nos dividen. Lo que sí debe hacer cada persona es utilizar la fuerza que le da sus creencias, sean las que sean, para unirse y tomar "acción" por el cambio. La acción es lo único que hará que se cambie el actual sistema opresor; no los ruegos, no las plegarias; así que no esperes que lo haga tu dios por ti.

Una vez un amigo que se encontraba en el programa "Alcohólicos Anónimos" me dijo: "He aprendido a controlar y a superar mi adicción al alcohol y a las drogas gracias a la fortaleza de mis creencias, que no tienen que ser las mismas creencias de otras personas. En el programa no hay división, sino inclusión, y utilizamos la fuerza que nos da nuestra creencia en ese dios, tal y como lo concibamos. Es decir, nuestro dios puede ser el sol, la familia, un objeto, un ser divino, nuestra voluntad, cualquier cosa. Lo importante es aprovechar esa fuerza para tomar "acción" y superar nuestros problemas. Así es como ahora yo mismo puedo ayudar a otras personas".

Por lo tanto, dejemos el egoísmo de querer que otras personas tengan nuestras mismas creencias religiosas; por el contrario, hay que aceptarlas y convivir con ellas, ya que esta intolerancia solo nos ha traído conflictos y guerras a lo largo de nuestra historia.

Después de todo lo expuesto, tengo la plena satisfacción de haberte ayudado a entender cómo funciona el dinero en el actual sistema monetario, y cómo poder cambiarlo. Desde sus orígenes hasta la actualidad ahora sabes la verdadera historia que no te han contado en ninguna escuela. Ya no serás una víctima más del engaño por parte de los medios intervenidos por la banca internacional, que solo te ofrecen su propia versión de la historia con el único fin de defender sus intereses. Porque hay que entender algo muy importante: nuestra historia ha sido manipulada y continúa siéndolo por una élite que no tiene nada más que hacer, más que sentarse sobre sus billones y jugar con el destino de la humanidad. Y, como ya hemos visto y cualquiera puede comprobar, esta élite está conformada por financistas que se escudan bajo un credo, un credo que no tiene nada que ver con el judaísmo ni cristianismo ni budismo, etc., pues como ya dije antes, esta gente utiliza la religión para esconder su avaricia, son los verdaderos demonios y parásitos que viven de la explotación humana, pues solo creen en la diosa banca, en el dios dinero y en la usura como mecanismo para esclavizar a los pueblos. Entonces, que quede muy claro que no me refiero a un pueblo o a un credo o a una raza, en todo el libro solo me refiero a un reducido número de gente o élite financiera y/o banquera, tenga la raza o religión o color que tenga, eso no importa, pues en realidad son una clase política sin credo; una secta racista que se cree superior y que solo busca perpetuar su poder sobre la clase trabajadora.

¿Qué hacemos entonces? ¿Esperar la salvación del Divino Señor arrodillados, implorando y orando cada día, siendo buenos y sumisos como fieles siervos con nuestros opresores? Ya no hay duda de que no podemos continuar sometidos, ya que si tú y tu generación no se levantan ahora contra la opresión financiera, en el futuro esta gente sin duda traerá las crisis de nuevo, las guerras, y más deuda ya no solo para oprimirte a ti, sino también a tus hijos y nietos. Sé que todo esto puede parecer un cuento de ciencia ficción, pero está pasando, y no lo notas porque es un proceso lento y silencioso que empieza con una pequeña deuda. En muchos países como EE. UU. y China ya se están poniendo graves restricciones a las libertades humanas; entre ellas las de libre información. Pronto nos tendrán controlados totalmente pudiéndonos acusar de terroristas y encarcelarte sin pruebas como ya sucede en la actualidad en los EE. UU. Gente como Julián Assange y Edward Snowden, que develaron información de crímenes y violación a las libertades, ahora son perseguidos como terroristas. Pronto la gente no tendrá la libertad de acceder a nueva información porque la élite financiera lo controlará todo, ya que no quiere que la gente se dé cuenta de la estafa con el propósito que sigamos trabajando como esclavos para ellos.

Ya se escucha en las noticias desde hace algunos años, a los políticos y banqueros del BIS, del FMI y varios presidentes de gobiernos, hablar y proponer una moneda única a nivel mundial como mecanismo de mayor control sobre los pueblos. Me gustaría estar exagerando, pero esto está pasando. Ya esta gente está preparando este escenario con el pretexto de acabar con las crisis, lo cual solo resulta ser una completa farsa, pues solo se le daría aún más poder a los banqueros.

Con el pretexto de la seguridad ciudadana, los gobiernos están restringiendo cada vez más nuestra libertad y privacidad, teniéndonos más controlados; de modo que no se sorprendan si llegara el día en que estemos obligados a tener cámaras de seguridad en nuestros hogares, o a llevar un chip implantado en nuestro cuerpo con el objetivo de monitorear todos nuestros movimientos. No cabe duda que en el futuro, bajo el actual sistema, tendremos menos libertades. La élite financiera utilizará todos los mecanismos para perpetuar el sistema monetario de deuda. Incluso podría llegar el día que ante una eventual revolución, nos perdonen la totalidad de la deuda, con el astuto propósito de seguir controlando el dinero, lo cual solo significaría un alivio momentáneo, pues se volvería a originar la deuda de todas formas.

 Algo que no se entiende aún es la mezquindad de la élite financiera que solo provoca la corrupción y la destrucción del planeta. Su propia ignorancia les hace creer que solo ellos deben ser los privilegiados del control del dinero, pero no se dan cuenta que por defender este privilegio están destruyendo el mundo. No razonan que con la ayuda de la tecnología disponible hoy en día, sumada a un nuevo sistema libre de usura, se podría lograr con facilidad un verdadero paraíso en la tierra, donde todos tendríamos una excelente vida con todas nuestras necesidades satisfechas. Y aún más importante, lograríamos salvar al planeta de la contaminación y auto-aniquilación a la que está expuesto por hacer caso del absurdo consumismo o crecimiento económico.

 Finalmente, lucha por tu verdadera libertad; no solo te la pases trabajando y trabajando para beneficio de los financistas. Usemos la razón. No pasemos a la historia como la generación que se conformó con su destino. Tenemos hoy, cada uno de nosotros, la más grandiosa oportunidad de cambiar el mundo y ser héroes por la libertad. Si hasta hoy no tenías un propósito en la vida, hoy ya tienes uno. Piensa que eres un privilegiado de existir en este momento en la historia, pues en tus manos estará qué destino deberá seguir el mundo.

 La gloria será siempre para los valientes, el miedo para los cobardes.

BIBLIOGRAFÍA

- Adams, Henry History of the United States of America during the Administrations of James Madison II. Scribner, 1918.
- Agger, Eugene E. ,The Denominations of the Currency. The Quarterly Journal of Economics (Oxford University Press), 1918.
- Alberti, Giorgio y Mayer, Enrique, Reciprocidad e intercambio en los Andes Peruanos, Instituto de Estudios Peruanos, 1974.
- Allen, Larry, La enciclopedia del dinero. 2 ª edición, ABC-CLIO, 2009.
- Angelone, Juan Pablo, Doctrina de la Seguridad Nacional y Terrorismo de Estado, infoderechos.org
- Apiano, Historia romana. Editorial Gredos, 1994.
- Ascher, Leonard W. The Coming Chaos in Our Coinage. Financial Analysts Journal (CFA Institute), 1964.
- Auletta, Ken, Greed and Glory on Wall Street: The Fall of the House of Lehman. Random House, 1985.
- Backus, Charles K., The Contraction of the Currency, The Honest Money League of the Northwest, Chicago, 1878.
- Baker, Jean H., Mary Todd Lincoln: A Biography. W. W. Norton & Company, 1989.
- Barnett, Paul, The Crime of 1873 Re-examined. Agricultural History Society, 1964.
- Bewley, AbdelHaqq, Verde Islam 5, 1996. http://www.webislam.com/articulos/18010-historia_de_la_ usura.html
- Birmingham, Stephen, Our Crowd. Pocket Books,1977.
- Blake, George Herbert, United States Paper Money. George H. Blake, 1908.
- Boyle, David, The Money Changers: Currency Reform from Aristotle to E-cash. Earthscan Publication Ltd., 2002.
- Boritt, Gabor, Lincoln and the Economics of the American Dream. University of Illinois Press, 1994, 1978.

- Bruner, Robert F. and Carr, Sean, The Panic of 1907: Lessons Learned from the Market's Perfect Storm. John Wiley & Sons, 2007.
- Bureau of Census, Statistical Abstract of the United States, 1951.
- Burnett, Andrew and Nash, Daphne, Coins in the Roman World, Seaby, 1987.
- Calomiris, Charles W., Gorton, Gary, The Origins of Banking Panics: Models, Facts and Bank. University of Chicago Press, 1992.
- Cardona, Castro, Francisco L., Abraham Lincoln, Grandes biografías, 2003.
- Carothers, Neil, A Senate Racket. University of Northern Iowa, 1932.
- Carson, Thomas and Bonk, Mary, Gale Encyclopedia of U.S. Economic History. Gale, 2000.
- Cassel, Gustav, The Downfall of the Gold Standard. Oxford University Press, 1936.
- Chernow, Ron, The Warburgs. Vantage, 1993.
- Corti, Egon Caesar, The reign of the house of Rothschild. Cosmopolitan Book Corporation, 1928.
- Curcio, Vincent, Chrysler: The Life and Times of an Automotive Genius.. Oxford University Press, 2001.
- Dash, Mike, Tulipomania, The Story of the World's Most Coveted Flower. W&N, 1999.
- Davies, J H Bank, A history of money: from ancient times to the present day. University of Wales Press, 2002.
- De Albuquerque, Martim, Notes and Queries. George Bell, 1855.
- Derek, Wilson, Rothschild: The Wealth and Power of a Dynasty. Scribner, 1988.
- Eichengreen, B., La globalización del capital. Historia del sistema monetario internacional. Ed. Antonio Bosh, 2000.
- Eutropio, Flavio, Aurelio Víctor, Sexto, Breviario Libro de los Césares. Editorial Gredos, 1999.
- Fermandois, Joaquín, Mundo y Fin de Mundo, Chile en la política mundial. Universidad Catolica de Chile, 2007.
- Fernández, Mònica Bernabé, Afganistán, crónica de una ficción. Editorial Debate, 2012.

- Fischer, Franz, Das Schwundgeld von Schwaenkirchen. Hengersberger Heimatblätter, 1999.
- Fisher, Irving, Stamp Scrip. Adelphi Co., 1933.
- Flynn, David, El crédito en la economía de América Colonial. EH.Net Encyclopedia, edit. Robert Whaples, 2008.
- Fresco, Jacque, The Venus Project: The Redesign of a Culture. Global Cyber-Visions, 1995.
- Friedberg, Arthur L. and Ira S., The Official RED BOOK. A Guide Book of United States Paper Money. Whitman Publishing, 2008.
- Friedman, Milton, The crime of 1873. Journal of Political Economy, 1990.
- Friedman, Milton, Bimetallism revisited. Journal of Economic Perspectives, 1990.
- Garber, Peter M. Tulipmania, The Journal of Political Economy, 1989.
- Geisst, Charles R., The last partnerships: inside the great Wall Street money dynasties. McGraw-Hill, 2002.
- Gevurtz, Franklin A., The Historical and Political Origins of the Corporate Board of Directors.. The Berkeley Electronic Press, 2004.
- Goldsworthy, Adrian, Cesar: La biografia definitiva. La esfera de los libros, 2007.
- Goddard, Thomas H., History of Banking Institutions of Europe and the United States.. Carvill, 1831.
- Hammond, Bray, Banks and Politics in America, from the Revolution to the Civil War. Princeton Univ. Press, 1957.
- Harper's New Monthly Magazine, The Tulip Mania, No. CCCXL, Harper's New Monthly Magazine, Abril de 1876.
- Hitler, Adolf, Mein Kampf. Houghton Mifflin, 1971
- Hoggson, N. F. (1926). Banking Through the Ages. Nueva York: Dodd, Mead & Company.
- Hutchison, John, Video clip of a levitating toy UFO. UFO Research Center, 2003.
- Johnson, Paul, The Birth of the Modern World Society 1815-1830. Javier Vergara Editor S.A., 1992.
- Johnson, Paul, A History of the American People. Ediciones B, 2001.

- Kindleberger, Charles P., A Financial History of Western Europe. Ruotledge, 2006.
- King, Moray B., The Energy Machine of T. Henry Moray: Zero-Point Energy & Pulsed Plasma Physics.. Adventures Unlimited Press, 2005.
-Kirk, Thomas A., Genoa and the Sea: Policy and Power in an Early Modern Maritime Republic, 1559-1684. The Johns Hopkins University Press, 2005.
- Kuhn, Loeb & Co. "A Century of Investment Banking". 1967.
- Lalor, John Joseph, Cyclopaedia of Political Science, Political Economy, and of the Political History of the United States. Rand McNally & Co, 1881.
- Lane, Mark, Rush to Judgement: A critique of the Warren Commission's inquiry in the murders of John F. Kennedy and Lee Harvey Oswald. Holt Rhinehart, 1966.
- Laughlin, James Laurence, History of Bimetallism in the United States. Appleton, 1897.
- Lendering, Jona, Pontifex Maximus. Livius.org, 2006.
- Lietaer, Bernard, The Future of Money: Creating New Wealth, Work and a Wiser World. Random House, 2001.
- Livingston, James, Origins of the Federal Reserve System: Money, Class, and Corporate Capitalism, 1890-1913. Cornell Univ. Press,1986.
- Lottman, Herbert, Los Rothschild, Historia de una dinastia. Tusquets editores, 2006.
- Ludwig, Emil, Lincoln. Editorial Juventud S.A., 1931.
- Macesich, George, Central Banking: The Early Years: Other Early Banks. Praeger Publishers, 2000.
- Macesich, George, Issues in Money and Banking. Greenwood Publishing, 2000.
- Mallove, E. J.., Fire from Ice: Searching for the Truth Behind the Cold Fusion Furor. Infinite Energy Press, 1999.
- Markham, Jerry W., A Financial History of the United States. M.E. Sharpe., 2002.
- Marrs, Jim, Secrets of Money and the Federal Reserve System, Rule by Secrecy. HarperCollins, 2000.
- Matinuddin, Kamal, The Taliban Phenomenon, Afghanistan 1994-1997. Oxford University Press, 1999.

- McDonald, Forrest, Alexander Hamilton: A Biography. W.W. North & Co, 1979.
- Meltzer, Allan H., A History of the Federal Reserve, Volume 1, Univ. of Chicago Press, 2004.
- Michener, Ron, El dinero en las colonias americanas.. EH.Net Encyclopedia, edit. Robert Whaples., 2003.
- Mitchell, Wesley Clair, A history of the greenbacks: with special reference to the economic consequences of their issue: 1862-65. The University of Chicago Press, 1903.
- Morris, Errol, The Fog of War: Once lecciones de la vida de Robert S. McNamara, 2003.
- Newman, Eric P., The Early Paper Money of America, 3rd edition. Krause Publications, 1990.
- Oberholtzer, Ellis Paxson, Abraham Lincoln, Volume 1. George W. Jacobs, 1904.
- Parton, James, Life of Andrew Jackson. Mason Brothers, 1860.
- Phillips, Peter y Soeiro, Kimberly, The Global 1%: Exposing the Transnational Ruling Class. www.projectcensored.org/top-stories/articles/the-global-1-exposing-the-transnational-ruling-class/
- Pérez, Joseph (2013) [1993]. Historia de una tragedia. La expulsión de los judíos de España. Barcelona: Crítica.
- Peskin, Allan, Garfield: A Biography. Kent State University Press., 1978.
- Radzinsky, Edvard, Alexander II: The Last Great Tsar. Free Press, 2005.
- Rashid, Ahmed, Taliban: Militant Islam, Oil and Fundamentalism in Central Asia. Yale University Press, 2000.
- Rechcigl, Mila, Karl Marx's Czechos-lovak Ancestry. 2012.
- Reeves, Thomas C., Gentleman Boss. Alfred A. Knopf, 1975.
- Remini, Robert V., Andrew Jackson and the Course of American Freedom, 1822–1832.. Harper & Row, 1981.
- Roseveare, H., La Revolucion Financiera 1660–1760. Longman, 1991.
- Rothbard, Murray N., A History of Money and Banking in the United States: The Colonial Era to World War II. Ludwig Von Mises Institute, 2002.

- Schiff, Jacob Henry and Adler, Cyrus . Jacob H. Schiff; his Life and Letters. Garden City, 1928.

- Shull, Bernard. The fourth branch : the Federal Reserve's unlikely rise to power and influence. Praeger, 2015.

- Solis, Mark A. The Hutchison Effect – An Explanation. John Hutchison's Web Page , 1999.

Spaulding, Elbridge Gerry. Legal Tender Act, Baker, Jones & Company, printers and binders, 1875.

- Steindl, Frank G., Monetary Interpretations of the Great Depression. University of Michigan Press,1995.

- Strauss, Lewis L, Men and Decisions. Doubleday, 1961.

- Studenski, Paul and Krooss, Hermand, Financial History of the United States. McGraw-Hill, 1952.

- Suetonio Tranquilo, Cayo, Vida de los doce césares. Editorial Gredos, 1992.

- Suárez Fernández, Luis, La expulsión de los judíos: Un problema europeo, Ariel, 2012.

- Taussig, Frank William, The Silver Situation in the United States. G.P. Putnam' sons, 1893.

- Taylor, George Rogers, Jackson Versus Biddle: The Struggle over the Second Bank of the United States. Lexington, 1949.

- Teng and, Ssuyu and Fairbank, John. China's Response to the West. Cambridge MA: Harvard University Press, 1954.

- Torrero, Antonio. El final de la burbuja especulativa y la crisis económica de Japón. Univ. de Alcalá, 2001.

- Ubide:, Angel. La trampa estructural de Japón. Lecciones para Europa y EE. UU., 2003.

- Uribe, Armando y Opaso, Cristián. Intervención Norteamericana en Chile . Editorial Sudamericana, 2001.

- Vial, Gonzalo. Allende. Diario La Segunda, 2003.

- **Vitali, Stefania, Glattlelder, James B. and Battiston, Stefano. "The Network of Global Corporate Control", Public Library of Science, October 26, 2011. www.plosone.org/article/info%3Adoi%2F10.1371%2Fjournal**

- Vegara, Teresa, Tahuantinsuyo: El mundo de los Incas. Lexus, 2000.

Walker, Amasa. International Bimetallism. Macmillan, 1896.

Warburg, Paul M. The Federal Reserve System. New York: The Macmillan Company, 1930.

Watts, Steven. The People's Tycoon: Henry Ford and the American Century. Vintage, 2005.

Waugh, Rob. Does One 'Super Corporation' Run the Global Economy? Study Claims it Could be Terrifyingly Unstable. Daily Mail, October 20, 2011. http://www.dailymail.co.uk/sciencetech/article-2051008/Does-super-corporation-run-global-economy.html.

Welch, R. "American opinion, Volume 15". University of California.

Werner, Onken. " Modellversuche mit sozialpflichtigem Boden und Geld", Lütjenburg, 1997.

Wermer, Hans -Joachim. "Geschichte der Freiwirtschaftsbewegung", Münster, 1989.

West, Robert Craig, Banking Reform and the Federal Reserve, 1863-1923, Cornell Univ. Press, 1977.

White, Horace, Money and Banking. Ginn&Company, 1896.

Wicker, Elmus R., A Reconsideration of Federal Reserve Policy during the 1920-1921 Depression. Journal of Economic History, 1966.

Wright, Robert E. One Nation Under Debt: Hamilton, Jefferson, and the History of What We Owe. McGraw-Hill, 2008.

Zavando, Gabriel. http://politicamenteincorrepto.blogspot.com/2011/12/la-estructura-de-control-mundial.html.

PÁGINAS WEB:

Reuters. http://www.reuters.com/article/gc06/ idUSL155564520080805.

The Guardian. http://www.guardian.co.uk/business/interactive/2012/oct/17/eurozone-crisis-interactive-timeline-three-years.

Iraq Body Count, Media Lens responds. BBC. April 28, 2006.

www.jewishencyclopedia.com/articles/13266-schiff.
http://www.investmentsandincome.combanks-banking/ banking_origin.html
http://www.cato.org/pubs/journal/cj10n3/ cj10n3-13. pdf
http://www.rexresearch.com/schaub/ schaub.htm.Patentes austríacas (Control del Agua por acción de vórtices)"
http://www.hasslberger.com/tecno/tecno.htm
ht tp ://a mo keko.bl og s p ot . com/2012_07_01_archive.html.
http://www.thevenusproject.com/es/jacque-fresco/ entrevista
http://es.thevenusproject.com/sobre/la-venus-proyecto
http://www.fdlpalestina.org/editoriales/el-veto-norteamericano-nefasta-historia-en-la-memoria-palesti-na.htm.
Último discurso de Rodríguez Saá
http://html.rincondelvago.com/afganistan_1.html
http://web.archive.org/web/http://www.andesminero.com/2008/01/14/proyecto-cuprifero-prueba-la-riqueza -de-los-recursos-de-afghanistan/
http://www.elconfidencial.com/alma-corazon-vida/2013-09-19/el-orden-economico-el-secreto-mejor-guardado-de-los-incas_24254/
www.avizora.comJFKennedy contra La Reserva Federal
http://www.taringa.net/posts/ciencia-edu-cacion/15483232/Los-Incas-y-su-extrana-economia.html
http://servindi.org/actualidad/97602
http://armakdeodelot.blogspot.com/2013/03/el-opio-gran-negocio-de-la-cia-y.html
Oficina de las Naciones Unidas contra la Droga y el Deli-to, https://www.un.org/es/globalissues/drugs/
http://www.aulafacil.com/CursoMarketing/Curso-Comportamiento/clase6-5.htm
http://www.vidaextra.com/2008/08/02-el-mercado-de-los-videojuegos-la-obsolescencia-planificada-y-la-obsoles-cencia-percibida.
http://www.tudiscovery.com/guia_incas/inca_econo-mia/inca_redistribucion/index.shtml
http://listas.eleconomista.es/economia/240-las-industrias-que-ms-dinero-mueven-en-el-mundo.

www.vidaextra.com/2008/08/02-el-mercado-de-los-videojuegos-la-obsolescencia-pla nificada-y-la-obsoles-cencia-percibida.
http://softlibre.barrapunto.com/article. pl?sid=11/07/07/1020232
http://articulos.sld.cusantiagodecuba/category/noticias/ Jump up Infinite Battery From Tom Bearden's Website.
www.cheniere.org/books/excalibur/moray.htm
"More than 1,000,000 Iraqis murdered". September 2007. Opinion Research Business.
www.monografias.com/trabajos53/afganistan/afganistan2.shtml
http://www.claseshistoria.com/im-perialismo/%2Blinzexuopio.htm. Carta a la reina Victoria. 1839.
http://www.elpais.com/articulo/economia/adminis-tracion/Bush/ultima/plan/rescate/principales/hipotecarias/EE/UU/elpepueco/20080906elpepueco_1/Tes.
http://www.contactomagazine.com/articulos/casas-reposeidas0407.htm.
Telegraph. http://www.telegraph.co.uk/ finance/2815755/Timeline-The-sub-prime-mortgage-crisis.html.

OTROS

Greek cabinet backs George Papandreou's referendum plan, BBC News, 2 de noviembre de 2011.

Greenbacks First Legal Tender Act, February 25, 1862.

Encyclopædia Britannica. "Gratian."2008.

The Balfour Declaration.

«La Constitución de EE.UU. Primer Banco de los Estados Unidos». Registro Nacional de Lugares Históricos. Servicio de Parques Nacionales..

Winston Smith Ministry of Truth, Karl Marx and the Rothchilds. 2012.

The Continental Dollar: What Happened to it after 1779?, Farley Grubb, 2008.

Manual de Contrainteligencia, Escuela de las Américas. soaw.org, 1963.

SOA Watch. La Escuela de las Américas, La Escuela de Asesinos. soaw.orG

«EE. UU.: España nos pide que presionemos a Bruselas a favor de los transgénicos» Diario El País.

Alan Quijano

Alan Quijano (Lima, Perú)
Es un autodidacta y empresario en el sector de proyectos y servicios. Brinda soporte técnico a empresas en los campos de la construcción, energía, comunicaciones, entre otras. Asimismo, es inversionista de riesgo financiero en los mercados bursátiles, en acciones, divisas, commodities y derivados.

Sigueme en facebook y comparte
@ALANQUIJANOSIERRA
@bancalibre
www.bancalibre.org
www.elecomproyectos.com

www.ingramcontent.com/pod-product-compliance
Lightning Source LLC
Chambersburg PA
CBHW061343300426
44116CB00011B/1961